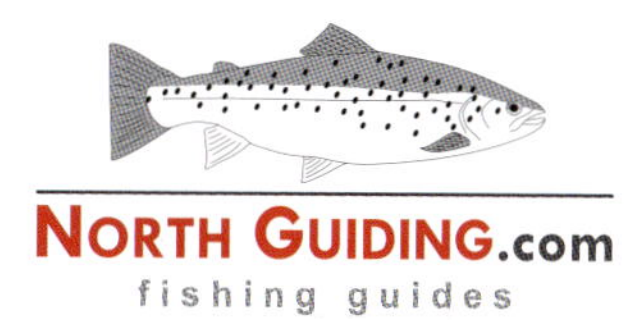
NORTH GUIDING.com
fishing guides

AF559050

1. Auflage 2015
ISBN 978-3-942366-36-6

Internet: www.North-Guiding.com – E-Mail: feedback@northguiding.com
Facebook: www.facebook.com/Meerforellen

Arne Seiberlich: Coverfoto, Fotos S. 12, S. 29, S. 32, S. 52, S. 72, S. 79, S. 113
Olivier Portrat: Fotos S. 36, S. 80 rechts, S. 90 links, S. 126
Bertus Rozemeijer: Foto S. 22 (unten)
Pure Fishing: Fotos S. 105 (unten), 119, 121
Alle anderen Fotos von Henning Stilke.
Zeichnungen: Markus Ziegler

Herstellung und Innengestaltung: Satz · Zeichen · Buch, Hamburg
Gedruckt in der EU

Henning Stilke

SOFTBAITS

ERFOLGREICH ANGELN MIT GUMMIKÖDERN

Endlich!
Dein Angelführer durch den Köder-Dschungel

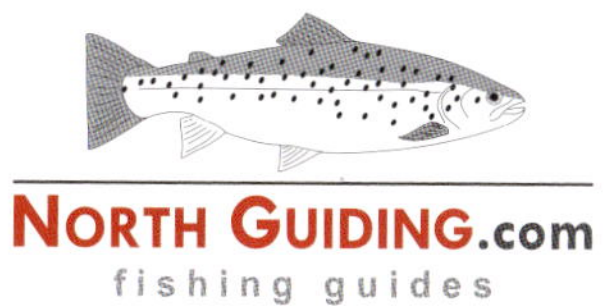

INHALT

VORWORT

Gummiköder oder, wie man gerne mit der englischen Bezeichnung sagt, Softbaits haben das Spinnfischen regelrecht revolutioniert. Als vor vier Jahrzehnten die ersten Twister in die Angelläden kamen und von den Köderfischanglern misstrauisch beäugt wurden, war nicht abzusehen, was sie für eine weiche Welle auslösen würden.
Heute zählen Twister selbst schon zu den traditionellen Ködern und wurden längst von neuen und immer neueren Gummikreationen überholt. Erst liefen ihnen die Gummifische, die es inzwischen in unüberschaubarer Vielzahl und Vielfalt gibt, den Rang ab. Und dann kamen Nachbildungen von allem anderen, was im Wasser lebt oder dort hineinfallen könnte: Krebse, Lurche, Frösche, Mäuse, Insekten. Schließlich entstanden Gummigebilde, die nicht einmal irgendein Tier nachbilden, sondern rein der Phantasie entspringen. Aber nicht genug damit, dass die Gummiprodukte sich in rasanter Geschwindigkeit vermehren und verändern. Mit jeder neuen Ködergruppe scheint auch eine neue Technik entwickelt zu werden. Gerade hat man die Dropshot-Montage kennengelernt, muss man umdenken und den Köder am Texas-, Carolina- oder Florida-Rig montieren. Kaum kommt man mit den Montagen zurecht, braucht man unbedingt Wacky oder das Neko-Rig. Das Angeln mit Gummiködern hat sich so vielseitig entwickelt, dass es sich einem Neuling nicht leichter erschließt als der Weg durch ein Labyrinth.
Um den Weg schnell zu finden, braucht man einen Führer, einen Guide, der einem zeigt, wo's lang geht. Diesen Angelführer halten Sie in den Händen. Im ersten Teil lernen Sie die verschiedenen Arten von Gummiködern kennen, nicht jeden einzelnen, das wäre unmöglich, aber alle Gruppen anhand ausgewählter Beispiele. Im zweiten Teil, erfahren Sie, mit welchen Techniken Gummiköder angeboten werden und welches die besten Techniken für die jeweiligen Köder sind.
Sich mit all den Ködern zu befassen und sich in alle Techniken einzuarbeiten, geht nicht von heute auf morgen, erwarten Sie das nicht und lassen Sie sich Zeit mit dem Kennenlernen. Gestatten Sie neuen Ködern und Techniken, was Sie den alten Methoden erlauben, dass sie nämlich auch manchmal nicht fangen. Das kann gerade dann passieren, wenn man noch nicht das nötige Fingerspitzengefühl für eine Methode entwickelt hat. Wenn es dann aber soweit ist und Sie die modernen Köder und Techniken im Griff haben, dann eröffnen sich Ihnen damit garantiert neue Möglichkeiten, Fische zu fangen, die Sie sonst nicht fangen würden.

Viele Gummifänge
wünscht
Henning Stilke

ZEHN VORTEILE FÜR GUMMI

1. Einzigartige Formen

Das Material bestimmt, welche Formen aus ihm gefertigt werden können. Je weicher und geschmeidiger das Material, desto vielfältiger die Formen. Weiches Gummi steht für Formenvielfalt, weil daraus alles das geformt werden kann, was bei härterem Material zerbrechlich oder steif und sinnlos wäre. Dem Gummifisch können weiche Flossen angepasst werden, Insektennachbildungen oder Phantasiegebilde können mit Beinchen, Flügeln und Fühlern ausgestattet werden. Und es können ganz und gar neue und andere Köder geformt werden, die aus keinem anderen Material denkbar wären. Der große Vorteil besteht aber nicht nur in der Form, sondern auch in der damit entstehenden Bewegung.

Solch eine Köderform lässt sich praktisch nur aus Gummi herstellen.

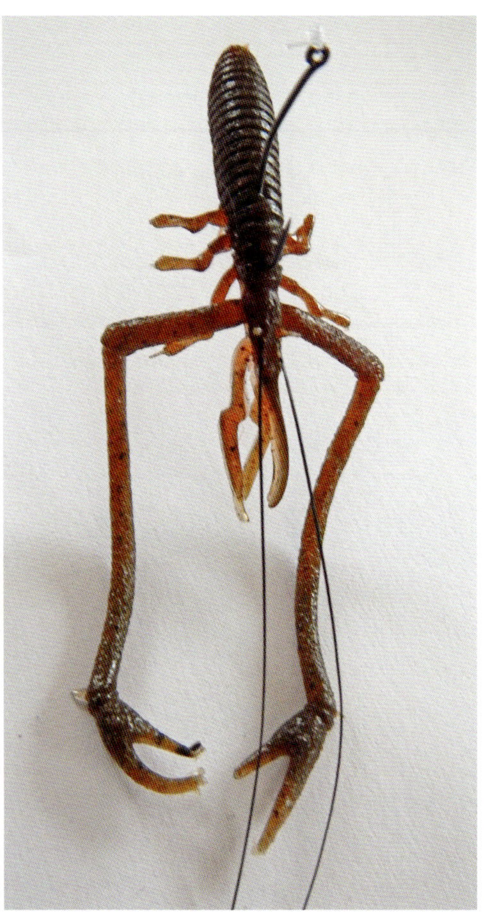

2. Einzigartige Bewegungsmöglichkeiten

Weil Gummiköder weich sind, bieten sie Möglichkeiten der Bewegung, die Köder aus anderem Material wie Hartplastik, Holz oder Metall nicht erreichen können. Aus harten Materialien lassen sich nur einfache Köderformen herstellen, mit denen auch nur recht einfache Bewegungen erzeugt werden können. Ganz anders die weichen Köder, die sich in alle erdenklichen Formen bringen lassen und mit denen eine schier unbegrenzte Vielfalt von Bewegungen zu erreichen ist. Twister brachten die erste neue Bewegungsvariante, weitere kamen hinzu mit dem Schaufelteller eines Gummifisches, mit dem Gummiwurm,

Das weiche Material ermöglicht einzigartige Köderbewegungen.

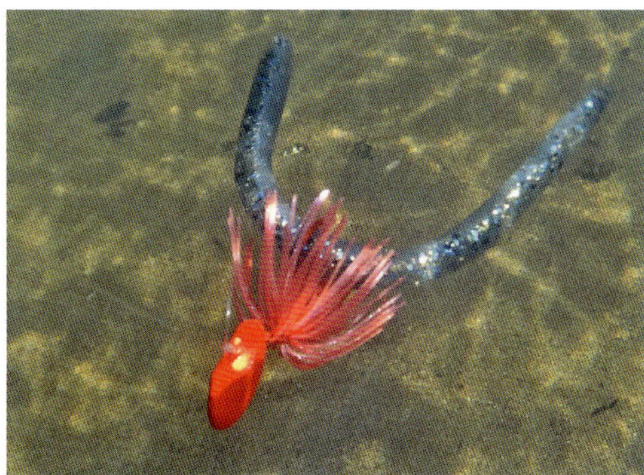

der Bewegung der Scheren eines Gummikrebses und vielen anderen beweglichen Ködergliedern.

3. Variable Köderführung

Die verschiedenen modernen Techniken der Köderpräsentation führen vor Augen, wie vielfältig Gummiköder angeboten werden können. Techniken wie Dropshotting, die Köderführung mit dem Texas-Rig oder die Wacky-Technik – auf die wir später näher eingehen – zeigen, was man mit einem Gummiköder alles machen kann. Während einige andere Kunstköder nur auf eine einzige Art angeboten werden können, hat man für Gummiköder mit den verschiedenen Techniken auch die Instrumente, einen Köder sehr unterschiedlich zu präsentieren. Man kann ihn in einer beliebigen Wassertiefe auf der Stelle stehen, wackeln und vibrieren oder beliebig hüpfen lassen.

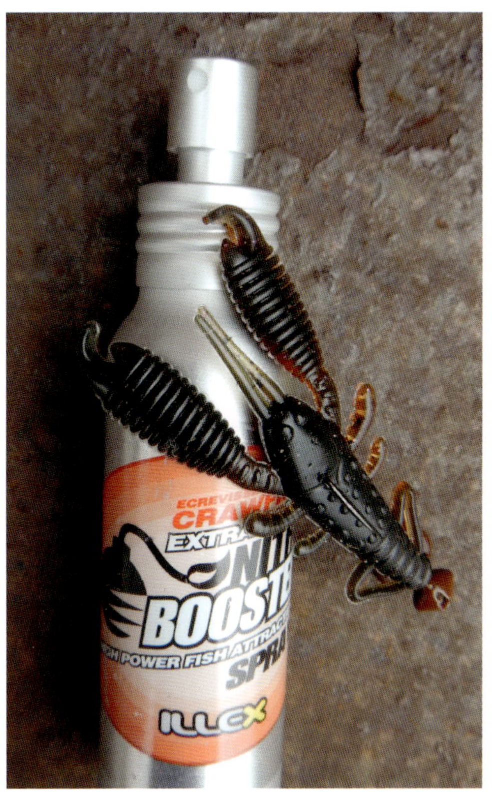

Gummis bekommen mit Aromastoffen eine reizvolle Duftnote.

4. Aromatisieren

Das weiche Ködermaterial eignet sich bestens, einen Sinn der Fische anzusprechen, den Metall und Hartplastik nicht erreichen können, den Geruchssinn. Die Gummis lassen sich hervorragend aromatisieren, um dem Fisch einen verführerischen Duft zu servieren und den Köder damit noch glaubwürdiger zu machen. Von einigen Firmen werden bereits fertig aromatisierte Köder geliefert, andere Firmen bieten Lockstoffe an, mit denen die Gummis behandelt werden können. Das Spektrum reicht vom Lockstoff in der Sprühflasche, der einfach kurz aufgetragen wird, bis zur geruchsintensiven Tinktur, in die der Köder für einige Zeit eingelegt wird.

Mit den modernen Spinntechniken können Gummiköder auf unterschiedlichste Weise angeboten werden.

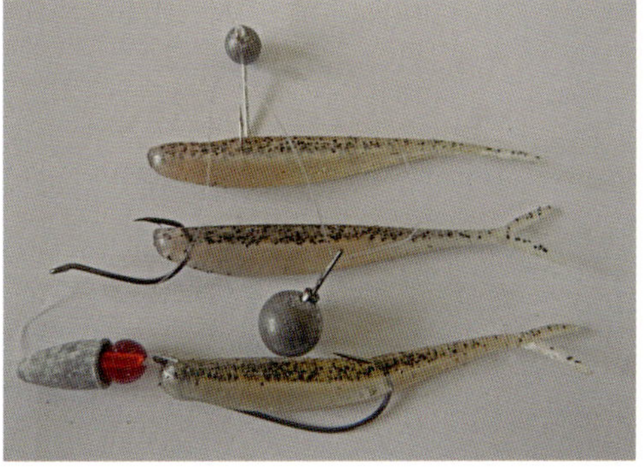

5. Variable Gewichte durch Bleikopf

Ein Blinker, ein Wobbler oder ein Spinner haben ihr Gewicht und sie bleiben so schwer wie sie sind. Anders der Gummiköder. Wie schwer er ist, bestimmen wir mit dem Haken und dem Bleigewicht, an dem wir ihn anbieten. Wenn uns dieses Gewicht aus irgendwelchen Gründen nicht gefällt, dann verändern wir es kurzerhand. Auf diese Weise können wir die Eigenschaften des Köders mit einem Handgriff grundlegend verändern. Soll er weiter fliegen, weil die Fische weiter draußen sind, machen wir ihn kurzerhand schwerer. Soll er langsamer absinken und dem Fisch weniger Widerstand entgegensetzen, dann machen wir ihn einfach leichter.

Ein Fehlbiss auf Gummi bedeutet noch nicht, dass der Räuber genug von dem Köder hat.

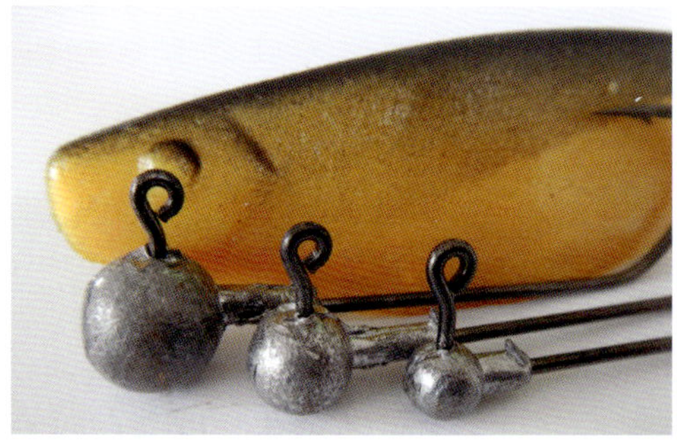

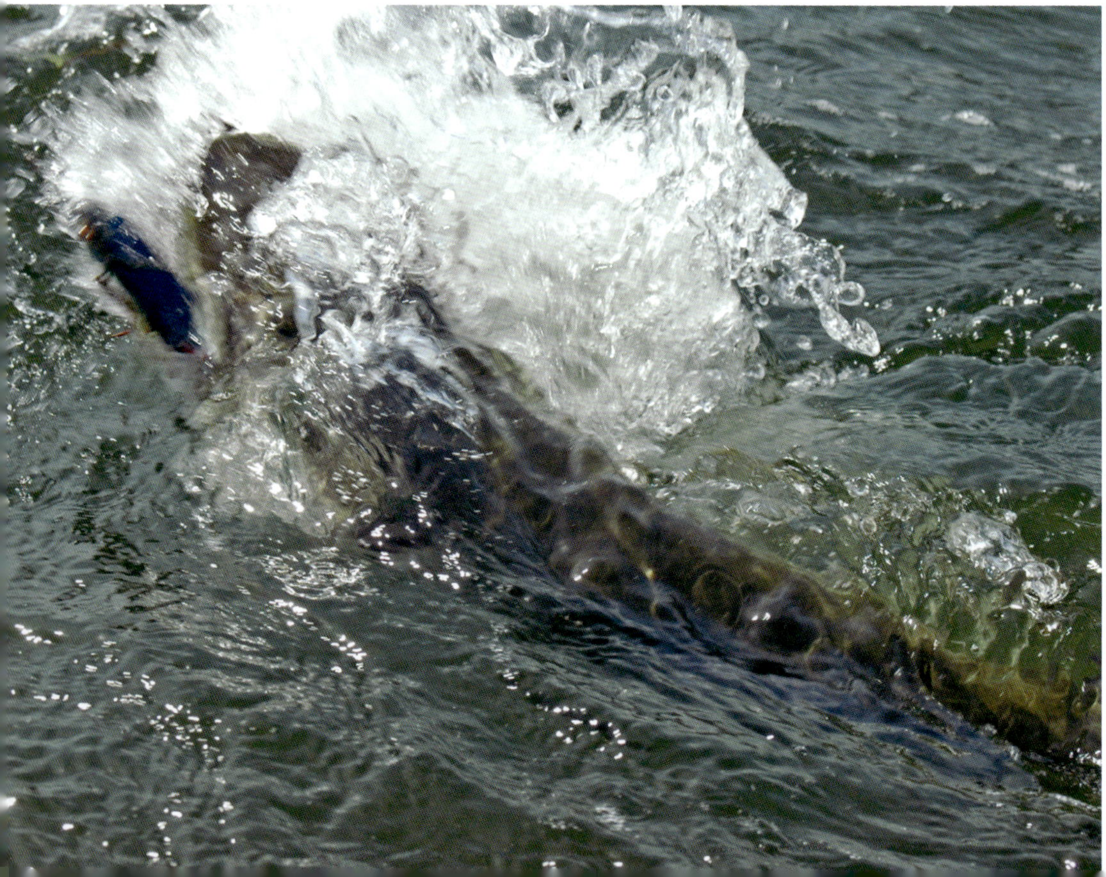

Ein und derselbe Köder kann unterschiedlich schwer angeboten werden – je nach Bleikopf.

6. Kein Fehlbissproblem, weil weich

Einem Raubfisch gelingt nicht jeder Angriff auf seine Beute und nicht bei jedem Biss auf einen Köder bleibt er auch an ihm hängen. Wenn er nach einem misslungenen Angriff das Gefühl hat, auf etwas Unbekanntes und unangenehm Hartes gebissen zu haben, dann wird er nicht unbedingt noch einmal zubeißen. Hat ein Raubfisch die Zähne in einen Gummiköder gebohrt, ihn aber nicht festhalten konnte, wirkt das nicht wie ein abschreckendes Erlebnis. Die Erfahrung, einen Beutefisch nicht festhalten zu können, hat er schon vorher gemacht, und es fühlte sich sicherlich ganz ähnlich an. Der Köder entwischt, aber der Räuber, der diese Situation kennt und nichts ahnt, beißt noch einmal zu.

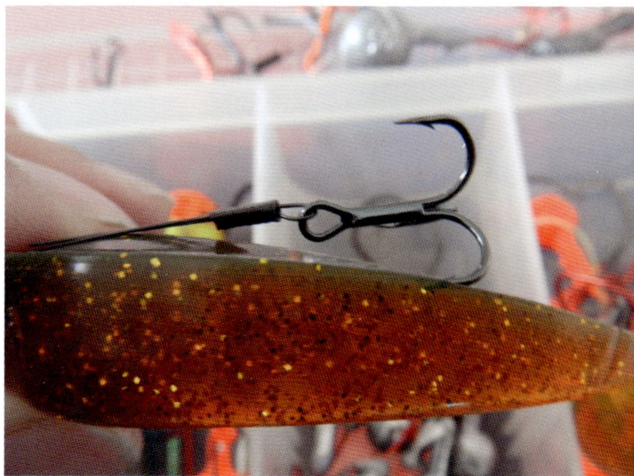

Die Ausstattung mit Haken bzw. Drillingen wird dem Köder und der Situation entsprechend angepasst.

7. Komfortabel lagern und transportieren

Eine Tüte voll Gummiköder ist eine praktische Sache, vor allem, wenn sie wieder verschließbar ist. Man nimmt einen Köder heraus, Verschluss zudrücken und wieder in die Köderbox. Das Gute daran: Die Köder bleiben unter sich in einer Verpackungseinheit, sie lassen sich leicht verstauen, wiederfinden und in Gebrauch nehmen. Der große Vorteil beim Verstauen und Transportieren von Gummiködern besteht auch darin, dass sie von Jighaken und Drillingen getrennt verwahrt werden (sollten). So verheddert sich nichts, es gibt kein unübersichtliches Durcheinander von mit Haken und Drillingen bewehrten Ködern und man greift sich gezielt den Köder, den man als nächstes einsetzen will.

Gummis sind praktisch verpackt und lassen sich leicht transportieren und lagern.

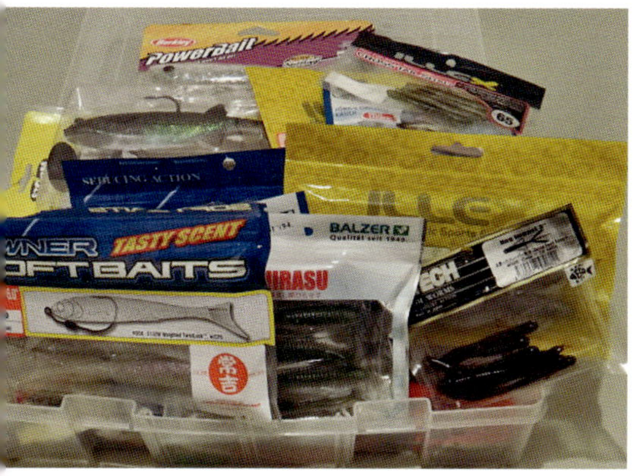

8. Variable Armierung

Soll ein Köder einen Einfachhaken haben oder einen Drilling? Oder beides? Und soll ein besonders großer Köder gleich zwei (zusätzliche) Drillinge haben? Über die Frage, wie viele Hakenspitzen ein Köder besitzen sollte, wie viele sinnvoll sind, wie viele schonend oder wie viele fahrlässig sind, lässt sich trefflich streiten. Jeder Angler hat da so seine eigene Auffassung. Einen Gummiköder kann jeder mit so vielen oder wenigen Haken versehen, wie er gerne möchte. Ob er mit dem Angstdrilling mehr Fische fängt oder häufiger an Hindernissen hängen bleibt, mag jeder für sich entscheiden und den Köder entsprechend ausstattend.

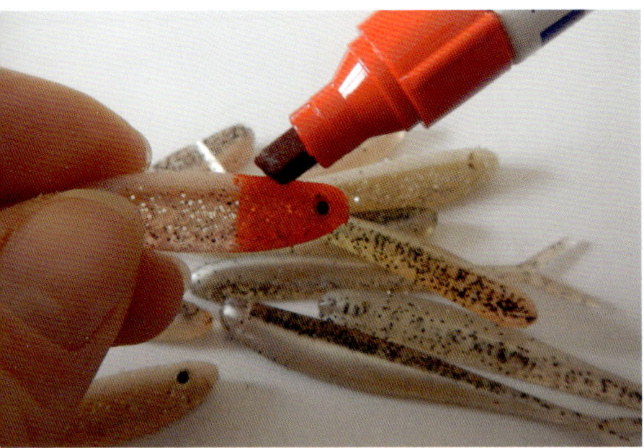

Gummiköder können in ihrer Größe, Gestalt und Farbe verändert werden.

9. Tuningmöglichkeiten

Gummiköder lassen sich mit einfachen Mitteln verändern und umgestalten. Macht der Schaufelschwanz zu viel Bewegung, schneidet man ihn einfach kleiner. Zeigt ein Gummistick zu wenig Bewegung, schneidet man einfach Fransen in ihn hinein. Oder ist der Köder überhaupt zu groß, dann stutzt man ihn zurecht, bis er die passende Größe hat. Genauso gut kann man an einem Gummiköder etwas anschmoren. So lassen sich beispielsweise zusätzliche Gliedmaßen anbringen. Mit wasserfesten Stiften lassen sich Gummiköder auch farblich umgestalten und mit allen erdenklichen Mustern versehen. Den Gestaltungsmöglichkeiten sind kaum Grenzen gesetzt.

10. Relativ preiswert

Beim Verlust eines hochwertigen Japan-Wobblers können einem schon die Tränen kommen. Wer einen Gummiköder verliert, wird sich in der Regel nicht so leicht zu Tränen rühren lassen. Denn solch ein Verlust lässt sich verkraften. Gummiköder sind generell recht preiswert. Die Materialkosten halten sich in Grenzen. Von den normalen Gummiködern kauft man in der Regel eine Packung mit mehreren Exemplaren. Das heißt, man hat Reserven, und deshalb traut man sich auch eher, den Köder an riskanten Stellen anzubieten, wo er leichter einmal beschädigt werden oder verloren gehen kann. Er lässt sich ja recht leicht ersetzen.

Weil sie nicht allzu teuer sind, wirft man mit Gummiködern eher einmal die riskanten Stellen an.

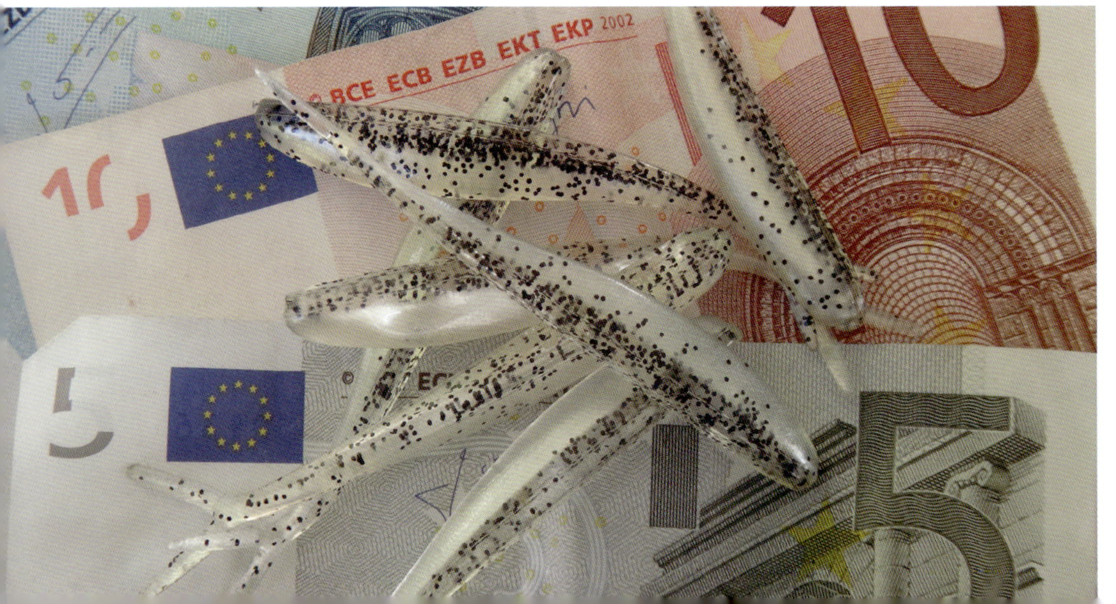

Welche Ködertypen lassen sich mit welcher Angeltechnik am besten kombinieren?!

		Optimal	Sehr gut	Sinnvoll
1	GUMMIFISCH (Seite 12ff.)	Jiggen (S. 65ff.) Dropshot (S. 79ff.) Kickback (S. 102ff.) Softjerk (S. 118ff.)	Texas-Rig (S. 87ff.)	Jig-Rig (S. 76ff.)
2	TWISTER (Seite 20ff.)	Jiggen (S. 65ff.)	Dropshot (S. 79ff.) Kickback (S. 102ff.) Plomb Palette (S. 104ff.)	
3	GUMMIWÜRMER (Seite 26ff.)	Shaky Head (S. 72ff.) Texas-Rig (S. 87ff.) Carolina-Rig (S. 93ff.) Florida-Rig (S. 97ff.) Splitshot (S. 99ff.) Wacky (S. 108ff.) Neko-Rig (S. 113ff.)		Softjerk (S. 118ff.)
4	STICKBAITS (Seite 32ff.)	Carolina-Rig (S. 92ff.) Splitshot (S. 99ff.) Wacky (S. 108ff.)	Texas-Rig (S. 87ff.) Florida-Rig (S. 96ff.)	Dropshot (S. 78ff.) Kickback (S. 102ff.)
5	KREBSE (Seite 36ff.)	Neko-Rig (S. 113ff.)	Shaky Head (S. 72ff.) Texas-Rig (S. 86ff.) Carolina-Rig (S. 92ff.)	Jiggen (S. 65ff.) Jig-Rig (S. 76ff.) Florida-Rig (S. 97ff.) Splitshot (S. 99ff.) Wacky (S. 108ff.)
6	FRÖSCHE (Seite 41ff.)	Topwater (S. 123ff.)		
7	MÄUSE (Seite 45ff.)	Topwater (S. 123ff.)		
8	LIZARDS (Seite 47ff.)	Carolina-Rig (S. 93ff.) Splitshot (S. 99ff.)	Texas-Rig (S. 87ff.) Florida-Rig (S. 97ff.)	
9	INSEKTEN (Seite 49ff.)	Topwater (S. 123ff.)		
10	CREATURES (Seite 52ff.)	Jig-Rig (S. 76ff.) Texas-Rig (S. 87ff.) Carolina-Rig (S. 93ff.) Florida-Rig (S. 97ff.)	Splitshot (S. 99ff.) Neko-Rig (S. 113ff.) Softjerk (S. 118ff.)	Jiggen (S. 65ff.) Shaky Head (S. 72ff.) Kickback (S. 102ff.) Plomb Palette (S. 104ff.) Wacky (S. 108ff.)
11	TUBE (Seite 57ff.)	Jiggen (S. 65ff.) Plomb Palette (S. 104ff.)	Texas-Rig (S. 87ff.) Carolina-Rig (S. 92ff.)	Dropshot (S. 79ff.) Florida-Rig (S. 97ff.) Splitshot (S. 99ff.) Kickback (S. 102ff.)
12	FRANSENJIGG (Seite 62ff.)	Jiggen (S. 65ff.) Jig-Rig (S. 76ff.)		Dropshot (S. 79ff.) Texas-Rig (S. 86ff.) Carolina-Rig (S. 93ff.) Florida-Rig (S. 97ff.) Splitshot (S. 99ff.) Kickback (S. 102ff.) Plomb Palette (S. 104ff.)

TEIL 1 – DIE KÖDER

GUMMIFISCHE – NAH UND FERN DER REALITÄT

Fischimitationen bilden die häufigste Köderform aus Gummi. Es gibt sie in unzähligen Ausführungen und Variationen von der realistischen Nachbildung der Beute bis zum irrealen Reizköder.

Gummiköder dienen ganz überwiegend dazu, Raubfische zu fangen, und da sich Raubfische in erster Linie von anderen Fischen ernähren, kann es nicht verwundern, dass Gummifische die bei weitem größte Gruppe der Weichplastikköder darstellen. Sollte man sich für nur eine von den vielen Gummikreationen entscheiden, dann würden die meisten sicherlich und vollkommen zu Recht den Gummifisch wählen. Er imitiert die charakteristische Beute der Raubfische, und deshalb liegt man mit seiner Wahl grundsätzlich richtig.

Die Entscheidung für den Gummifisch wäre also recht schnell getroffen, dann muss man sich aber noch für ein bestimmtes Modell entscheiden, und da wird's schwierig. Denn selbst wahre Gummikenner haben längst den Überblick über die zahllosen Formen, Größen, Farben und Muster von Gummifischen verloren. Und es gibt keinen Gummifisch für alle Fälle und alle Fische. Den einen Gummifisch schlechthin gibt es also nicht.

Aber es geht hier auch viel mehr darum, die grundsätzlichen Eigenschaften und Unterschiede der Gummifische darzustellen,

Was wäre das Zanderangeln ohne Gummifisch? Der Gummifisch ist der Zanderköder schlechthin.

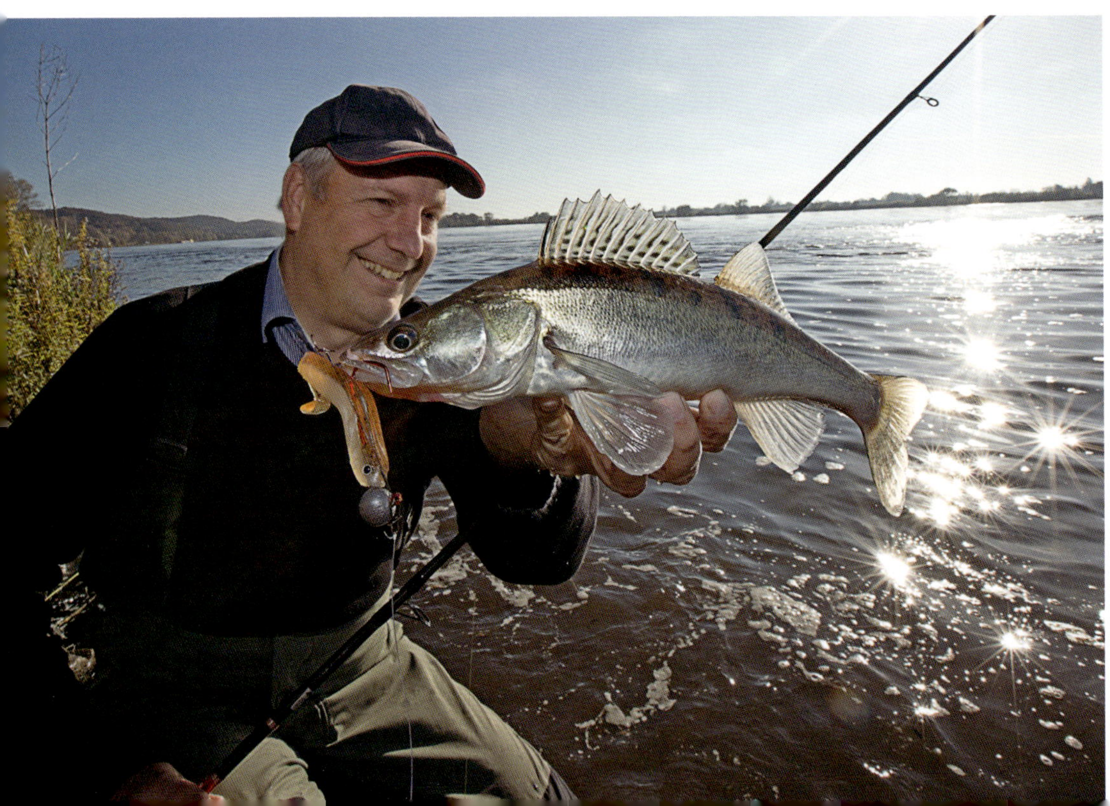

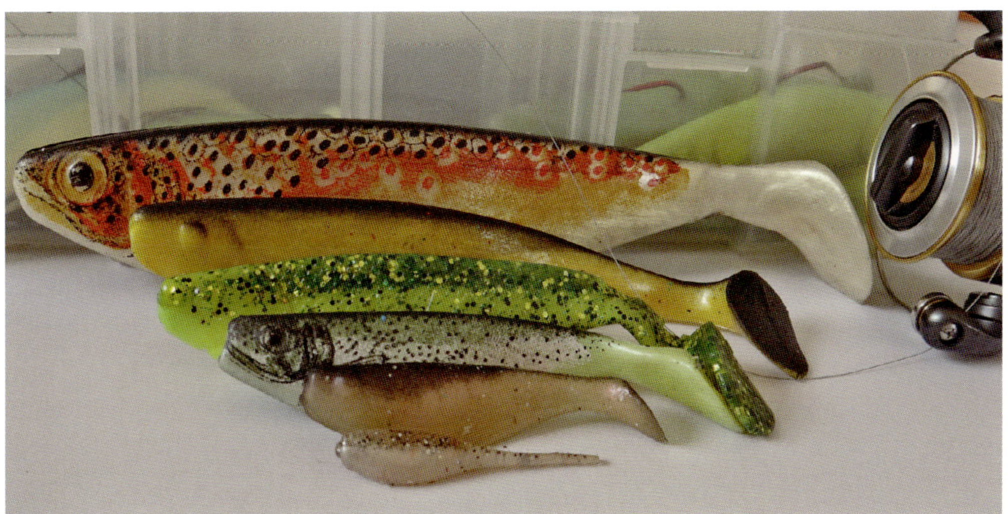

Bei der Köderwahl muss als erstes die Größe stimmen und zu der natürlichen Beute des Fisches passen.

um eine Hilfe bei der Köderwahl zu bieten. Welches Modell in welcher Variante dann tatsächlich zum Top-Köder wird, hängt von Faktoren wie Gewässer, Jahres- und Tageszeit ab. Und da ist letztlich jeder Angler selbst gefragt, an seinen Gewässern die nötigen Erfahrungen zu sammeln.

Nach welchen Kriterien sollte man also vorgehen, wenn man sich für einen Gummifisch entscheiden muss? Einen? Mit einem Gummifisch auskommen zu wollen, sollte man sich gleich abschminken, man braucht immer ein kleines Sortiment, um auf veränderte Verhältnisse am Gewässer reagieren zu können. Trotzdem muss eine Entscheidung getroffen werden, welche von den unzähligen Gummifischen es nun sein sollen.

Zielfisch und Beuteschema

Die erste, einfachste, aber nicht unwichtige Entscheidung, die wir treffen müssen, ist die über die Größe des Gummifisches. Die hängt mit der grundlegenden Frage zusammen, auf welchen Zielfisch wir eigentlich angeln wollen und mit welchen Exemplaren wir zu rechnen haben. Sind kapitale Hechte das Ziel, ist ein Gummifisch von 20 Zentimetern nicht zu groß, haben wir es auf durchschnittliche Barsche abgesehen, liegen wir mit 6 Zentimetern richtig. Sind Zander das Ziel, brauchen wir einen Gummifisch, der in der Mitte zwischen den genannten Größen liegt. Zum Zielfisch gehört dessen Beuteschema. Wissen wir von einem Gewässer, dass die Räuber es dort ganz besonders auf eine Fischart als Beute abgesehen haben, dann sollten wir uns bei der Köderwahl an diesem Beutefisch orientieren. Klassische Beispiele sind die Heringshechte in den Bodden oder die Zander in vielen norddeutschen und niederländischen Gewässern, die es auf Stinte abgesehen haben, oder auf kleine Rotaugen fixierte Barsche. Gibt uns der Zielfisch so

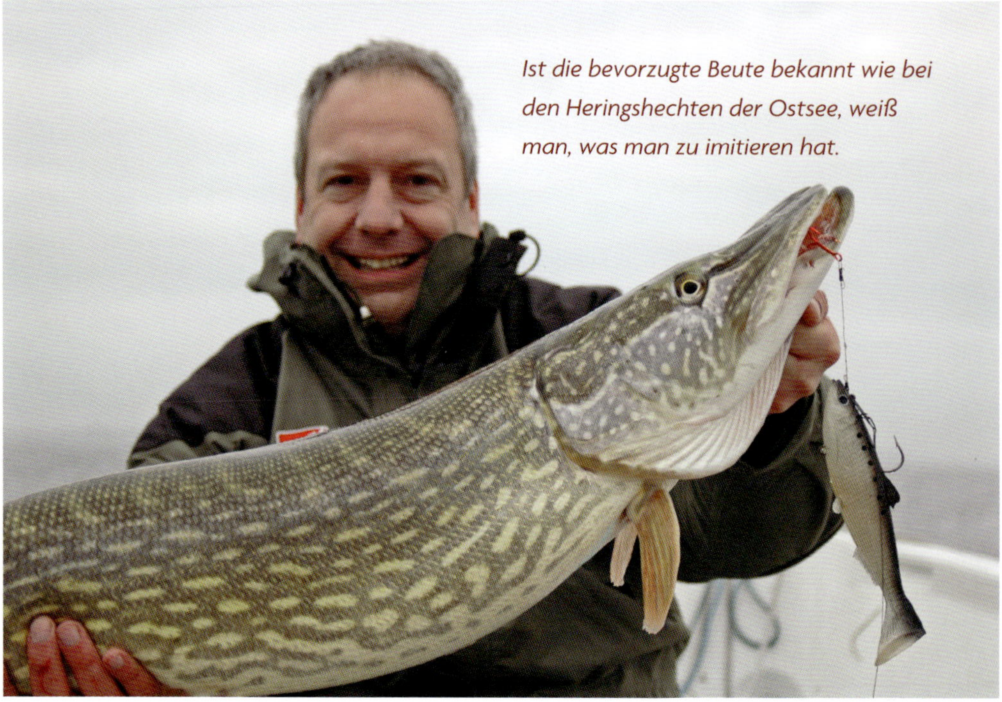

Ist die bevorzugte Beute bekannt wie bei den Heringshechten der Ostsee, weiß man, was man zu imitieren hat.

klar vor, was er frisst, dann wissen wir nicht nur, wie groß unser Gummifisch sein soll, sondern auch welche Form er haben muss. Wobei man grundsätzlich davon absieht, hochrückige Fische wie Brassen und Karpfen nachzubilden. Deren Form als Gummifisch würde nämlich nicht nur Probleme beim Werfen erzeugen, er würde sich auch nicht gut führen lassen und unnötig viele Fehlbisse produzieren. Deshalb sind viele Gummikreationen etwas schlanker gehalten als ihr natürliches Vorbild.

Beweglich oder unbeweglich?

Selbst wenn wir uns für eine Größe und Form entschieden haben, ist die Auswahl noch gewaltig. Wie soll der Gummifisch sonst noch beschaffen sein? Massiv oder weich? Kompakt oder gerippt? Und vor allem, welche Schwanzform soll er haben, Teller-, Gabelschwanz oder spitz zulaufender Schwanz? All diesen Fragen liegt eigentlich eine einzige und entscheidende zugrunde: Soll sich der Köder viel oder wenig bewegen?

Hart oder weich? Der Härtegrad des Köders bestimmt über seine Beweglichkeit.

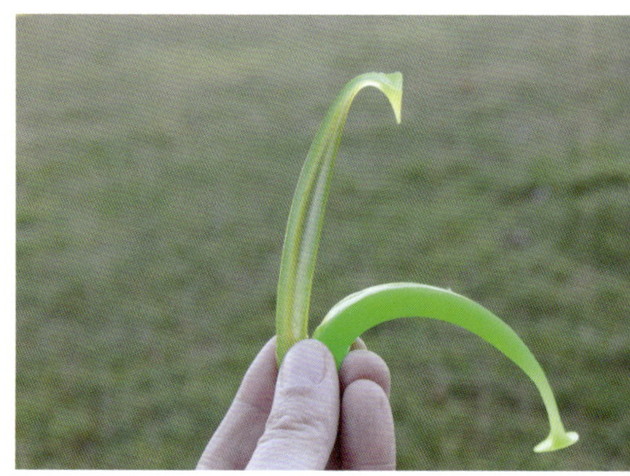

Möchte man den Köder mit intensiven Bewegungen anbieten, dann sollte er weich oder womöglich auch gerippt sein und über einen großen Tellerschwanz verfügen. Möchten wir den Köder dagegen dezent mit nur minimalen Bewegungen anbieten, dann sind wir mit einem steifen, harten Gummi mit kleinem, geradem Schwanz bestens beraten. Wann wir uns für das eine und wann für das andere entscheiden sollten, dafür gibt es Faustregeln: Ist das Wasser warm und die Fische sehr aktiv, dann können wir viel Bewegung gut gebrauchen. Das gilt auch für schlechte Sichtverhältnisse, in denen wir stärker auf den Köder aufmerksam machen müssen. Im kalten Wasser, in dem die Fische träge sind, sollte der Köder sich wenig bewegen. Eher geringe und vor allem keine unnatürliche Bewegung macht sich auch oft gut bei klarer Sicht.

Grundsätzlich hat man sich im Laufe der Jahre mehr und mehr von stark beweglichen Gummifischen abgewandt und den steiferen Modellen mehr das Vertrauen ausgesprochen. Dahinter steht zum einen die Erkenntnis, dass sich echte Fische meistens auch nicht allzu intensiv bewegen. Zum anderen hat man außerdem als Angler die Möglichkeit, selbst einen recht steifen Gummifisch über die Köderführung noch intensiv zu bewegen, wenn wenig Bewegung gerade nicht den gewünschten Erfolg bringt. Dass die Beweglichkeit zum Teil in den Händen des Anglers liegt, zeigt sich ebenso, wenn man einen Köder beim Vertikalangeln mit ruhiger Hand auf der Stelle hält. Dann lässt sich nämlich auch ein sehr weicher Gummifisch nahezu unbewegt anbieten. Wie auffällig sich der

Schwanzvergleich

Der Schwanz eines Gummifisches sagt Wesentliches über seine Beweglichkeit aus. Denn der Wasserdruck auf den Schwanz bestimmt die Aktion des Köders. In der Regel gilt deshalb: Je mehr Widerstand der Schwanz bietet, desto intensiver bewegt sich der Gummifisch. Ein großer Tellerschwanz sorgt für reichlich Aktion. Die Modelle mit einem schlanken spitzen oder gegabelten Schwanz heißen aus guten Gründen No-Action-Shad. Sie zeigen schließlich so gut wie gar keine Bewegung.

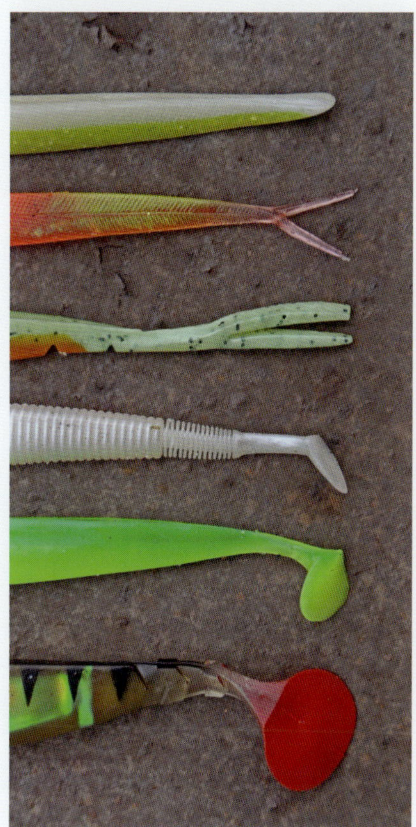

Fische mit Rippen
Fische haben bekanntlich Gräten, einige Gummifische aber auch Rippen. Ein gerippter Körper macht den Gummifisch nicht nur elastischer, der gegliederte Körper erzeugt auch mehr Druckwellen. Die Rippen verstärken das Signal auf die Seitenlinie der Räuber und machen damit verstärkt auf sich aufmerksam. Gerippte Gummifische sind deshalb eine Empfehlung für Gewässer mit schlechten Sichtverhältnissen.

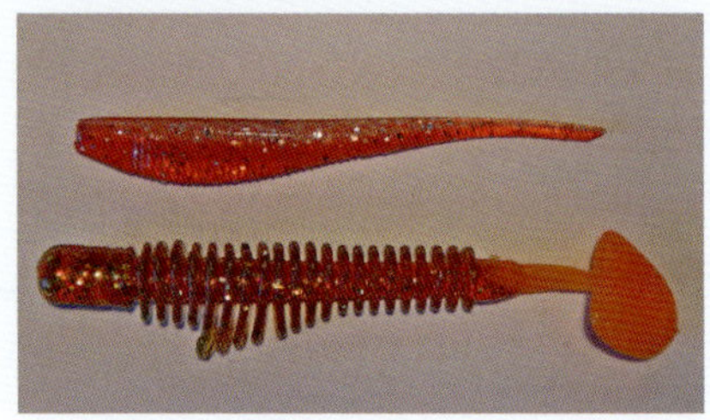

Gummifisch im Wasser verhält, liegt also nicht nur an dessen Form und Härte, sondern auch an der Köderführung durch den Angler.

Richtig gewichten

Beweglichkeit ist immer auch eine Frage des Gewichts. Womit wir bei einer weiteren wichtigen Eigenschaft des Gummifisches wären. Wie schwer soll der Gummifisch sein – inklusive Blei? Blei, das in fertig montierten Gummifischen bereits enthalten ist oder dem Gummifisch mit dem Jigkopf zugefügt wird.

In der Regel will man einen Gummifisch präsentieren, indem man ihn über den Boden hüpfen lässt, ihn also jiggt. Dabei braucht der Köder genau so viel Gewicht, dass man gut spürt, wann er auf dem Boden aufkommt. Nicht weniger, denn dann weiß man nicht, wo er sich befindet, und nicht mehr Gewicht, weil er dann zu träge wird. In einem flachen, stehenden Gewässer bekommt man das richtige Gespür bereits mit wenigen Gramm Ködergewicht. Angelt man in starker Strömung und größerer Tiefe, können 30 Gramm und mehr erforderlich sein. Die jeweiligen Bedingungen geben also vor, wie sehr man den Gummifisch beschweren muss, um ihn gut kontrollieren zu können.

Bei anderen Techniken der Köderpräsentation (auf die wir im Methodenteil näher eingehen werden) stellt sich die Frage nach dem Gewicht teilweise ganz anders. Wird der Gummifisch beispielsweise als Softjerk eingesetzt, will man ihn nicht am Boden, sondern eher in den oberen Wasserschichten anbieten. Deshalb wird er nur geringfügig beschwert und damit so gewichtet, dass er sich gut in der gewünschten Tiefe führen lässt.

Bei modernen Techniken wie dem Dropshot-

Wie der Köder auch beschwert wird, sein Bleigewicht entscheidet mit über seine Beweglichkeit und sein Verhalten unter Wasser.

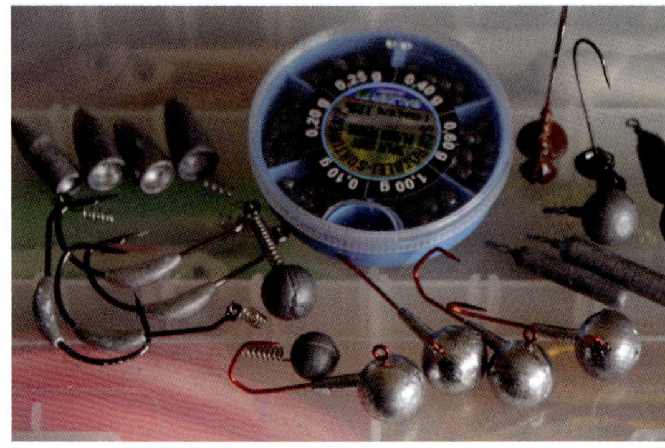

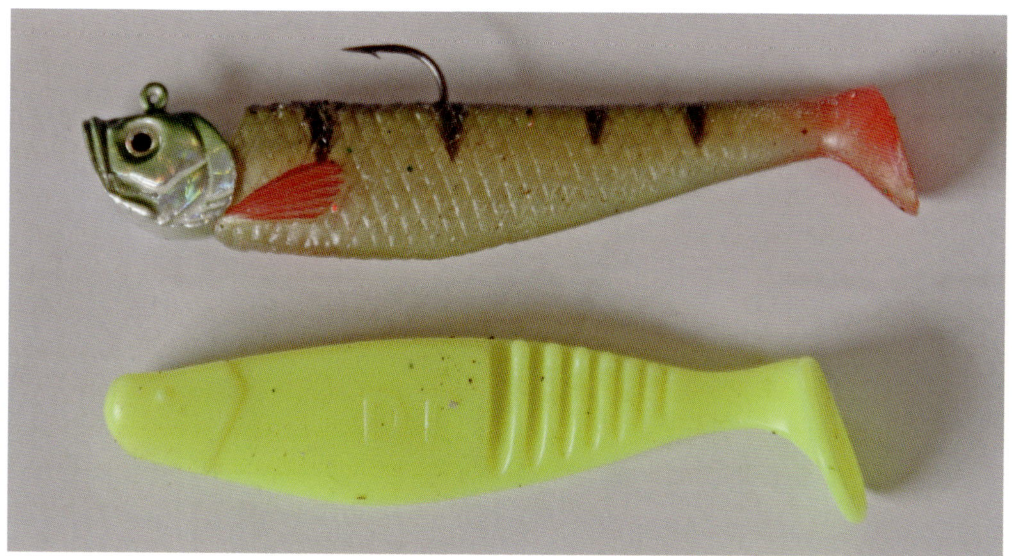

Angeln oder dem Spinnfischen mit dem Texas-Rig wird der Gummifisch gar nicht bzw. indirekt beschwert – genau das macht den Erfolg dieser Methoden aus. Auch bei der indirekten Bebleiung gilt es jedoch, das Gewicht so zu wählen, dass man stets ein gutes Gefühl für den Köder hat und weiß, wo er sich aufhält und wie er sich bewegt.

Welche Farbe soll der Köder haben?

Eine viel diskutierte und niemals ganz geklärte Frage ist die nach der richtigen Köderfarbe. Die Gewässer- und Angelverhältnisse sind zu unterschiedlich, um sie alle in einer einzigen Antwort berücksichtigen zu können. Die Antwort kann nur eine Annäherung sein, die an jedem einzelnen Gewässer aufs Neue präzisiert werden muss. Ein paar Aspekte der Farbwahl sind aber doch weitgehend verbindlich:

Zunächst eine einfache Feststellung: Farbe wird gesehen. Beachten wir die Sichtverhältnisse, können wir uns fragen, ob eine Farbe gut oder schlecht gesehen wird. Schauen wir uns einmal ein Gemälde bei Tage an: viele schöne Farben, und bei Nacht: alles grau. Da wird deutlich, was die Sichtverhältnisse ausmachen. Sieht man gut, sind die Farben wichtig, sieht man schlecht, spielen sie keine Rolle.

Natürlich imitieren oder grell provozieren, das ist immer eine grundsätzliche Entscheidung am Wasser.

So ist es auch bei der Wahl der Köderfarbe. In glasklarem Wasser und bei langsamer Führung kann der Fisch seine Beute genau in Augenschein nehmen. Eine natürliche Färbung des Köders bietet in der Situation unbedingt einen Vorteil, ganz besonders, wenn der Räuber auf eine ganz bestimmte Beute fixiert ist. Je schlechter die Sichtverhältnisse, desto ungenauer sieht der Raubfisch seine Beute. Details werden unbedeutend, natürliche Farbe wird nicht mehr erkannt. In trübem Wasser zahlt es sich oft aus, dem Fisch mit grellen Farben eine Sehhilfe anzubieten. Auffällige gelbe, grüne oder pinke Gummifische schlagen sich bei schlechten Sichtverhältnissen oft besser als Köder in dezenten, natürlichen Farben. Auch grelle Muster wie Firetiger bieten den Räubern optische Orientierung, die sich durch eine erhöhte Bissfrequenz auszahlt.

Farbe wie das Wasser

Einige Raubfisch-Experten sind zu einer zunächst merkwürdig klingenden Farb-Regel gelangt, der zufolge der Köder die Farbe des Wassers haben sollte. Mit anderen Worten: In grünlichem Wasser nehme man einen grünlichen Köder, in bräunlichem einen bräunlichen. Eine fragwürdige Feststellung? Nicht wenn man sich fragt, in welcher Farbe ein Weißfisch im Wasser erscheinen mag. Denn das Schuppenkleid der Weißfische ist silbrig und reflektiert ähnlich wie ein Spiegel die Umgebung. Für den Fisch hat das eine Tarnfunktion, für den Betrachter unter Wasser bedeutet das aber tatsächlich, dass der Fisch dieselbe Farbe aufweist wie das Wasser. Also bietet die Farbe des Wassers doch einen gewissen Anhaltspunkt für die des Köders. Dabei brauchen wir uns keinerlei Sorgen darüber zu machen, dass der Raubfisch den getarnten Beutefisch entdecken kann, darauf ist er schließlich spezialisiert.
Wer der Tarnfarbe nicht traut, kann natürlich auch genau gegenteilig vorgehen und dem Raubfisch Sehhilfe bieten. Davon bieten die Köderhersteller so einiges in unterschiedlichen Dosierungen, angefangen bei einfach auffälligen Farben über fluoreszierende bis hin zu phosphoreszierenden Farben. Die ersten sind schlicht grell, die zweiten reflektieren selbst unter ungünstigen Bedingungen noch Restlicht, und die dritten sind in der Dunkelheit selbstleuchtend. Je tiefer man angelt, desto weniger Licht fällt auf den Köder und desto stärkere Hilfe braucht man, um ihn kenntlich zu machen.
Meeresangler, die ihren Köder in Tiefen anbieten, in die kein Licht mehr vordringt, wissen, was sie ihren leuchtenden Gummiködern zu verdanken haben. Wer es mit der

Weichmacher-Problem

Wenn verschiedene Gummis zusammen liegen, kann es dazu kommen, dass sich das eine Material dem anderen gegenüber aggressiv verhält. Wenn es dabei nur abfärbt, ist das noch nicht so tragisch, auch wenn der Köder nicht mehr die gewünschte Farbe hat. Gummifische mit unterschiedlichen Weichmachern können aber auch zusammenschmelzen, Formen lösen sich auf und verändern sich, und das kommt einem Köderverlust gleich. Deshalb sollten unterschiedliche Gummiköder vorsichtshalber nicht zusammen verstaut werden.

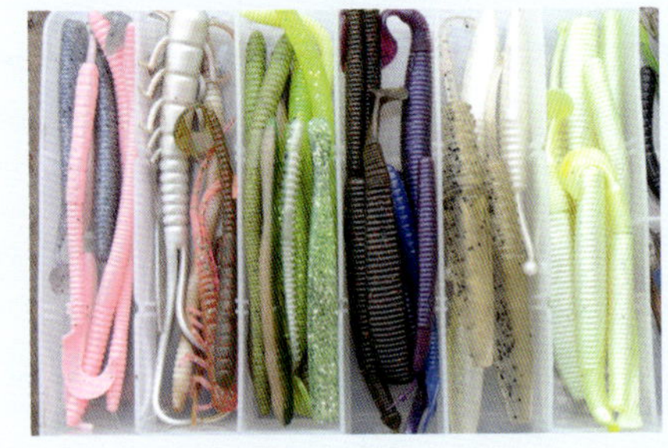

Beleuchtung übertreibt, kann aber auch das Gegenteil erleben. Stark leuchtende Köder in wenigen Metern Wassertiefe haben oft auch abschreckende Wirkung, weil sie vollkommen unnatürlich erscheinen. Farbliche Sehhilfe ist gut gemeint, sie sollte aber auch gut dosiert sein, damit sie nicht übertrieben wirkt.

Es lohnt sich also, Gummifische in verschiedenen Farben dabei zu haben. Auch aus einem ganz einfachen Grund. Bei allen Überlegungen und Spekulationen wissen wir nicht ganz genau, wie ein Raubfisch die Farbe der Beute und des Köders tatsächlich wahrnimmt. Aber wir wissen sicher, dass er immer wieder auf eine bestimmte Farbe besser reagiert als auf andere. Und diese Farbe finden wir nur dann heraus, wenn wir mehrere zur Auswahl haben und damit experimentieren können.

Gummifisch-Wobbler

Gummifische mit Tauchschaufel bilden den Übergang zum Wobbler. Sie sind gewissermaßen Hardbaits in softer Ausführung. Besondere Führungstechniken brauchen diese Köder nicht, sie können ganz einfach eingekurbelt werden wie ein Wobbler von Typ Crankbait.

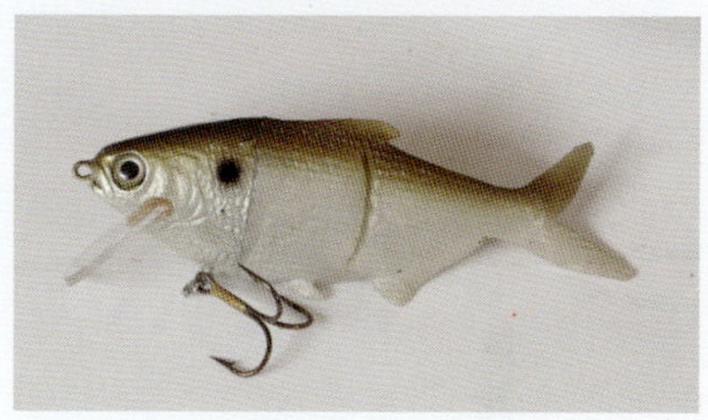

Wer Dorsche in großer Tiefe beangelt, ist mit leuchtenden Gummifischen oft im Vorteil.

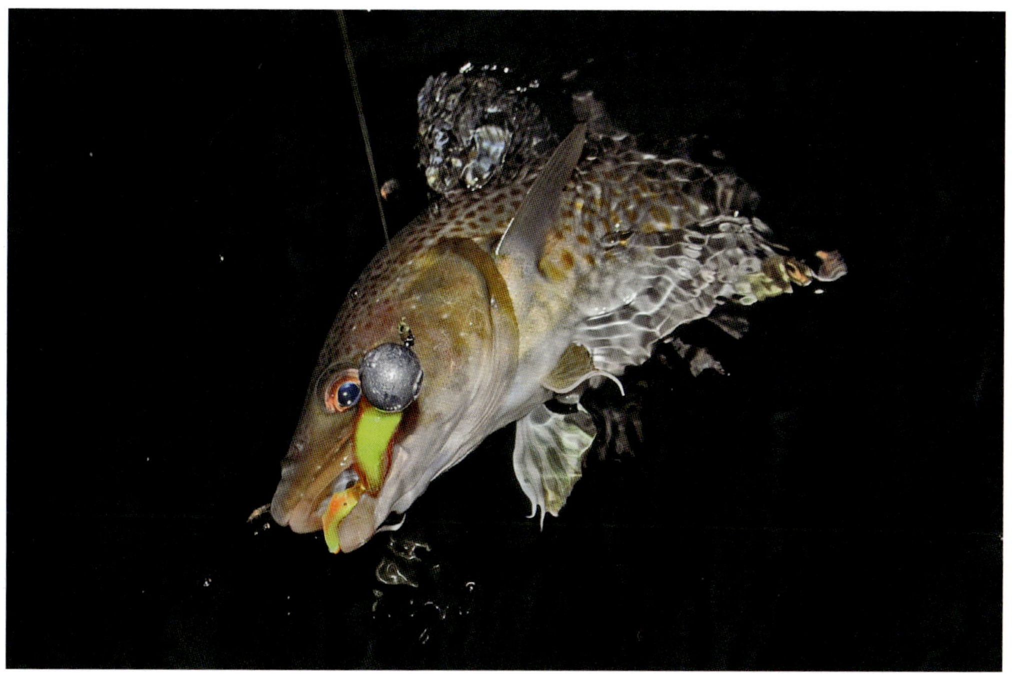

TWISTER – DIE ZEITLOSEN VERFÜHRER

Als die ersten Twister in den 1970er Jahren auf den Markt kamen, revolutionierten sie das Spinnfischen. Inzwischen sind sie nur noch eine von vielen Gummiformen – aber eine unverzichtbare.

Mit dem Twister fing bei uns alles an. Er war der Vorbote der großen Gummiwelle, die das gesamte Raubfischangeln erfasste und alles ändern sollte. Nach ihrer großen Rolle als Vorreiter und Wegbereiter sind sie ein bisschen aus der Mode gekommen. Was früher einmal gut fing, fängt aber sicher auch heute noch gut. Deshalb sollte man den Twister nicht voreilig abschreiben. Denn er hat seine unbestrittenen Qualitäten, nämlich eine unnachahmliche Eigenbewegung, die zeitlos verführerisch ist für alle Raubfische.

Obwohl man meinen sollte, an der ersten einfachen Form des Twisters gäbe es nicht mehr viel zu verändern und zu verbessern, hat sich diese Köderform auf unterschiedlichste Weise verändert und entwickelt. Der Körper wurde länger oder kürzer, dicker oder dünner, der Schwanz bekam Löcher, einen verdickten Abschluss oder wurde zu einer langen Fahne ausgezogen. Alles, was an Veränderungen vorgenommen wurde, diente in erster Linie dazu, die Reizwirkung zu erhöhen. Der Twister sollte mehr und stärkere Druckwellen im Wasser erzeugen, um entsprechenden Eindruck auf die Seitenlinie der Fische zu machen. Dabei sind zum Teil monströse Gummiprügel entstanden, Ungetüme von 40 Zentimetern und mehr.

Twister sind oft die Rettung, wenn andere Köder nicht fangen. Und auch große Räuber gehen auf Twister.

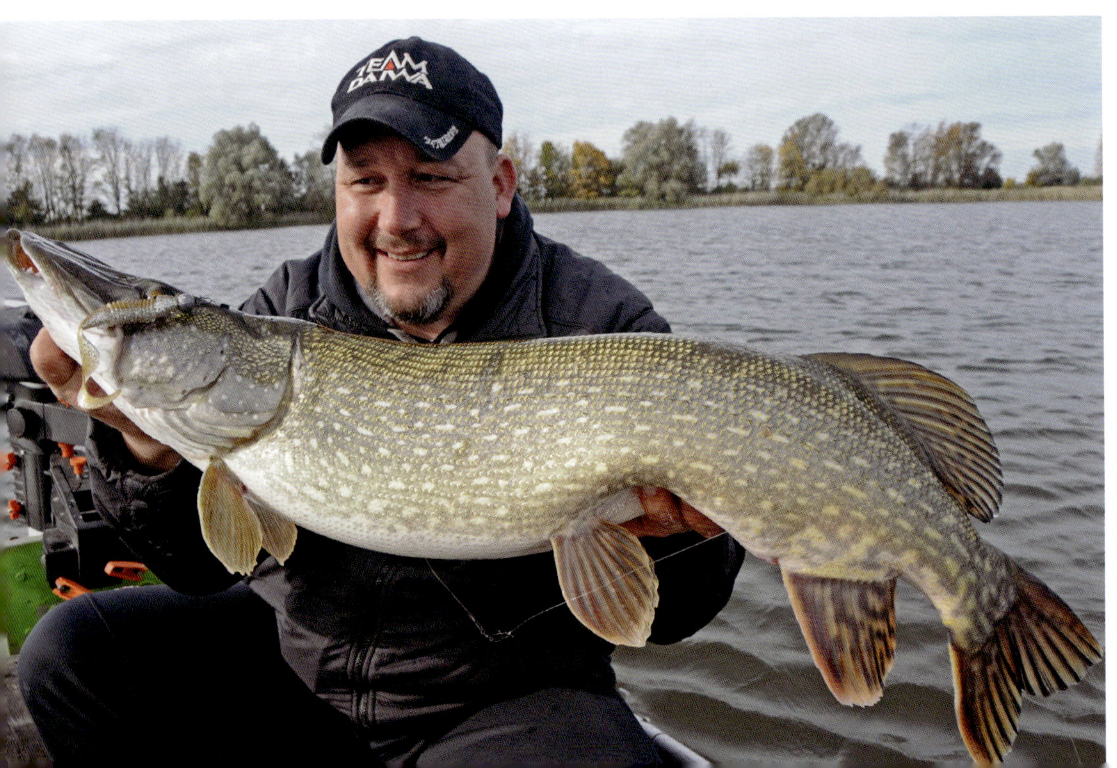

Riesentwister

Es gibt richtige Ungetüme unter den Twistern oder twisterartigen Ködern. Sie überragen die Sohlen der Schuhgröße 48 noch um einiges. Bei solch einer großen Portion Gummi kommt es leicht zu Fehlbissen, wenn sie nur an einem einzelnen Jighaken angeboten werden. Deshalb versieht man sie am besten mit einem zusätzlichen Drilling. Am saubersten geht das, wenn man den Stinger mit einer Ködernadel durch den Körper führt und den Drilling in einen Sprengring am Ende des Stingers einhängt.

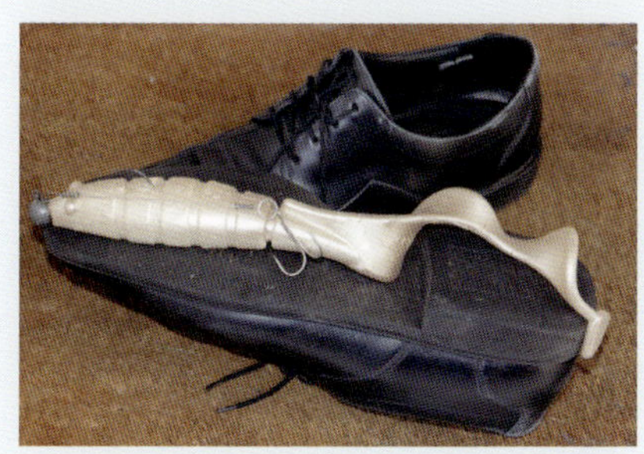

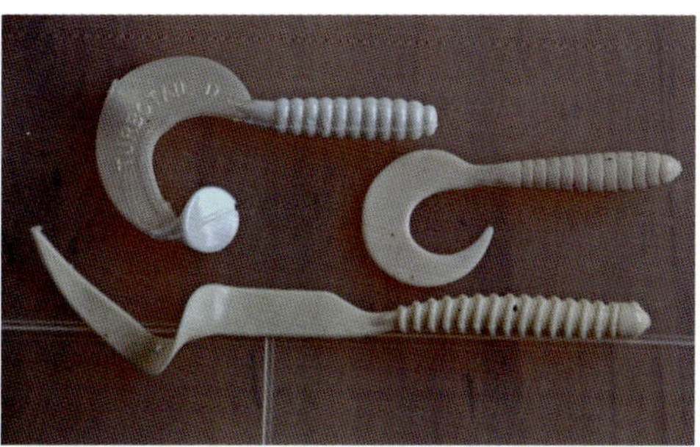

Die verschiedenen Twisterschwänze bilden unterschiedlichen Wasserwiderstand und wirken damit mehr oder weniger druckvoll.

Schwänze

Sein Schwanz ist der bestimmende Teil des Twisters, von ihm gehen die entscheidenden Bewegungen aus, er sorgt für die Druckwellen im Wasser, die von den Fischen wahrgenommen werden. Deshalb müssen wir uns noch einmal einige Twisterschwänze anschauen.

Der Klassiker ist ein einfacher hakenförmig gebogener Schwanz, der rotierende Bewegungen macht, wenn der Twister durchs Wasser gezogen wird. Den Streit zwischen Anglern, die meinen, ein Twister müsse so aufgezogen werden, dass der Schwanz nach oben weist, und denen, die überzeugt sind, der Schwanz müsse nach unten weisen, kann man übrigens getrost beilegen. Wer beides einmal ausprobiert und die Bewegungen im Wasser beobachtet hat, kann sich davon überzeugen, es gibt keinen nennenswerten Unterschied.

Einen Unterschied macht es aber schon, wenn der Schwanz weiter ausgeformt ist. Ein tellerförmiger oder hammerartig verdickter Schwanzabschluss bietet einen entschiedenen Wasserwiderstand und sorgt dafür, dass der Schwanz intensivere Ausschläge zeigt.

Für mehr Bewegung und Druckwellen im Wasser sorgen auch die extrem lang ausgezogenen, wellenartigen Schwänze. Allein durch ihre Größe sind sie auffälliger, aber auch die Wellenbewegungen sorgen dafür, dass diese Twister nicht zu übersehen sind.

Schließlich gibt es Modelle, die nicht nur einen, sondern zwei Schwänze haben, und damit schon rein rechnerisch den doppelten Druck erzeugen. Tatsächlich mögen die Doppelschwänze von den Fischen sogar

Richtig herum anhaken
Twisterschwanz nach oben oder nach unten? Darüber sind schon einige Angler in einen Streit geraten. Wie herum man den Twister auf den Haken zieht, spielt für seine Bewegung keine gravierende Rolle, davon kann man sich mit einem Testlauf in klarem Wasser überzeugen. Kommt es bei einem nach oben ausgerichteten Schwanz zu mehr Fehlbissen, weil er beim Biss den Haken verdeckt? Auch das lässt sich kaum belegen. Schwanz nach oben oder nach unten – es funktioniert beides gleich gut.

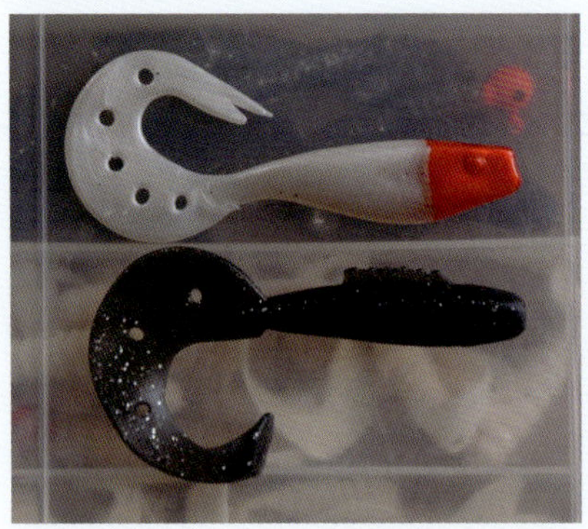

noch viel größer wahrgenommen werden, weil sie so viel Spektakel machen. Sie sind deshalb ausgewiesene Köder für den Fang großer Raubfische.

Einige Hersteller von Gummiködern haben ihrer Phantasie freien Lauf gelassen und den Twistern gleich noch mehr als zwei Schwänze gegeben. Andere haben dem Köder – bei dem man schon nicht mehr weiß, wie man ihn nennen soll – auf der anderen Seite auch noch ein Büschel Fransen gegeben. Damit entfernt sich der Köder schon langsam von dem, was einmal ein Twister war. Wenn er aber reizvolle Bewegungen vollführt, dann kann er auch fangen.

Viele Möglichkeiten

Die Einsatzmöglichkeiten der verschiedenen Twister sind enorm. Man kann nahezu alles mit ihnen machen. Die ursprüngliche und klassische Art, einen Twister einzusetzen, besteht im Jiggen. Darin ist er Vorreiter der Technik, die heute im Wesentlichen mit Gummifischen ausgeübt wird. Aber selbstverständlich funktionieren auch Twister immer noch gut, indem man sie über den Gewässerboden hüpfen lässt.

Allerdings sollte man nicht außer Acht lassen, dass der Twister mit seinem Schwanz für eine charakteristische Eigenbewegung sorgt, die er beim Rauf-und-runter des Jiggens gar nicht recht zur Geltung bringen kann. Twister sind oft wirkungsvoller, wenn sie so geführt werden, dass ihr Schwanz richtig rotieren kann. Dass heißt, sie werden streckenweise einfach durchs Wasser gezogen. Ein gleichmäßiges Einkurbeln des Twisters durchs Mittelwasser kann schon sehr verführerisch wirken. Noch mehr Wirkung erzielt man aber meistens, wenn man gleichmäßiges Einkurbeln und Jiggen kombiniert und den Twister beim Einholen immer wieder einmal absacken lässt, um ihn danach wieder anzuziehen und wieder ein Stück durchs Wasser zu ziehen.

Welche Stärken der Twister bei gleichmäßiger Bewegung im Mittelwasser hat, wissen Bootsangler, die ihn einfach als Schleppköder mitlaufen lassen. Auch bei einer anderen

Form des Schleppens machen Twister eine gute Figur, und zwar am Forellensee. Beim Sbirulino-Angeln werden verschiedene rotierende Köder angeboten, unter anderem auch Gummiköder wie kleine Twister. Forellen haben eine Vorliebe für rotierende Köderbewegungen, deshalb reagieren sie sehr gut auf kleine Twister hinter einem Sbirulino. Eine schon fast klassische Form der Twister-Präsentation darf nicht unerwähnt bleiben, nämlich die als Beifänger. Beim Dorschangeln sind Twister für viele Meeresangler unentbehrliche Beifänger, die manchmal mehr fangen als der Hauptköder. Auch beim Bootsangeln auf Barsch und Zander kann ein Twister als Beifänger über dem Hauptköder manchmal für erstaunliche Fänge sorgen.

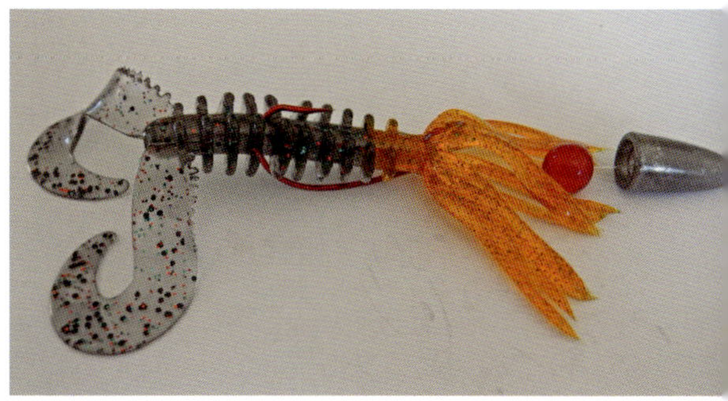

Ist das noch ein Twister? Der Gummiköder vom Typ Hula Grub bietet mit Fransen und geripptem Körper viel Zusatzreize.

Doppelschwanz-Twister erzeugen viel Bewegung, dadurch wirken sie auf den Räuber wie eine besonders große Beute.

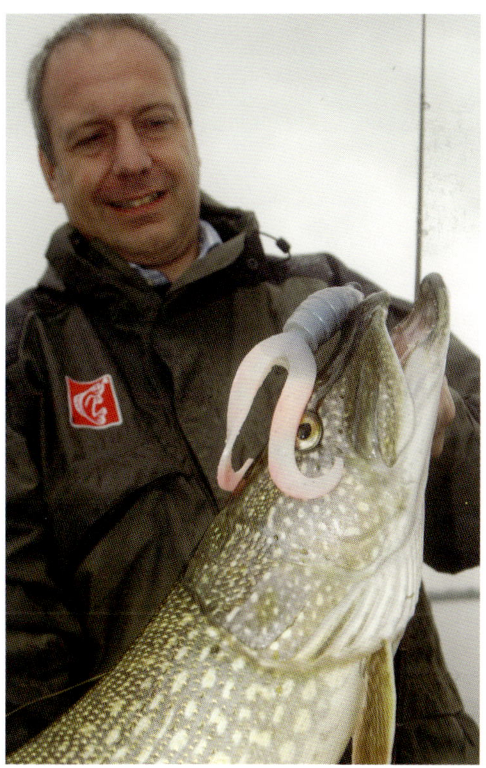

Welches Modell nehmen?

Da sich die Twister so vielfältig weiterentwickelt haben, stellen sie einen manchmal schon vor eine schwierige Wahl, wenn man sich zwischen den vielen Modellen entscheiden soll. Man sollte sich die Entscheidung aber nicht zu schwer machen. Zunächst einmal muss die Größe zum Zielfisch passen, damit engt man die Auswahl schon einmal ein. Dann sollte das Modell auch zu den Gewässerverhältnissen passen. Das bedeutet, für Gewässer mit guten Sichtverhältnissen greift man eher zu den normalen, einfachen Modellen.

Bei schwierigen Sichtverhältnissen bieten sich dann die auffälligeren Modelle an, die mit mehreren und größeren Schwänzen stärkere Druckwellen erzeugen und damit auch in der Tiefe und in trübem Wasser nachdrücklich auf sich aufmerksam machen.

Twister mit Sbirulino

Am Forellensee gehört der Twister mit ins Ködersortiment beim Angeln mit Sbirulino. Dabei wird der Twister an einem unbeschwerten Einfachhaken befestigt Wenn der Twister zu groß ist, genügt allein der Twisterschwanz, um eine rotierende Bewegung zu erzeugen. Die Technik mit dem Sbirulino ist übrigens auch einen Versuch wert, wenn die Barsche so weit weg sind, dass man eine Wurfhilfe braucht, um sie zu erreichen.

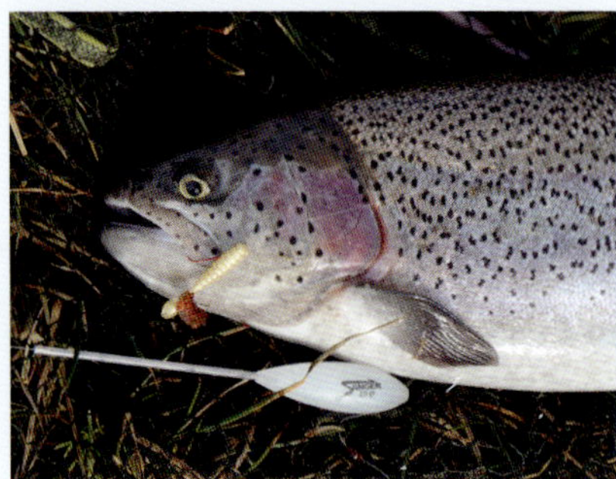

Twister als Beifänger

Der Twister ist auch sehr erfolgreich in einer Nebenrolle. Beim Dorschangeln setzen ihn viele als Beifänger ein. Das Prinzip funktioniert aber auch im Süßwasser. Wer beim Vertikalangeln nach Zander und Barsch sucht, verdoppelt seine Chancen, wenn er über dem Gummifisch als Hauptköder einen kleinen Twister anbringt. Nicht selten bringt er mehr Fische an den Haken als der Hauptköder. Ein Erfolgsgeheimnis der Beifänger in tiefem Wasser ist ihre UV-Aktivität. Dadurch sind beispielsweise die sogenannten japanroten Twister in der Dunkelheit der Tiefe noch gut zu sehen und fallen den Fischen eher auf als andere Köder.

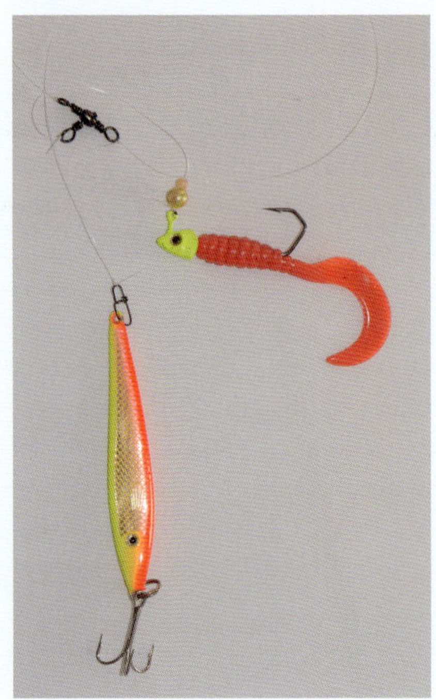

Twister mit mehr als zwei Schwänzen und zusätzlicher Zier aus Gummifransen sind ein Sonderfall. Sie wird man in der Regel nicht wie die üblichen Twister einsetzen, denn sie sind mehr Übergangsformen zu Krebsen und Creature Baits. Man wird sie deshalb konsequenter am Boden anbieten und versuchen, ihre Körperattribute zur Geltung zu bringen.

Einsatzbereiche

Mit den Methoden haben wir schon ein paar Einsatzbereiche für den Twister genannt. Aber wann genau sollen wir zum Twister

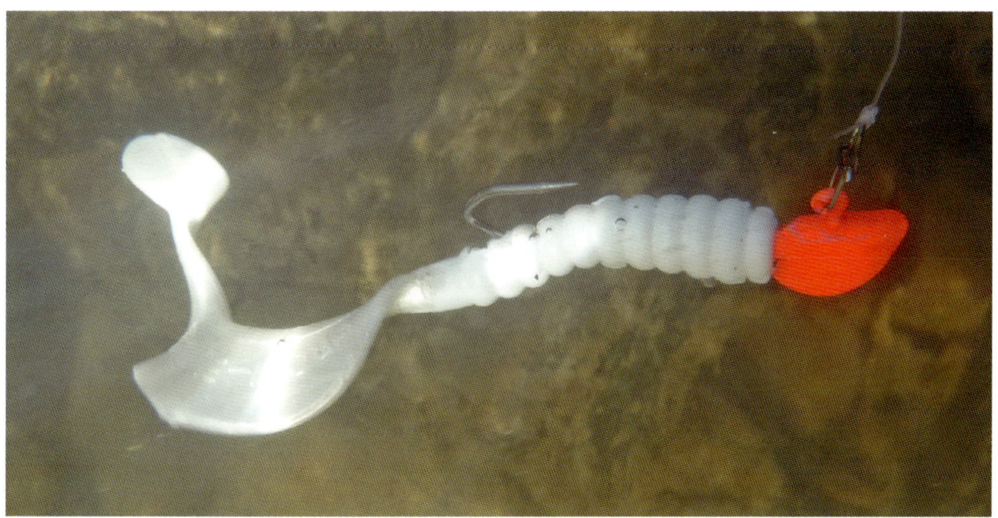

Je schlechter die Sichtverhältnisse, desto intensiver sollte sich der Twister bewegen.

statt zu irgendeinem anderen Gummiköder greifen? Der Twister ist sicherlich kein Spezialköder für raffinierte Verführungstechniken. Er ist unter den Gummiködern viel mehr so etwas wie der Spinner, ein unkomplizierter Allrounder. Damit sind Twister gute Suchköder. Wenn man ein Gewässer nicht gut kennt und nicht genau weiß, was einen erwartet, dann kann man den Twister oft besser als irgendeinen anderen Gummiköder einsetzen, um das Gewässer und den Fischbestand zu erkunden.

Der Twister ist oft auch eine Art Rettungsanker an schwierigen Tagen. Der Raubfisch-Experte Uli Beyer sagte einmal, dass er den Twister herausholt, wenn sonst gar nichts geht. Und in der Tat kann man solche Tage erleben, an denen Gummifische und andere Köder reihenweise versagen, und der Twister als einziger Köder fängt. Er scheint dann mit seinem rotierenden Schwanz einen besonderen Reiz auszusenden, dem die Fische nicht widerstehen können, auch wenn sie sonst nicht in bester Beißlaune sind.

Der Twister gehört, auch wenn er seine größte Zeit hinter sich hat, noch lange nicht zum alten Gummi. Er sorgt immer wieder für überraschend gute Fänge und angelt nicht selten die anderen Köder an die Wand. Deshalb hat jeder richtige Gummifan auch immer ein paar Twister für den Fall der Fälle im Gepäck.

GUMMIWÜRMER – BESSER ALS ECHTE WÜRMER

Einen (echten) Wurm legt man aus und wartet. Wie viel mehr kann man mit einem Gummiwurm machen! Man kann ihn in jeder Wassertiefe zucken und wackeln lassen, mit ihm das Gewässer absuchen – und besser fangen als mit dem Original.

Gummiwürmer stehen ganz am Anfang der Entwicklung der Gummiköder. Sie hingen bereits vor den Twistern und Gummifischen am Haken. Den Ruhm, Erfinder des Gummiwurms zu sein und damit die weiche Köderrevolution in Gang gesetzt zu haben, darf der Amerikaner Nick Creme für sich in Anspruch nehmen. Der leidenschaftliche Schwarzbarschangler war es leid, sich mühsam seine Würmer zusammenzusuchen und zu erleben, wie sie an heißen, sonnigen Tagen allzu schnell verendeten und unbrauchbar wurden. Auf der Suche nach einer Lösung für das Köderproblem entwickelte er den Gummiwurm, den er schon bald zur Perfektion ausformte und in Serienproduktion brachte. Das alles spielte sich bereits in den 1950er Jahren ab.

Aus dem Vorhaben, den unwiderstehlichen Wurm so natürlich wie möglich nachzugestalten, wurde inzwischen eine breite Palette von wurmartigen oder einfach nur länglichen Gummiködern. Die einen sehen dem Tauwurm täuschend ähnlich, die anderen sind eher fantastische Gebilde, die vor allem durch die Wirkung ihrer Bewegungen und Farben zum Zubeißen animieren sollen.

Barsche sind verrückt nach Würmern. Ein gut präsentierter Gummiwurm fängt dabei nicht schlechter als ein echter Wurm.

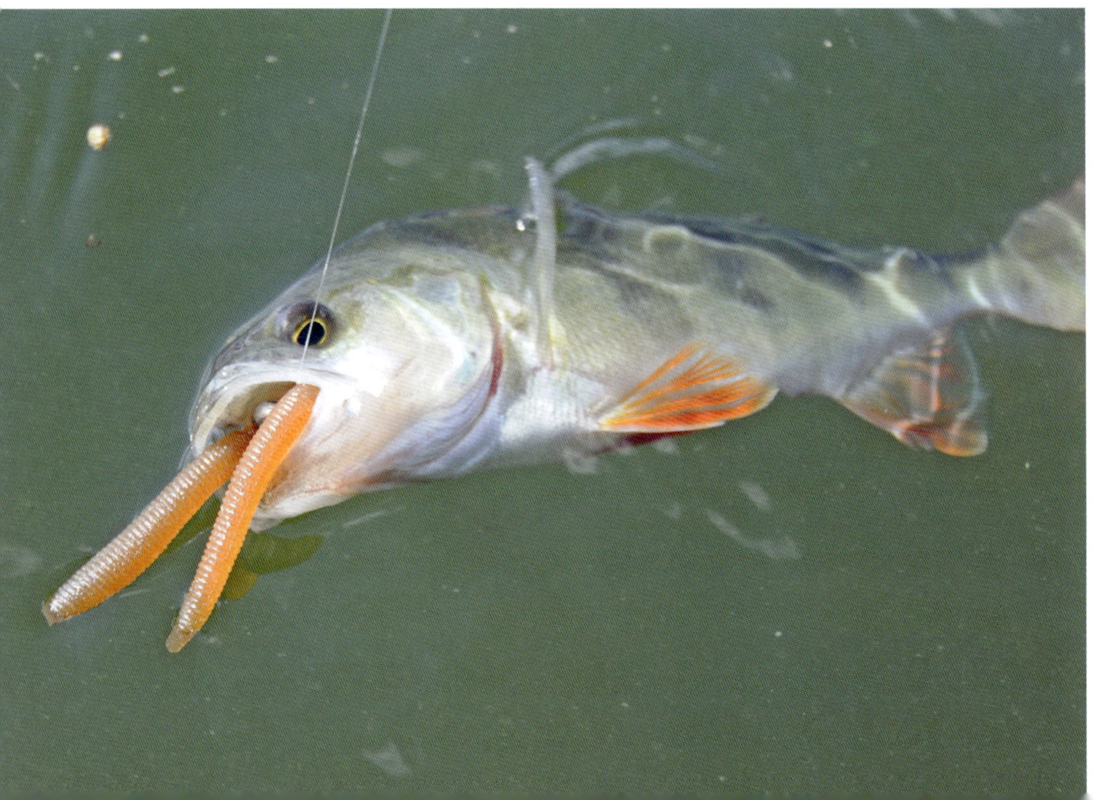

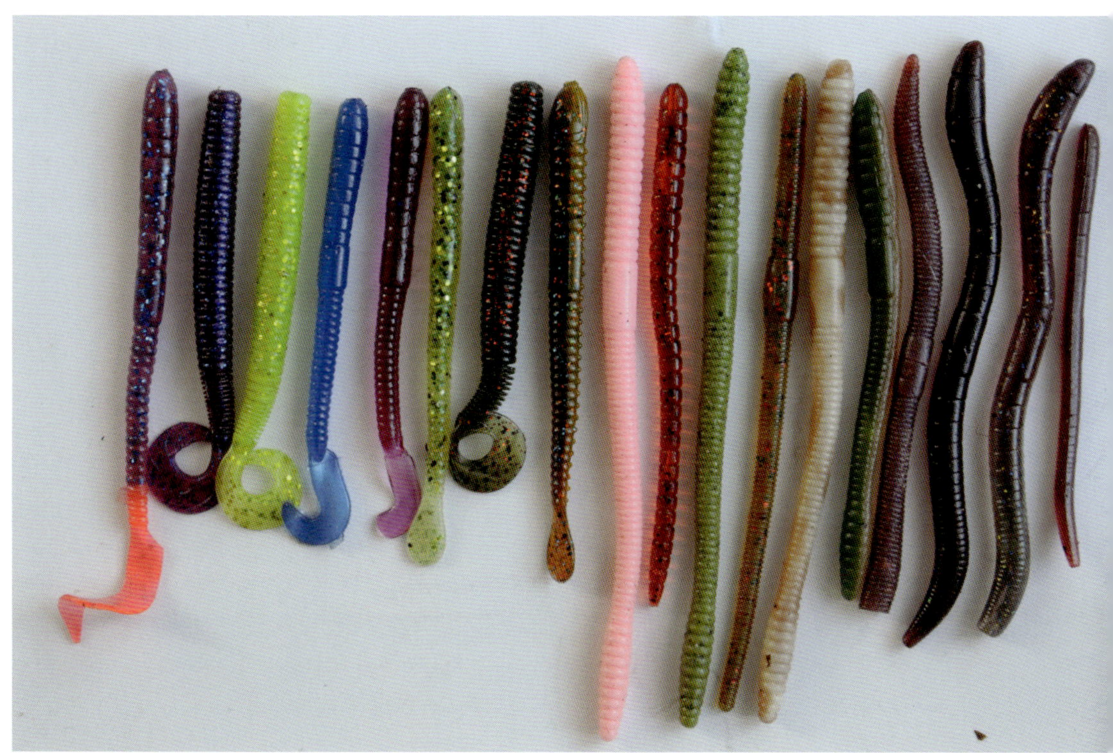

Das Angebot an Gummiwürmern ist riesig. Das ausgewählte Modell muss immer gut zu der jeweilige Angeltechnik passen.

Allerlei Gewürm

Wie weit man den Begriff Gummiwurm fasst, ist nicht zuletzt Ansichtssache des Anglers. Möchte man einen gerippten Körper mit Hakenschwanz noch Wurm nennen? Der Übergang zum Twister und zu schlanken Fischformen ist fließend, und in einigen Fällen darf man die Kreation genauso gut Fisch, Twister oder Grub wie Wurm nennen.

Je nachdem, wie der Wurm geformt wurde, als gelungene Nachbildung des Tauwurms, als Phantasiewurm mit Schwanzflosse, spitz zulaufendem, geringeltem oder kugeligem Schwanz, ist damit auch vorgegeben, wie man ihn am besten anbietet. Wenn ein Wurm nur aussieht wie ein Wurm, gilt es ihn auch als solchen zu präsentieren. Hat der Wurm dagegen einen auffälligen Schwanz, geht es darum, diesen auch zur Geltung zu bringen, denn er ist das entscheidende Reizelement des Köders.

Grundsätzlich reagieren alle Fische auf die unterschiedlichsten Wurmkreationen. Man muss nur wissen, wann man welchen von ihnen auswählen muss und wie man ihn einsetzen soll.

Genau wie beim Gummifisch gilt es auch beim Gummiwurm zu wissen oder herauszufinden, nach welchem Modell den Fischen gerade ist. Es gibt aber stets Anhaltspunkte für die Wurmwahl, und zwar sehr naheliegende.

Original und Fälschung

Ein Gummiwurm muss nur dann dem Original sehr ähnlich sehen, wenn man das Original sehr gut imitieren und in klarem Wasser einen echten Wurm vortäuschen möchte. Mit Gummiwürmern kann man aber weit mehr anstellen, als einen echten Wurm nachzumachen.

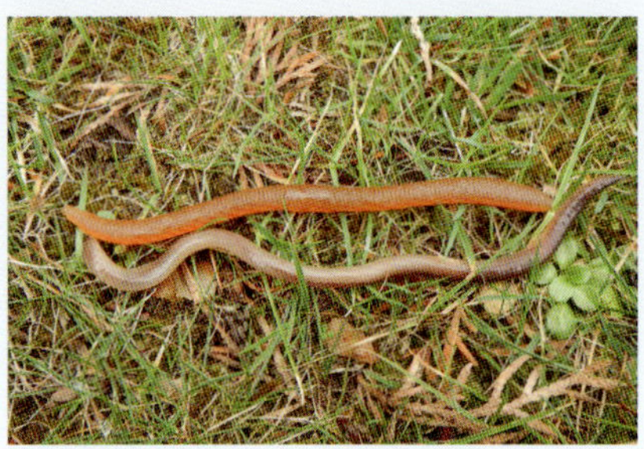

So echt wie möglich lautet das Gebot der hellen Stunden des Tages an klarem Wasser. Dann hat der Fisch nämlich die besten Bedingungen, den Köder kritisch in Augenschein zu nehmen. Wir sollten ihm dabei möglichst wenig Anlass zur Skepsis geben. Das heißt, der Wurm sollte täuschend echt aussehen, und er sollte sich auch stetig Bewegungen, um kein fragliches Detail zu erkennen zu geben.

Je schwieriger die Sichtverhältnisse im Wasser sind, desto unnatürlicher darf der Wurm in Gestalt und Farbe werden. Und bei richtig schlechter Sicht wird die Unnatürlichkeit schließlich zum Vorteil, denn sie bedeutet Hilfestellung bei der Wahrnehmung des Köders. Eine Intensivierung von Bewegung und Farbe macht es dem Fisch leichter, den Wurm wahrzunehmen und ihn zu packen. Dabei sind auch ein gerippter Körper und ein rotierender Schwanz hilfreich, Signale an die Seitenlinie des Fisches zu senden und ihn damit auf den Köder aufmerksam zu machen. Groß ist nicht nur die Vielfalt der Gummiwürmer und wurmartigen Gummiköder, sondern auch die Zahl der Präsentationsmöglichkeiten. Mit Gummiwürmern kann man alles Mögliche anstellen, mit verschiedenen Techniken lassen sie sich in vielen Variationen anbieten. Eines sollte man dabei allerdings dringend beachten: Ein Gummiwurm muss sich bewegen, anders als ein Gummifisch, den man auch einmal unbewegt im Wasser halten kann, und ein Gummikrebs, der auch interessant ist, wenn er einfach am Boden steht. Ein Gummiwurm dagegen muss wackeln und zappeln. Ihn einfach nur im Wasser hängen oder auf dem Boden liegen zu lassen, reicht nicht. Ein Gummiwurm erfordert eine intensivere oder zumindest raffiniertere Präsentation als ein Gummifisch.

Wie das Original

Um die Präsentation eines echten Wurmes muss man sich keinerlei Sorgen machen. Seine Stärke besteht schließlich darin, sich selbst wackelnd und zuckend zu präsentieren. Das bedeutet allerdings, dass man sich umso mehr Gedanken um die Darbietung des falschen Wurmes aus Gummi machen muss. Es soll dem Original schließlich in nichts nachstehen. Wie bekommt man das hin?

Alles eine Frage der Technik! Tatsächlich muss man sich für den Gummiwurm ein bisschen mit modernen Präsentationstechniken befassen. Denn einfaches Jiggen wie

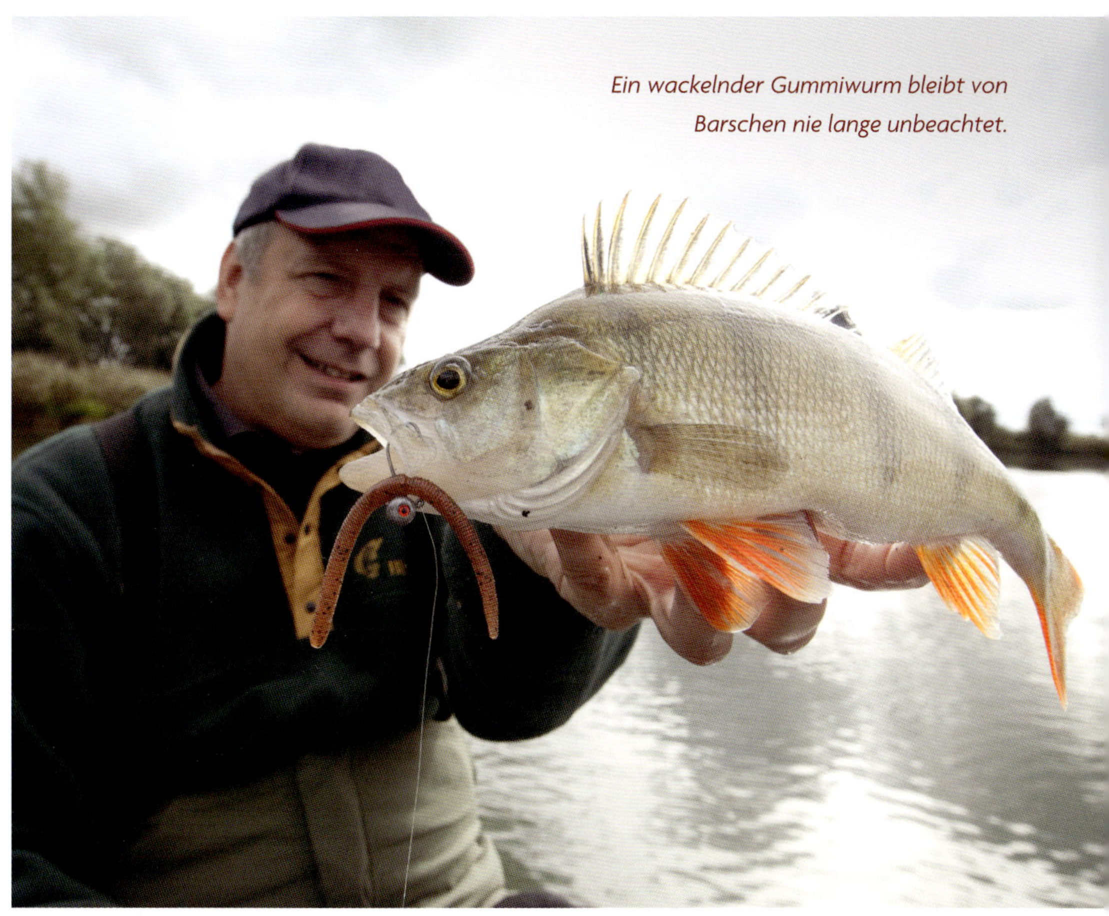

Ein wackelnder Gummiwurm bleibt von Barschen nie lange unbeachtet.

mit einem Gummifisch funktioniert mit dem Wurm nicht.

Die erste und ursprüngliche Montage, mit der man in Amerika den Gummiwurm angeboten hat und für die sein Erfinder ihn auch entwickelt hat, ist das Texas-Rig. Das ist immer noch eine gute Wahl, um den Wurm lebhaft und verführerisch über den Boden hüpfen zu lassen. Damit macht er allerdings nicht gerade das, was ein echter Wurm im Wasser tun würde. Er bewegt sich viel schneller, agiler und sprunghafter als ein echter Wurm. Es wird also mit dieser Methode keineswegs ein Wurm imitiert, sondern eher ein am Boden herumzappelndes Fischchen, am ehesten ein Aal, ein Neunauge oder vielleicht auch ein Blutegel. Entscheidend ist aber, dass der Gummiwurm attraktiv durchs Wasser zuckt und nicht so sehr, dass er sich genau wie ein echter Wurm im Wasser verhält.

Wenn sich der Wurm am Texas-Rig anbieten lässt, dann genauso am Carolina- oder Florida-Rig. Es ist dann nur eine Frage der Geschwindigkeit, mit der er sich am Boden bewegen soll.

Texas-, Carolina- und Florida-Rig sind Montagen, an denen der Köder in horizontaler Position über den Gewässergrund geführt wird.

Hüpfend, stehend, zappelnd
Mit den unterschiedlichen Techniken lässt sich ein Gummiwurm sehr variabel anbieten. Nicht immer macht er dabei das, was ein Wurm im Wasser machen würde, aber wenn der Angler ihn verführerisch bewegt, fängt der Gummiwurm sogar, wenn er sein ganz eigenes Bewegungsmuster hat.

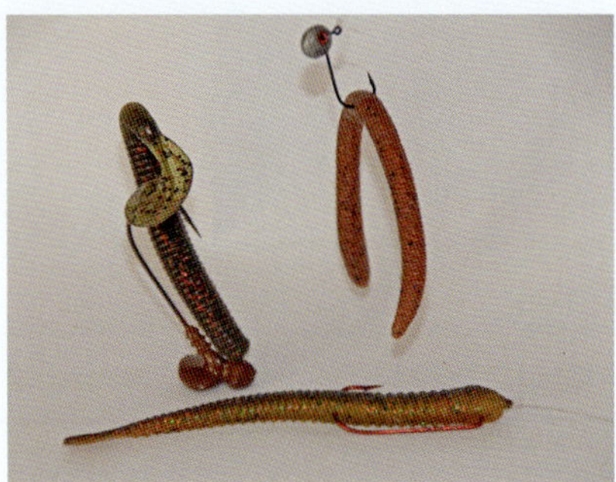

Ist das noch ein Wurm?
In der Natur ist die Bezeichnung Wurm recht eindeutig. Bei Gummiködern ist der Übergang zu schlanken Fischen, Twistern und Grubs fließend. Dabei entstehen Köder, denen man kaum einen überzeugenden Namen aus dem Tierreich geben kann. Im Zweifelsfall können sie immer noch Würmer genannt werden.

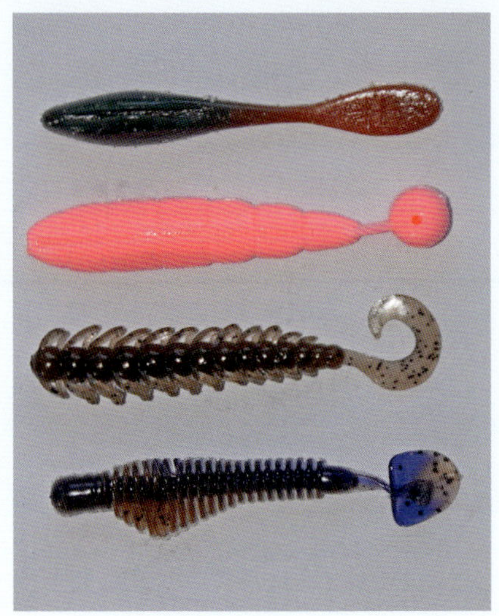

Einen Gummiwurm kann man aber genauso gut vertikal über den Grund hüpfen oder wackeln lassen. Auch damit imitiert man weniger einen echten Wurm als vielmehr ein Fischchen, das im Boden wühlt, aber die Methode wirkt.

Den Wurm vertikal anzubieten, bedeutet, dass man ihn Kopfstand machen lässt. Für diese Aufgabe eignen sich wiederum am besten Formen mit einem eindeutigen Kopfteil und einem gut beweglichen Schwanz. Für die vertikale Aufgabe wird der Wurm entweder an einem stehenden Jigkopf oder am Neko-Rig installiert. An einem Jigkopf wie dem Shakey-Head wird der Wurm auf der Stelle geschüttelt. Mit dieser Methode wird der Wurm kaum fortbewegt. Das heißt, man muss genau wissen, wo man den Köder einsetzt und wo man mit Fischen zu rechnen hat.

Etwas flexibler als am Jighaken lässt sich der Wurm am Neko-Rig über den Boden führen. An der Montage kann der Wurm nicht nur auf der Stelle gehalten, sondern auch über Strecken geführt werden.

Wer mit Gummiwürmern angelt, sollte auf jeden Fall immer eine Technik im Repertoire haben, die oft unglaubliche Erfolge

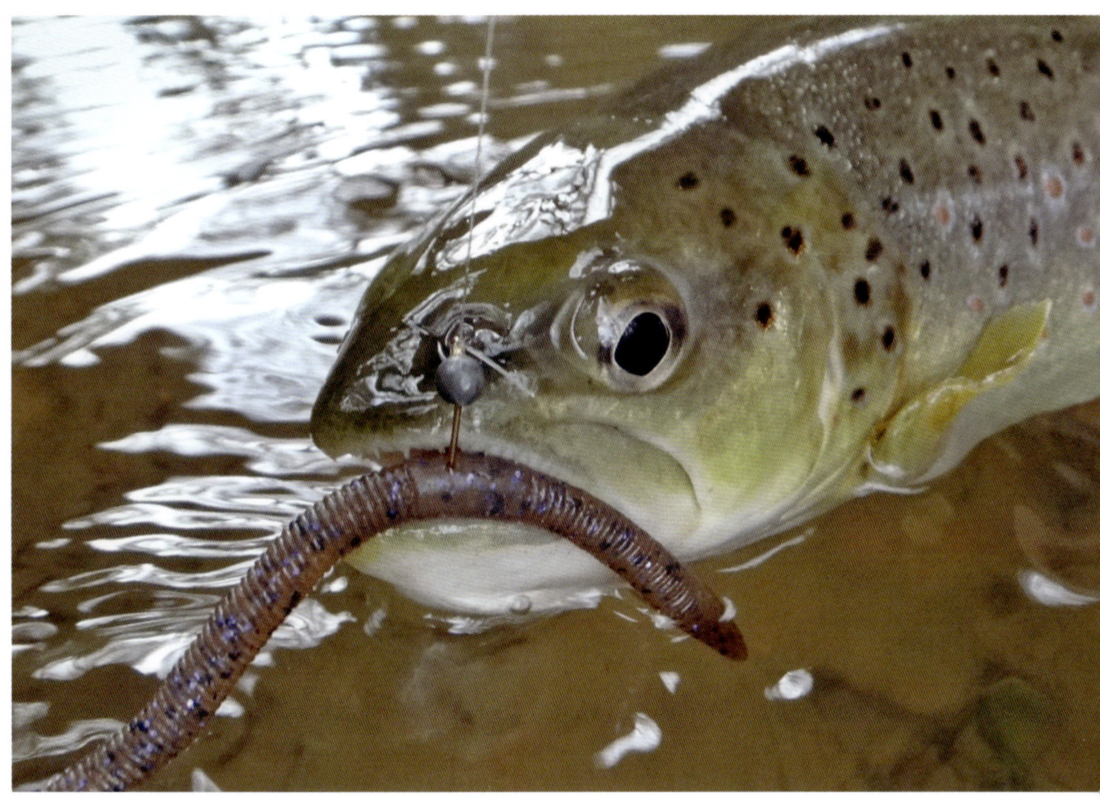

Nahezu alle Fische mögen Würmer, deshalb ist oft schwer zu sagen, wer als nächstes beißt, hier war es eine Bachforelle.

bringt, nämlich die Wacky-Technik. Dabei kann der Gummiwurm erst so richtig zeigen, was er kann: wackeln und zappeln wie ein echter Wurm, sogar noch wilder und verrückter. Für die Wacky-Technik schadet es nicht, einen möglichst echt wirkenden Gummiwurm zu nehmen. Dabei sollte er nicht zu steif sein, sondern über eine gute elastische Beweglichkeit verfügen. Für Barsche im Mittelwasser gibt es oft nichts Fängigeres als einen gut wackelnden Wacky-Wurm.

STICKBAITS – EINFACH NUR STÄBCHEN

Es sind die einfachsten und unscheinbarsten Köder aus Gummi, die Stickbaits. Nicht mehr als ein Stäbchen, das nach nichts aussieht und nichts imitiert, aber bei richtiger Handhabung doch erstaunlich gut fängt.

Ein phantasievolles Gebilde sieht anders aus. Solch ein Stickbait scheint nämlich nichts anderes zu sein als ein Stück aus einer dünnen Gummiwurst. Stick bedeutet im Englischen so viel wie Stock oder Stab, und genau das sind diese Köder – allerdings in weicher Ausführung. Mit Stickbaits wird auch eine Gruppe von Hardbaits bezeichnet, die überwiegend zu den Oberflächen-Wobblern gehören. Die soften Stickbaits werden, je nachdem, wie sie montiert und mit welcher Technik sie angeboten werden, zwischen Oberfläche und Boden präsentiert.

Wie so viele Gummikreationen haben auch die Sticks ihren Ursprung in der Wettkampfszene der Schwarzbarschangler in Amerika. Mit ihrer Einführung haben sie durch außergewöhnliche Fänge sofort von sich Reden gemacht. Dabei kann man den Sticks wirklich nicht ansehen, was sie so stark macht. Keine Flossen, keine Beinchen, Fühler oder sonst irgendetwas, einfach nur ein längliches Stück Gummi – und das hat solch eine Fangkraft?

Alles machbar

Die Fangkraft der Sticks geht, kurz gesagt, vom Angler aus. Der Stick scheint eine ganz gute Minimal-Attrappe eines Fischchens oder eines Wurms zu sein. Sobald der Angler das längliche Etwas interessant bewegt, wird es in den Augen der Fische zu einer poten-

Der Gummistick hat sich beim Drill vom Haken gelöst und gleitet auf dem Vorfach hoch.

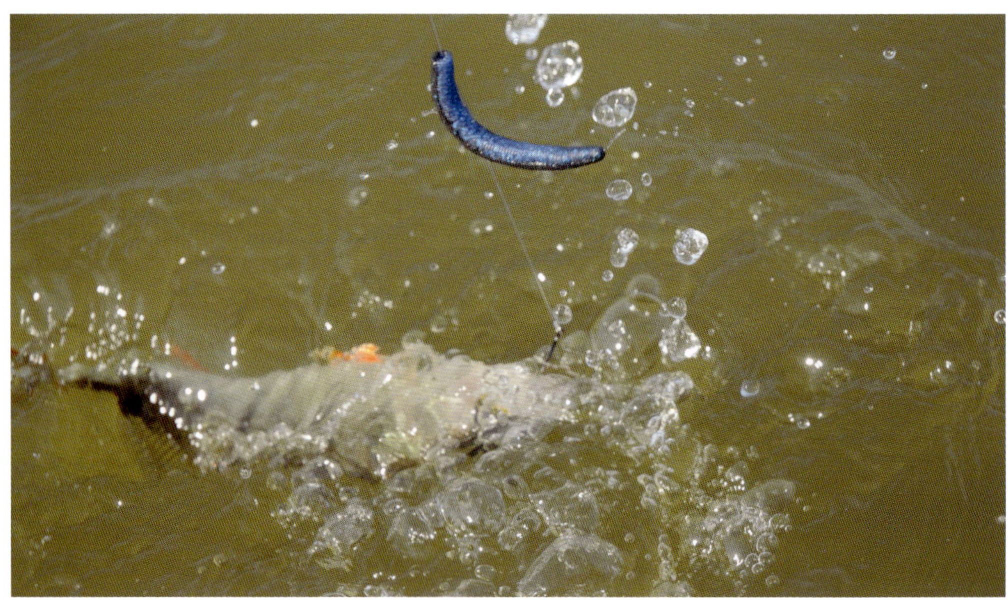

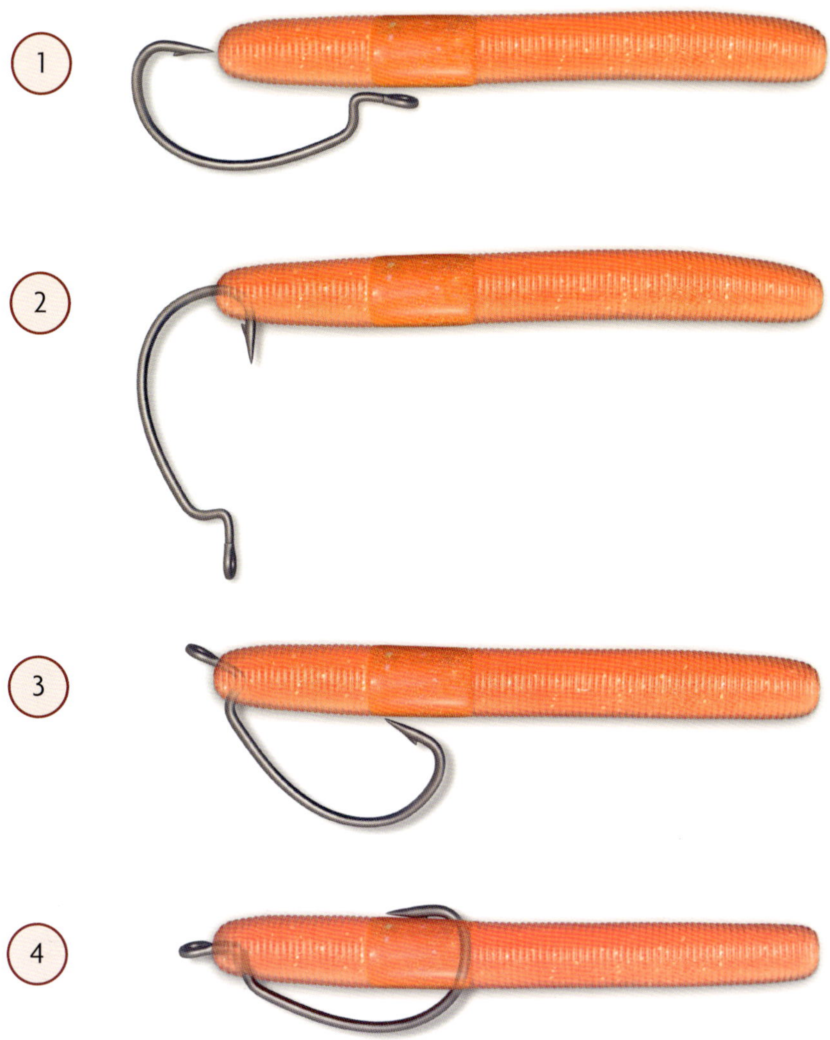

1

2

3

4

GUMMISTICK: So wird der Gummistick auf den Widegap-Haken gezogen. Haken am stumpfen Ende des Sticks einstechen (1) und nach unten wieder ausführen (2). Nach einer Drehung des Hakens den Stick bis zum Hakenöhr durchschieben (3) und den Haken von unten nach oben durch den Köder führen (4). Gute Sticks wie der Senko Worm haben eine längliche Ausnehmung, in der die Hakenspitze ruhen kann, so dass sie vor dem Kontakt mit Kraut und Hindernissen geschützt ist.

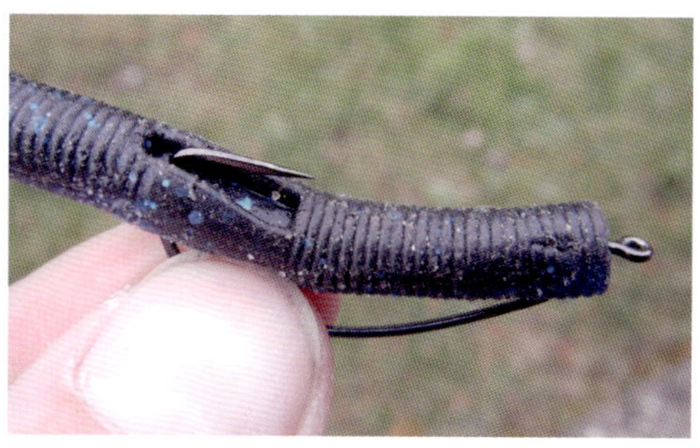

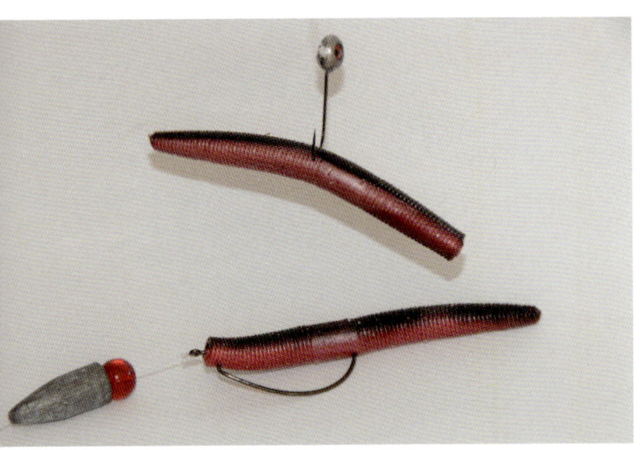

Zu den besten Techniken für Sticks gehören die Wacky-Montage und das Texas-Rig.

ziellen Beute. So wenig wie in dem Stickbait ein bestimmtes Beutetier zu erkennen ist, so wenig ist dieser Köder auf eine bestimmte Angeltechnik festgelegt. Man kann eine ganze Menge, um nicht zu sagen alles, mit ihm machen. Die amerikanischen Bassangler haben jedoch ihre Lieblingsmethoden für den Stick und das sind zugleich die besten Formen der Präsentation.

Besonders beliebt ist es, den Gummistick einfach an freier Leine anzubieten. Er wird also ohne jede Bebleiung auf einen Wide-Gap-Haken gezogen. Der Stick lässt sich so zwar nicht sehr weit werfen, dafür bewegt er sich umso verführerischer, wenn er mit leichten Zupfern durchs Wasser gleitet. Mit jedem Zupfer schießt er in irgendeine Richtung, taumelt leicht herunter und schießt mit den folgenden Zupfer wieder etwas nach oben und in eine neue Richtung. Das nicht vorhersagbare Spiel des Köders wirkt unwiderstehlich. Der Angler muss dabei genau auf seine Schnur achten, weil die Bisse auf den Köder oft unmerklich kommen, wenn die Schnur gerade locker hängt. Stehen die Fische am Grund, lassen sich Sticks auch ausgezeichnet am Carolina-Rig anbieten. Wenn sie an der Montage zum Boden schweben, wirken sie fast so leicht wie an freier Leine.

Eine weitere Methode für Stickbaits ist das Wacky-Angeln. Je nachdem, ob man dabei die Bewegung eines Wurms oder eines kränkelnden Fischchens imitieren möchte, wird der Stick dabei mittig oder im vorderen Drittel angehakt. Bei der ersten Variante wird er intensiv rüttelnd bewegt, bei der zweiter eher zupfend.

Klare Verhältnisse

Soft-Stickbaits sind universell einsetzbar. Es lassen sich aber besonders günstige Verhältnisse für diesen Köder beobachten. Zum einen zeigen sie ihre Stärken eher in klarem Wasser. Sticks sind Köder für die Augen. Der Fisch muss sie gut sehen können. Schließlich geht von ihnen nicht allzu viel Bewegungsdruck aus, der sich über die Seitenlinie erspüren lässt. Wichtig ist dabei, dass die Sticks sehr langsam angeboten werden. Mit extrem langsamen Gleit- und Sinkbewegungen spielen diese Köder ihre stärkste Waffe aus.

Die weichen Sticks fangen meistens besonders gut im Mittelwasser und in den unteren Gewässerregionen. Anders als ihre harten Verwandten, sind die weichen Stickbaits nicht so recht überzeugend im Oberflächenbereich.

Verwandte Formen

Neben den ganz einfachen Stickbaits, die nicht mehr Form aufweisen als ein Stück Wurst gibt es noch Varianten mit leicht

Aromatisieren

Bei einer nichtssagenden Form wie den Stick kann es einen großen Unterschied machen, ob und wie er duftet. Ein fischiges Aroma verleiht dem Stick im Handumdrehen eine stärkere Ähnlichkeit mit einem kleinen Beutefisch. Deshalb schadet es nie, ein bisschen Lockstoff dabei zu haben.

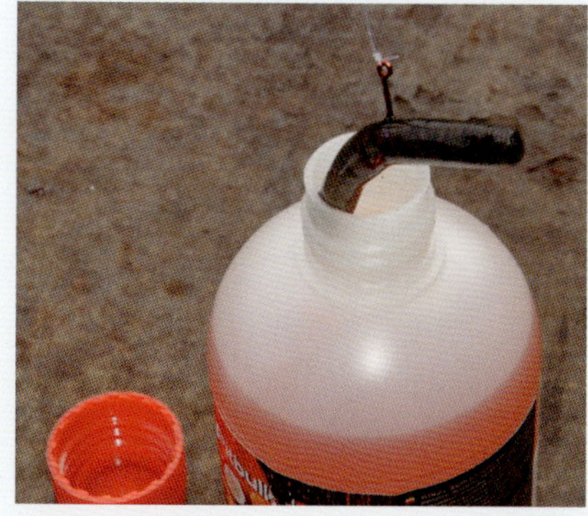

modelliertem Körper. Auch sie gleichen keinem Beutetier, aber sie haben einen minimal strukturierteren Aufbau. Bei einigen Modellen ist der Körper dezent gegliedert oder gerippt, einige haben einen spitz zulaufenden, andere einen etwas abgeflachten Schwanz. Sobald ein Stick mehr ist als ein längliches, rundes Stück Gummi, könnte man ihm einen anderen Namen geben, aber ist es dann schon ein Wurm oder ein Gummifisch? Die Übergänge zwischen den verschiedenen Gummiködern sind fließend, und manchmal weiß man nicht ganz genau, als was man einen Gummiköder bezeichnen soll. Aber schließlich ist das Wichtigste an einem Köder doch nicht, wie man ihn nennt, sondern wie er fängt.

Ein Gummistick an freier Leine kann leicht zu einem Massenfänger werden.

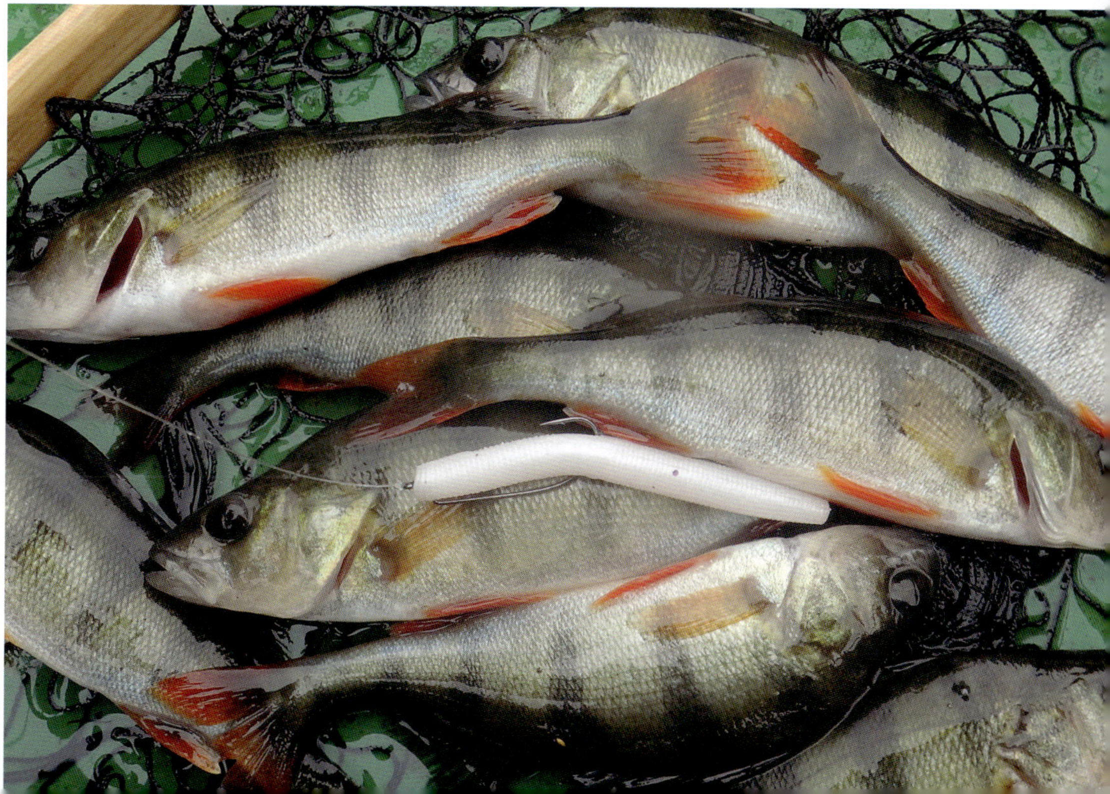

GUMMIKREBSE – IM RÜCKWÄRTSGANG

Neben den Gummifischen und wurmartigen Gummiködern wirkten Krebsimitationen lange wie Außenseiten. Inzwischen haben sich Krebse und krebsartige Gebilde als eigene wichtige und sehr fängige Kategorie von Softbaits etabliert, die in keiner Köderbox fehlen darf.

Krebsfleisch ist eine Delikatesse, und das nicht nur für uns Menschen. Denn auch Fische haben etwas übrig für die Schalentiere, nur dass sie nicht die Möglichkeiten haben, das zarte Fleisch aus dem harten Panzer herauszubekommen. Deshalb wird das ganze Tier mit Schalen und Scheren verspeist. Eine günstige Zeit zum Krebsschmaus bietet sich den Fischen, wenn die Krebse sich häuten. Dann sind sie nicht ganz so hart und wehrfähig.

Der Hunger auf Schalentiere beschränkt sich aber nicht nur auf die Zeit der Häutung. Wenn sich die Gelegenheit bietet, wird solch ein Krebs auch mit hartem Panzer und zwickenden Scheren verputzt. Und es sind gar nicht wenige Fischarten, die sich Krebse schmecken lassen, bei Hecht, Zander und Barsch stehen sie genauso auf dem Speiseplan wie bei Aal und Karpfen. Der Zielfisch Nummer 1 für das Angeln mit Gummikrebs ist gleichwohl der Barsch. Weil sich Krebse bei vielen Fischen großer Beliebtheit erfreuen, darf man sich jederzeit auf große Überraschungen beim Angeln mit Gummikrebsen gefasst machen.

Zander sind wie viele andere Fische Krebsliebhaber und nehmen einen angebotenen Gummikrebs dankend an.

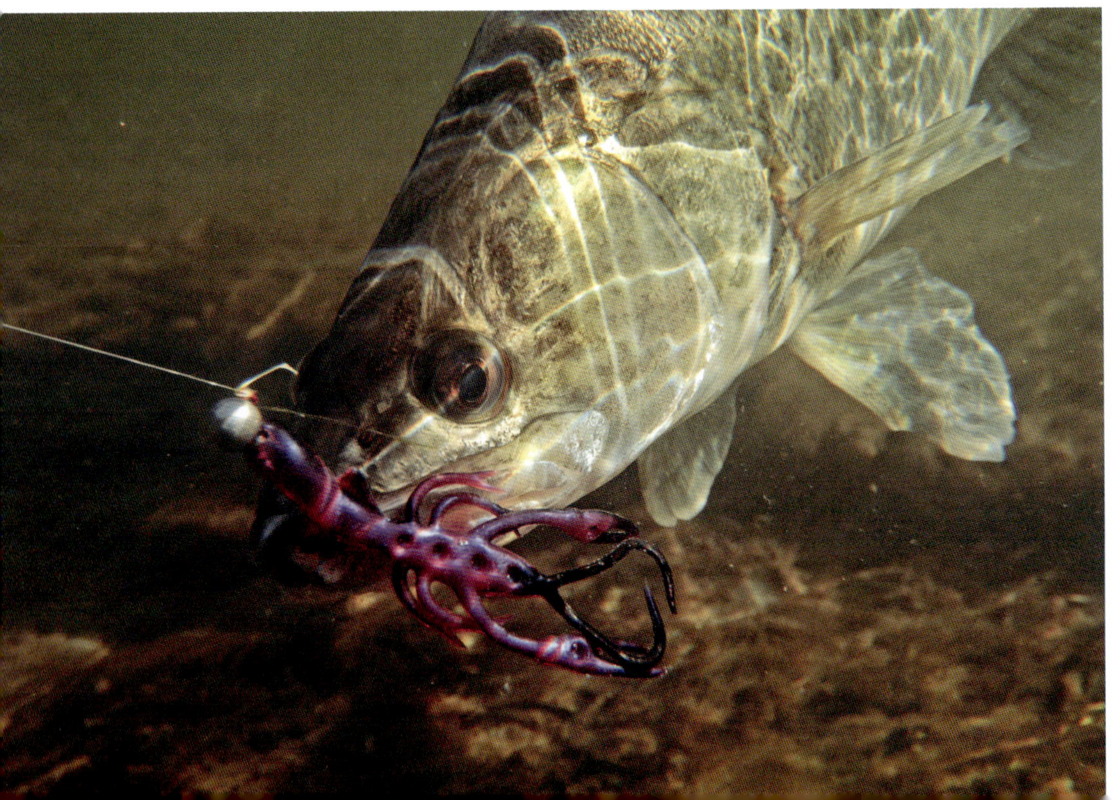

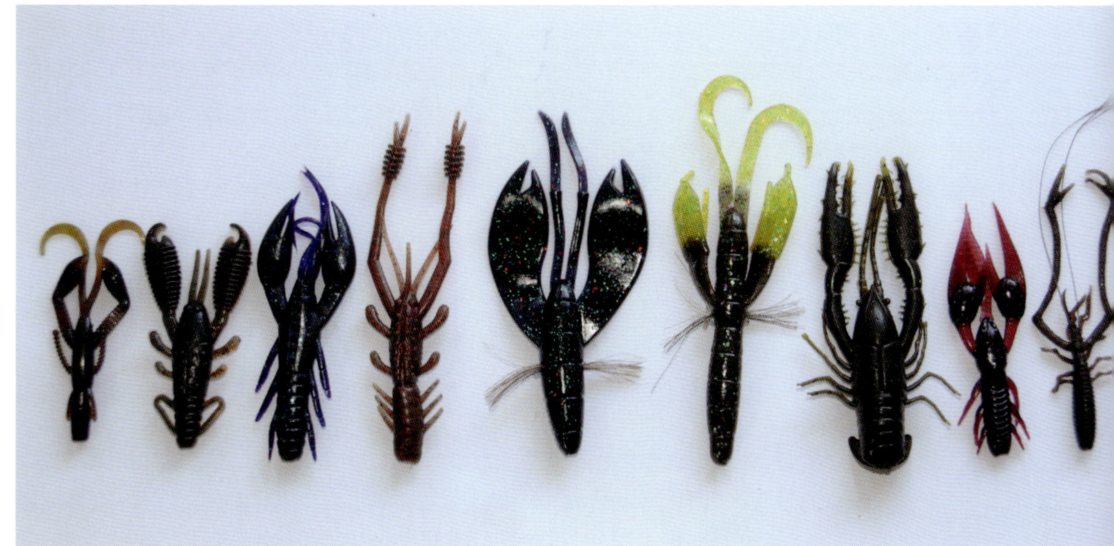

Eine kleine Auswahl unterschiedlicher Gummikrebse. Wer sich im Wasser am besten bewegt, fängt auch am besten.

Verschiedene Modelle

Die Nachfrage nach Gummikrebsen wird inzwischen von vielen Köderherstellern bedient. Dabei fallen die Produkte sehr unterschiedlich aus und schwanken zwischen sehr realistischen Krebsnachbildungen und Fantasiegebilden mit Scheren. Was besser ist, lässt sich gar nicht mit einem Wort sagen. Deshalb nun mit mehreren Worten:

Einen guten Gummikrebs zeichnet aus, dass man ihn wie einen echten Süßwasserkrebs über den Boden laufen lassen und mit seinen Scheren nach oben aufrichten kann. Dabei sollte die Imitation eine verführerische Beweglichkeit der Scheren, Fühler und Beinchen aufweisen. Gerade diese zarten Schwingungen der Gliedmaßen sind ein Trumpf in den Momenten, da man den Gummikrebs auf der Stelle stehen lässt und ihn kaum aktiv bewegt. Der Gummikrebs muss dabei gar nicht unbedingt täuschend echt aussehen, aber er sollte sich täuschend echt bewegen können.

Es gibt sehr harte, steife Krebsimitationen, an denen sich nichts bewegt und die sicherlich nicht gut fangen werden. Wichtig an einem Gummikrebs und an seiner Präsentation ist eine stabile Stellung am Boden. Wenn er von selbst oder unter leichtem Schnurzug steht, sollte der Gummikrebs in leicht schräger bis aufrechter Position am Boden stehen. Auf keinen Fall darf er flach auf dem Boden liegen bleiben oder beim Aufrichten zur Seite umkippen. Damit wäre er vollkommen unbrauchbar.

Richtig präsentieren

Krebse sind gemächliche Fußgänger, die es nie sonderlich eilig haben, wenn sie im Vorwärtsgang über den Gewässerboden krabbeln. Auch auf der Flucht, für die sie den Rückwärtsgang einschalten, haben sie es

Krebsvergleich
Der eine ist starr der andere beweglich, der eine liegt platt auf dem Boden, der andere richtet sich auf. Der Unterschied zwischen zwei Gummikrebsen kann riesig sein. Welcher der Beste ist? Ganz einfach der, mit dem man einen echten Krebs am besten nachahmen kann.

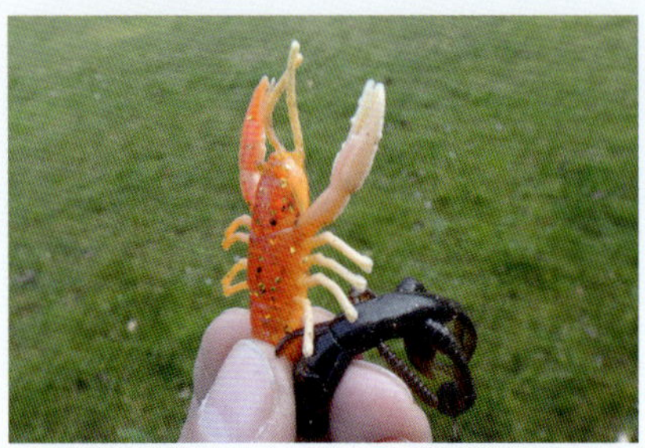

Rückwärtsläufer
Bedenken Sie, dass der Krebs – vor allem, wenn er von vorne durch einen hungrigen Fisch in Bedrängnis gerät – ein Rückwärtsläufer ist. Ganz gleich, wie Sie ihn montieren, der Krebs sollte sich immer mit dem Schwanz voran fortbewegen und dabei die Scheren in Abwehrhaltung heben.

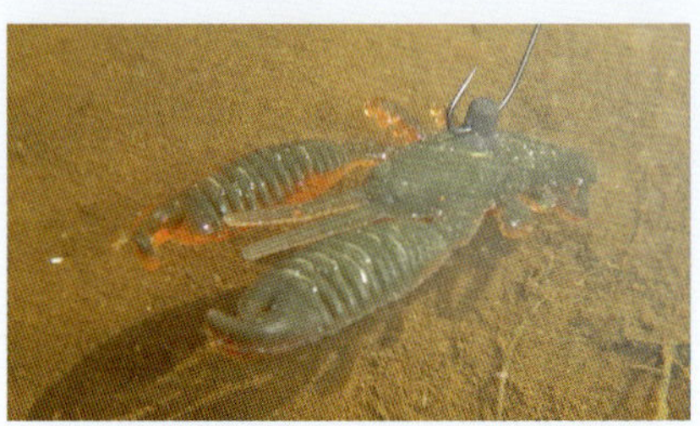

nicht allzu eilig, weil sie nicht nur flüchten, sondern auch drohen können, nämlich mit ihren Scheren. Beides, Flucht und Drohgebärde, spielen in der Regel zusammen. Der Krebs läuft rückwärts und erhebt dabei zur Abwehr seine Scheren. Dieses Verhalten sollte auch der Gummikrebs nachstellen können.

Der Gummikrebs wird also rückwärts über den Gewässerboden geführt. Das ist die Grundbewegung, mit der allein wir schon ein fängiges Angebot machen. Aber durch Variationen der Bewegung steigern wir die Fangaussichten noch einmal deutlich. So kann es einen enormen zusätzlichen Reiz ausüben, wenn man den Gummikrebs über die Rutenspitze auf der Stelle schüttelt oder ihn einmal kurz vom Boden abheben und wieder aufsetzen lässt.

Wer zum ersten Mal mit einem Gummikrebs angelt, kann allerdings auch eine große Enttäuschung erleben, wenn er ein Modell einsetzt, dass sich nicht gut anbieten lässt. Dann wird er das Thema Gummikrebse für sich abhaken, ohne eine Ahnung zu bekommen, wie außerordentlich gut diese Köder fangen können. Mehr als bei irgendeiner anderen Ködergruppe gilt deshalb die Empfehlung: Schauen Sie sich einmal in klarem Wasser an, wie der Gummikrebs sich am Boden verhält. Läuft er wie ein echter Krebs, richtet er sich mit den Scheren nach oben auf? Dann ist er einsatzbereit. Liegt er nur am Boden, kippt er zu den Seiten? Dann montieren Sie ihn noch einmal anders. Hilft alles Umbauen und Montieren nicht, dann werfen Sie diesen Köder nicht aus, sondern weg und holen Sie sich einen guten Gummikrebs.

Wann mit Gummikrebs?

Wann ist die beste Zeit für den Einsatz von Gummikrebsen? Man könnte jetzt vermuten, das wäre in der Zeit, in der sich die Krebse häuten oder in der sie besonders aktiv sind und dadurch auf den Speiseplan der Fische rücken. Bestimmt erwecken die Krebse dann in besonderem Maße das Interesse der Fische. Und wir liegen garantiert nicht falsch, wenn wir dann den Gummikrebs einsetzen. Allerdings ist dieser Zeitpunkt schwer zu kalkulieren und schwer zu erkennen, weil wir diese Prozesse im Leben der Krebse nicht zu Gesicht bekommen werden.

Wir sind aber nicht darauf angewiesen zu erkennen, wann die biologische Uhr der Schalentier auf Häutung steht. Krebsimitationen stellen jederzeit einen interessanten Köder dar, wenn die Raubfische sich in Bodennähe aufhalten. Und das nicht nur in Gewässern, in denen die Fische Krebse als natürliche Beutetiere kennen. Selbst wenn die Fische noch nie in ihrem Leben einem Krebs begegnet sind, stellt die Bewegung der Krebsimitation einen so verführerischen Köder dar, dass die Fische sich nicht lange damit befassen, ob sie solche Kreaturen kennen, ehe sie hineinbeißen.

Freier Haken

Der Körper eines Krebses ist mit seinen Gliedmaßen komplizierter als der Körper anderer Köder. Wenn ein Fisch ihn einsaugt, können sich die Glieder über die Hakenspitze legen und einen Fehlbiss verursachen. Der Haken sollte deshalb möglichst frei sein, um gut ins Fischmaul eindringen zu können.

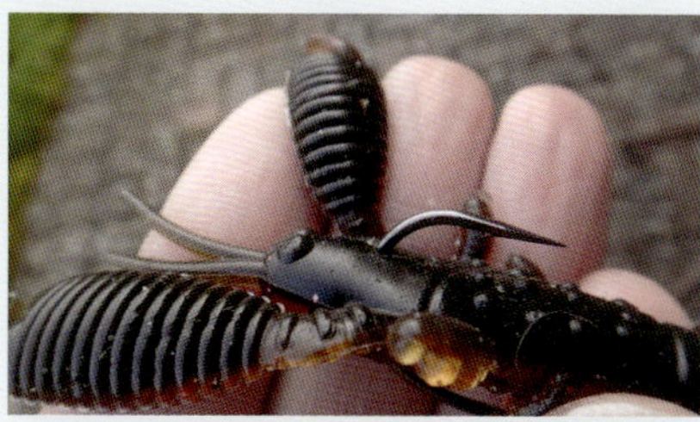

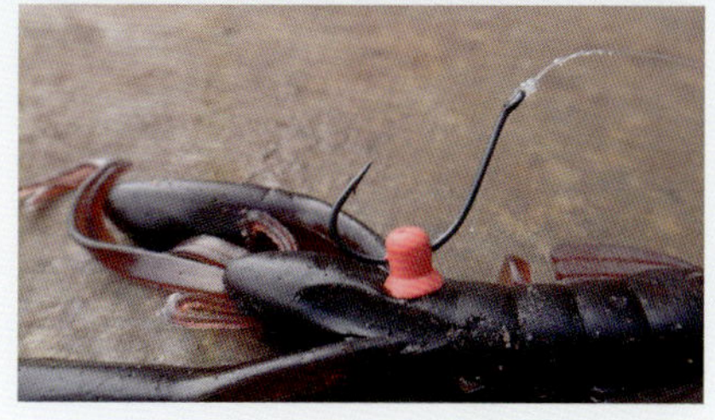

Krebs-Montagen

Gummikrebse können auf unterschiedliche Weise montiert und mit verschiedenen Techniken angeboten werden. Bevor man zu der einen oder anderen Montage greift, sollte man sich noch einmal darüber im Klaren werden, dass man keinen Fisch, sondern einen Fußgänger imitieren will, keinen schwimmenden, sondern einen laufenden Wasserbewohner. Mit welcher Montage und Technik wird das am besten gelingen?

– Jighaken

Die einfachste Variante besteht darin, den Gummikrebs an einem konventionellen Jighaken anzubieten. Das kann gut funktionieren – aber nur, wenn Haken und Köder ideal zusammenpassen. Ansonsten fällt der Gummikrebs auf die Seite und schleift vollkommen unnatürlich über den Boden. Man kann den Krebs aber auch ähnlich wie einen

Gummifisch jiggen und ihn nur kurz auf dem Boden stehen lassen. Dann verhält er sich zwar nicht wie ein Krebs, kann aber trotzdem wirken.

– *Shakey Head*

Besser als einem herkömmlichen Bleikopf wird der Krebs von einem Shakey Head in Position gebracht. Diese Bleikopfform wurde eigens dazu entwickelt, einen Köder aufrecht stehenzulassen. Die Form sorgt dafür, dass der Köder nicht umfällt. Gerade für die Präsentation einer Krebsnachbildung ist das ein nützliches Hilfsmittel. Ein Problem bleibt weiterhin bestehen: Von dem Haken schaut wenig mehr als die Spitze aus dem Gummikörper, und dieser wird sich nicht so leicht auf dem Schenkel zusammenschieben. Weil beim Biss die Gefahr besteht, dass die Scheren über den Haken gedrückt werden, ist die Gefahr von Fehlbissen groß.

– *Neko-Rig und Wacky-Montage*

Am besten bekommt es den Gummikrebsen, wenn ihre Eigenbeweglichkeit so wenig wie möglich eingeschränkt wird. Das gelingt besonders mit dem Neko-Rig oder der Wacky-Montage. Dabei muss der Krebs so montiert werden, dass er mit einem Gewicht im Hinterteil am Boden gehalten und mit dem Haken im Rücken aufgerichtet wird. Schafft man es mit dem nötigen Feingefühl zu erspüren, dass das Hinterteil auf dem Boden aufsetzt, dann kann man die Krebsimitation auch aufrichten und langsam nach hinten laufen lassen. Das ist die ideale Präsentation dieses Köders, der kein Fisch lange untätig zuschauen kann.

Mit dem Größten rechnen

Krebse sind für viele Fischarten eine willkommene Delikatesse. Auch für große und starke Fische. Rechnen Sie mit schweren Zwischenfällen und stellen Sie die Montage darauf ein. In Gewässern mit gutem Hechtvorkommen, werden sich mit Sicherheit auch scharfe Zähne in den Gummikrebs bohren.

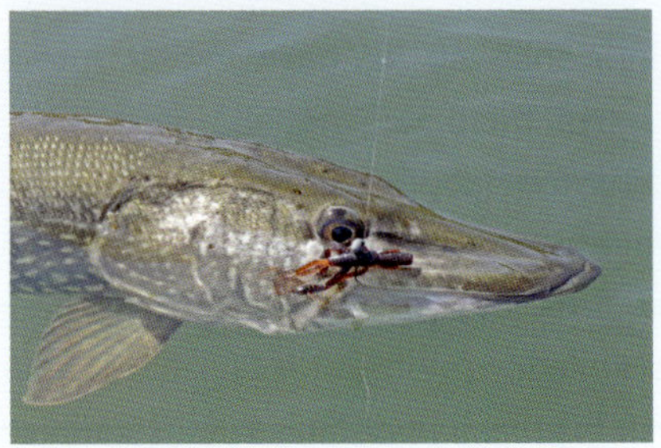

FRÖSCHE – DIE BELIEBTESTEN VIERBEINER

Von allen Vierbeinern sind Frösche wohl die häufigste Beute der Fische. Deshalb lohnt es sich, den Gummifrosch im Ködersortiment zu haben. Sein Einsatzgebiet sind die flachen Gewässer, in denen die Räuber sich gerne mal Beute an der Oberfläche schnappen.

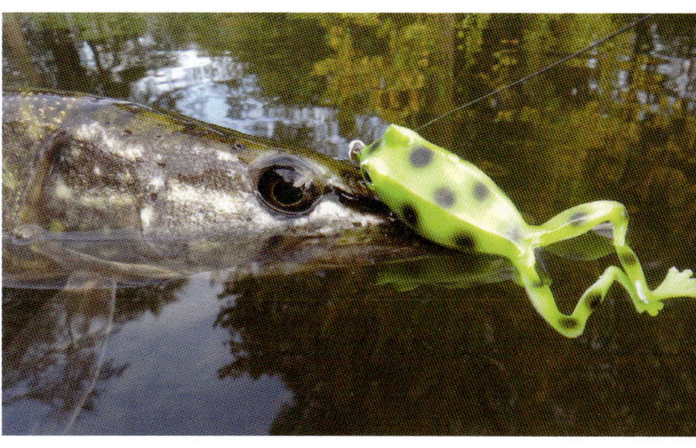

Der Hecht ist der Zielfisch Nummer 1 beim Spinnfischen mit Gummifrosch.

Gummifrösche dürfen, müssen aber nicht natürlich aussehen. Sie funktionieren auch als unnatürlicher Reizköder.

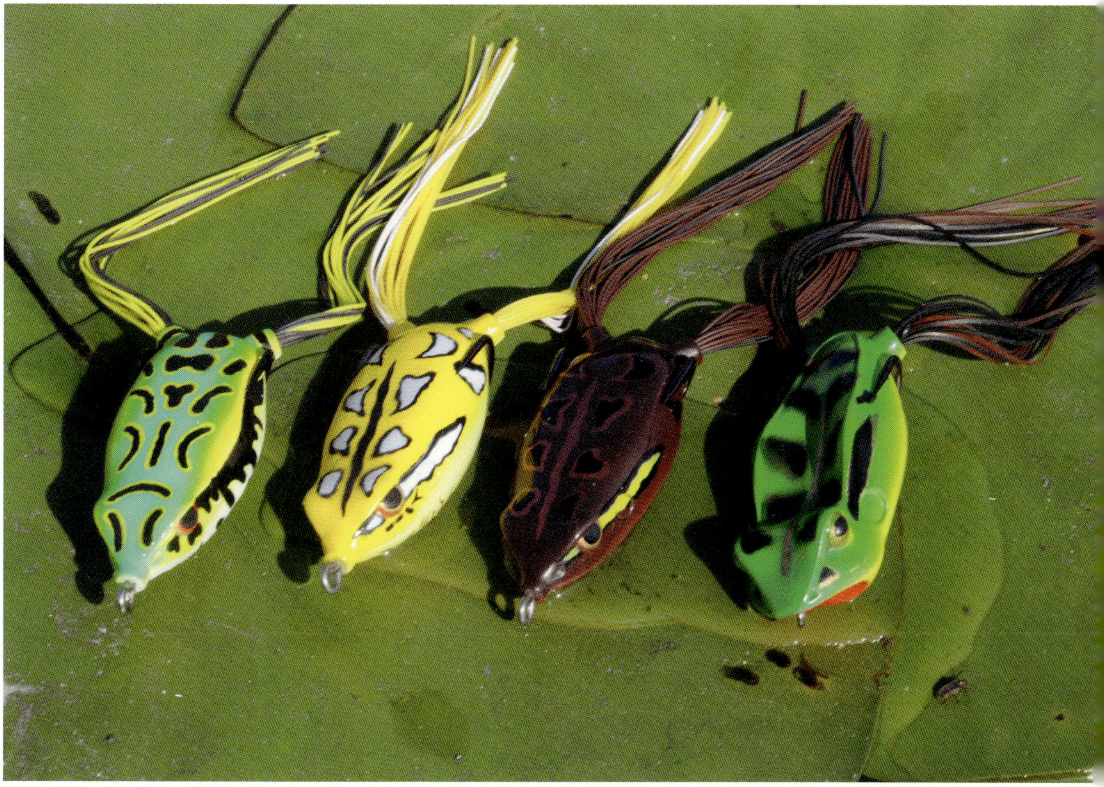

Die Hauptnahrung der Raubfische besteht bekanntlich aus anderen Fischen. Aber von Zeit zu Zeit vergreifen sie sich an anderen Tieren, die mehr oder weniger lange Aufenthaltsphasen im Wasser haben. Von den Vierbeinern ist der Frosch nicht nur der häufigste Gast im Gewässer, sondern auch die häufigste Speise im Verdauungstrakt der Raubfische. Dementsprechend sind Frösche die am häufigsten und vielfältigsten als Gummiköder nachgebildeten Fußgänger.

Frösche bilden eine sehr reizvolle Vorlage für eine Imitation aus Gummi. Denn der Frosch ist nicht nur der Vierbeiner mit der längsten Verweildauer im Wasser – womit er den Fleischfressern bestens bekannt sein dürfte. Er hat auch eine charakteristische Bewegungsweise mit einem hohen Wiedererkennungswert. Ein Raubfisch, der Gefallen an Fröschen gefunden hat, wird seine Beute unschwer identifizieren können. Und Angler, die Gefallen an Fröschen gefunden haben, können sie so darbieten, dass sie der Fortbewegung des Originals nahekommen und damit den Schlüsselreiz für den Raubfisch bieten.

Froschimitationen müssen dem Original sicherlich nicht einmal sonderlich ähnlich sehen. Es reicht schon, die ungefähre Gestalt und Bewegung nachzubilden, dann weiß ein Räuber schon, was gemeint ist. Vielleicht beruht der Erfolg von Doppelschwanz-Twistern unter anderem darauf, dass ihre beiden Schwänze den Hinterbeinen eines Frosches nicht unähnlich sind.

Gummifrösche werden in unterschiedlichen Ausführungen angeboten. Insbesondere bei den beiden kräftigen Hinterbeinen gibt es sehr unterschiedliche Konstruktionen, die von realistisch ausgeformten Beinen bis zu einem Bündel von Gummifransen reichen. Die naturgetreue Imitation muss dabei nicht unbedingt zum fängigsten Modell führen. Viel hängt von der überzeugenden Bewegung des Köders ab, und da schneiden realistische Hinterbeine mit wenig Bewegung gegenüber unrealistischen, aber beweglichen Beinattrappen oft schlechter ab.

Ein guter Gummifrosch muss einem echten Frosch also nicht täuschend ähnlich sehen, wichtiger ist, dass er seinem Vorbild in der Beweglichkeit nahekommt. Und wenn diese Bewegung von den Räubern mit einer schmackhaften Mahlzeit in Verbindung gebracht wird, ist das umso besser.

Der Hecht ist der Zielfisch Nummer 1 beim Spinnfischen mit Gummifrosch.

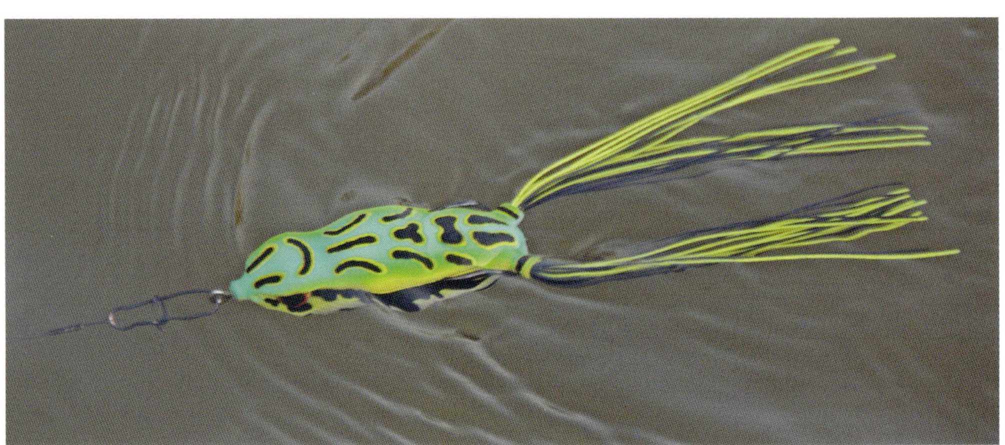

Geeignete Gewässer

Nicht jedes Gewässer eignet sich für den Einsatz von Gummifröschen. Sicher werden sie eher dort angenommen, wo Frösche zur natürlichen Fauna des Gewässers gehören und tatsächlich auf dem Speiseplan der Raubfische stehen. Grundvoraussetzung für den Fang mit einer Froschimitation ist das jedoch nicht. Denn als Reizköder kann sie durchaus auch in vollkommen froschfreien Gewässern fangen.

Wer einen Gummifrosch an der Wasseroberfläche anbietet, sollte das aber wirklich nur dort tun, wo die Imitation sicher von den Raubfischen gesehen wird. Diese Köder sind also nur etwas fürs Flachwasser.

Die meisten Gummifrösche sind – obwohl Frösche ja sehr wohl auf Tauchgang gehen können – als Topwater-Köder konzipiert, sie laufen also nur an der Oberfläche. Und dementsprechend werden sie wie ein Oberflächenköder behandelt, sie werden also mit ruckartigen Bewegungen gejerkt oder etwas sanfter gezupft. Anders als bei vielen Hardbaits üblich, sollte man sich jedoch mehr Zeit nehmen bei der Darbietung eines Gummifrosches und man sollte die Führung unregelmäßig und mit längeren Pausen gestalten. Eine Froschimitation sollte durchaus so ähnlich wie ein Frosch durchs Wasser schwimmen, und Frösche sind keine Hochleistungsschwimmer. Sie machen ein paar Schwimmzüge, und dann ruhen sie sich eine Zeitlang aus. Dann machen sie wieder ein paar Züge und verharren wieder auf der Stelle. So sollte man es auch mit dem Gummifrosch anstellen. Oft kommen die Angriffe auf den Frosch erst, wenn er einige Sekunden auf der Stelle steht. Für den Raubfisch ist das ein sehr wichtiger Reizmoment, deshalb darf ein Gummifrosch nicht zu schnell geführt werden und sollte immer wieder in langen Pausen einfach auf der Stelle stehen.

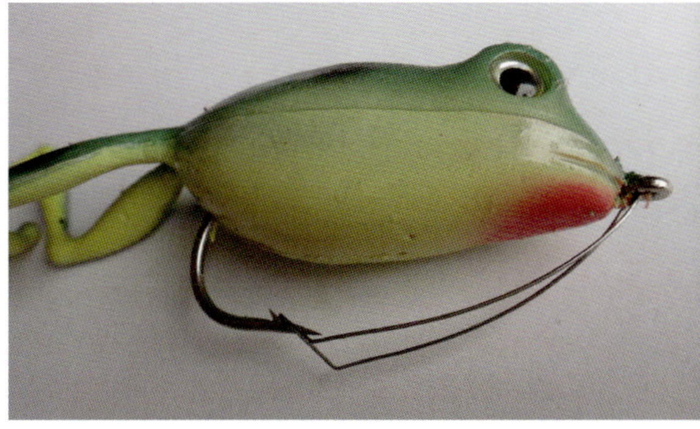

In stark verkrauteten Gewässern ist ein Krautschutz für den Haken sinnvoll.

Eng anliegende Haken

Viele Gummifrösche sind als Hohlkörper mit einer krautsicheren Hakenkonstruktion versehen. Die Haken liegen eng an, damit sie sich beim Lauf durch Wasserpflanzen nicht verhaken. Beim Biss wird der Hohlkörper zusammengedrückt und die Haken freigelegt, so dass sie im Maul des Räubers greifen können.

Wenn ein Raubfisch den Frosch an der Oberfläche attackiert, besteht akute Fehlbissgefahr. Denn die Räuber sind meistens nicht sehr geübt im Oberflächenangriff, deshalb verpassen sie den Köder schon manchmal. Dann neigt man als Spinnangler leicht dazu, den Anhieb sofort beim Biss zu setzen – was in diesem Fall falsch ist. Und außerdem muss der Fisch ja auch noch den verborgenen Haken freisetzen. Das alles sind Fehlerquellen, die immer wieder zu Fehlbissen führen. Um die bestmöglichen Chancen auf einen erfolgreichen Anhieb zu haben, wartet man ab, bis der Angriff nicht nur zu sehen, sondern der Biss auch in der Rute zu spüren ist. Ansonsten wird man den Köder nur auf dem Fischmaul herausschlagen. Der Fisch muss aber richtig zugebissen und sein Maul um den Köder geschlossen haben, damit der Haken greifen kann.

Nicht selten verpasst ein Fisch beim Angriff den Gummifrosch, manchmal erlebt man auch, dass ein Fisch mehrfach nachsetzt und den Köder doch nicht erwischt. Meistens wird man ihn dann nicht mehr mit einer Froschimitation fangen. In dieser Situation ist es erfolgversprechender, auf einen anderen Köder zu wechseln, der etwas unter der Oberfläche läuft.

Frosch mit Zusatzhaken

Frösche mit zwei Haken lassen sich auf einfache Weise mit einem Zusatzhaken versehen. Man braucht nur einen Dreifachwirbel, den man mit zwei Ösen in die beiden Haken einhängt. Damit bleibt eine Öse frei für die Aufnahme des Hakens oder Drillings. Im Schatten des breiten Köders läuft der Drilling kaum Gefahr, Kraut und Gestrüpp einzufangen.

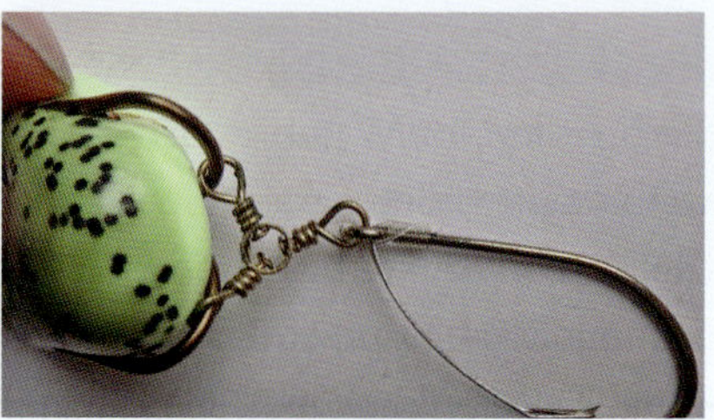

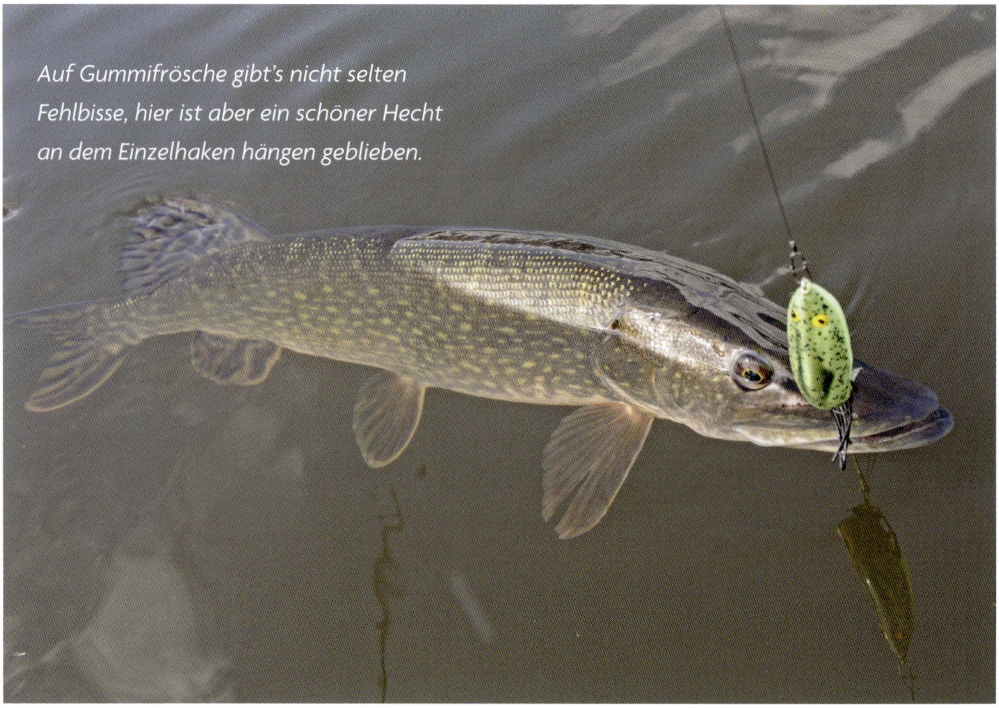

Auf Gummifrösche gibt's nicht selten Fehlbisse, hier ist aber ein schöner Hecht an dem Einzelhaken hängen geblieben.

MÄUSE – AUF GEFÄHRLICHER DURCHREISE

Gummimäuse sehen aus wie Katzenspielzeug, aber auch Raubfische greifen zu, wenn sich die Gelegenheit bietet. Auf Mäuseimitationen wird nicht an vielen Gewässern und nicht allzu oft gefangen, aber wenn, dann spektakulär.

Anders als Frösche oder Molche sind Mäuse im Wasser nur auf der Durchreise. Sie halten sich nur kurz und eher notgedrungen an der Wasseroberfläche auf. Nichtsdestotrotz gibt es immer wieder Funde von Nagern in Hechtmägen, und das zeigt, dass Raubfische durchaus auch Mäuse mit auf ihrem Speiseplan haben. Auch von Bachforellen ist bekannt, dass sie sich gerne mal eine Maus an der Oberfläche schnappen.

In Gräben und Bächen zwischen Feldern können Mäuse sogar zeitweise, vor allem im Spätsommer und Frühherbst, einen ganz beachtlichen Anteil der Nahrung einiger Raubfische ausmachen. In solchen Gewässern sind Mäuseimitationen also nicht einmal sehr exotische Köder.
Sicherlich steigert man die Erfolgsaussichten, wenn man die Gummimaus an Gewässern einsetzt, in denen die Nager den Raubfischen als Nahrung bekannt sind. Zur Steigerung der Fangchancen trägt auch bei, die Maus in flachen Gewässern einzusetzen, in denen die Räuber stets einen guten Blick auf die Wasseroberfläche haben. Wenn man mit Gummimäusen angelt, muss es aber nicht unbedingt die Absicht sein, das Ori-

In stark verkrauteten Gewässern ist ein Krautschutz für den Haken sinnvoll.

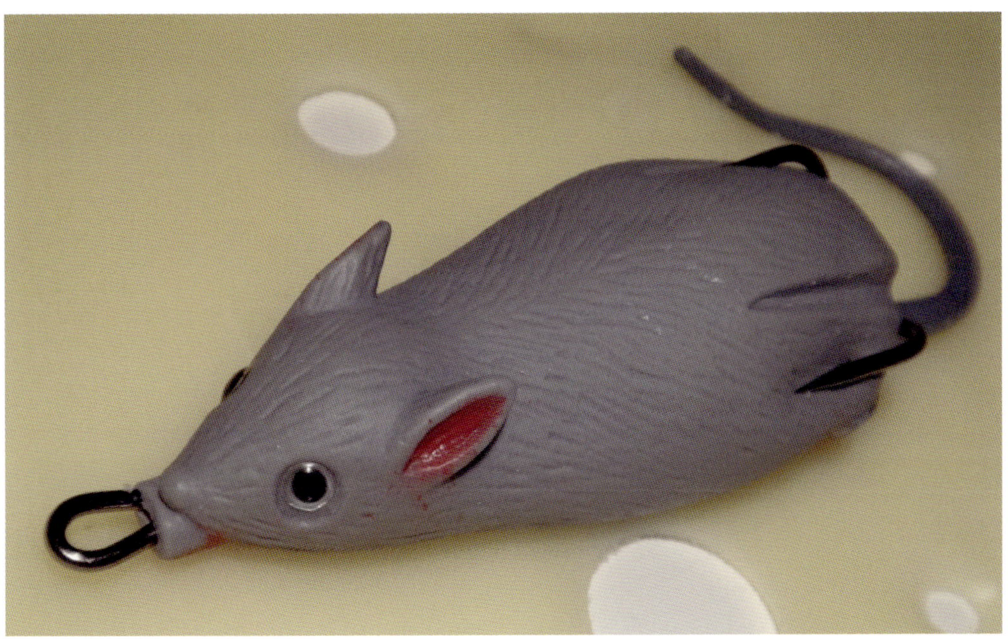

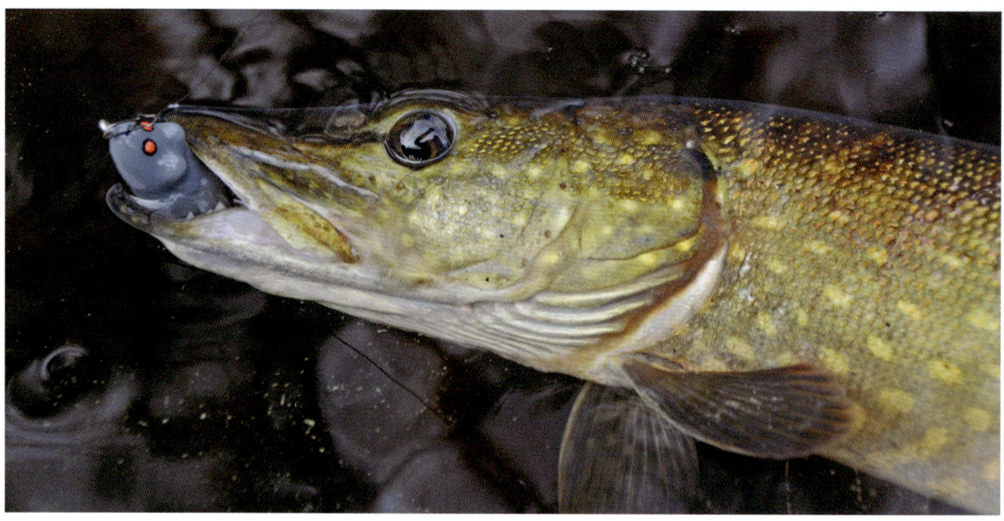

Aus die Maus – wenn sie nach diesem Biss Löcher hat, kann das tatsächlich ihr Aus als Oberflächenköder bedeuten.

ginal zu imitieren, man kann diesen Köder auch als provozierenden Topwaterlure einsetzen, um selbst Raubfische zum Zubeißen zu reizen, die noch nie eine Begegnung mit einer Maus hatten.

Irreale Mäuse

Dass Gummimäuse durchaus auch als Reizköder gedacht sein können, erkennt man an einigen auffälligen und unrealistischen Modellen. Denn Gummimäuse sehen nur manchmal aus wie richtige Mäuse, oft aber auch wie sonderbare Nager aus einer Phantasiewelt.

Wer sich eine Gummimaus ans Vorfach hängt, sollte sich entweder sicher sein, dass er Fische beangeln kann, die sich unter anderem von Mäusen ernähren oder er sollte sich darüber im Klaren sein, dass er mit einem interessanten Köder experimentiert, der möglicherweise nicht der beste für das Gewässer ist. Im ersten Fall sollte man versuchen, mit einer möglichst natürlichen Nachbildung eine schwimmende Maus so echt wie möglich zu imitieren. Dazu wird die Maus relativ gleichmäßig, aber ab und zu mit kurzen Stopps und kleinen Zupfern geführt. Denn Mäuse schwimmen vergleichsweise unauffällig, und das sollte die Gummimaus auch.

Im zweiten Fall, wenn also mit Gummimäusen experimentiert wird, darf man sich vom natürlichen Mäuseschema entfernen und auf Provokation setzen, zum einen mit der Köderfarbe und zum anderen mit der Köderführung. In diesem Fall geht es darum, den Räuber mit einem Topwater-Köder zu reizen, einen Köder, in dem er nicht zwangsläufig eine bekannte Beute sehen muss, sondern vor allem etwas Bewegliches, was gewöhnlich mit Essbarem gleichzusetzen ist Die Gummimaus darf in diesem Fall eher wie ein Softjerk geführt werden, also auch mit heftigen ruckartigen Bewegungen.

LIZARDS – EIDECHSEN, SALAMANDER, LURCHE ODER MOLCHE

Die Imitationen von Eidechsen und Lurchen spielen bei den Bassanglern in Amerika eine wichtige Rolle. Bei uns sind sie mehr etwas für Liebhaber, die einmal auf besondere Weise einen Fisch fangen wollen.

Eine eigene kleine Gruppe von Gummiködern bilden die Lizards. Das ist die englische Bezeichnung für Eidechse. Streng zoologisch betrachtet werden mit ihnen aber weniger die an Land lebenden Eidechsen als vielmehr die im Wasser vorkommenden Schwanzlurche wie Molche und Salamander imitiert, die zu den Amphibien zählen.

Ihnen allen gemeinsam ist ein schlanker Körper mit vier Beinen und einem langen Schwanz. Und mit diesen Körperteilen werden die Gummilizards meistens auch als sehr gut identifizierbare Nachbildungen der Eidechsen bzw. Lurche geformt. In Amerika gehören die Lizards in das Ködersortiment jedes guten Bassanglers. Zeitweise sollen diese Vierbeiner gegenüber anderen Ködern deutlich die Nase vorn haben. Einige Bassangler schwören vor allem im Frühjahr auf Lizards. Das ist die Zeit, in der die Fische laichen und sich einige der Schwanzlurche als Laichräuber betätigen. Für die Schwarzbarsche rücken sie damit in dieser Zeit auf den Speiseplan. Immerhin stellen sie eine anständige und nahrhafte Portion dar, und da sie relativ schlechte und langsame Schwimmer sind, lassen sie sich auch recht einfach erbeuten.

Genaue Imitation

Gewiefte Bassangler versuchen mit den Lizards das Original so getreu wie möglich zu imitieren. Dabei versuchen sie, den Vierbeiner möglichst vom Uferbereich oder Wasserpflanzen aus ins Wasser zu führen, als würde sich ein Laichräuber von der Wasseroberfläche auf einen Tauchgang begeben. Dann wird er vom Flachwasser aus weiter herunter über den Gewässerboden geführt. Bei den Lizard wird meistens auf gedeckte und recht natürliche Farben gesetzt, so wie insgesamt beim Angeln mit den Lurchimitationen sehr stark auf eine natürliche Darbie-

Lizards an Splitshot und am Jighaken. Wichtig bei diesen Ködern ist ein halbwegs natürlicher, waagerechter Lauf.

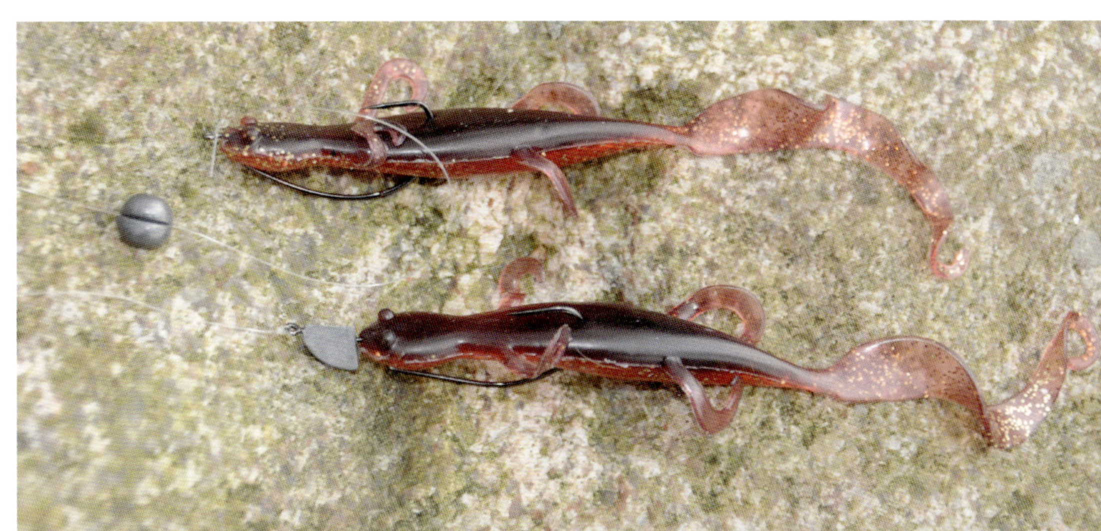

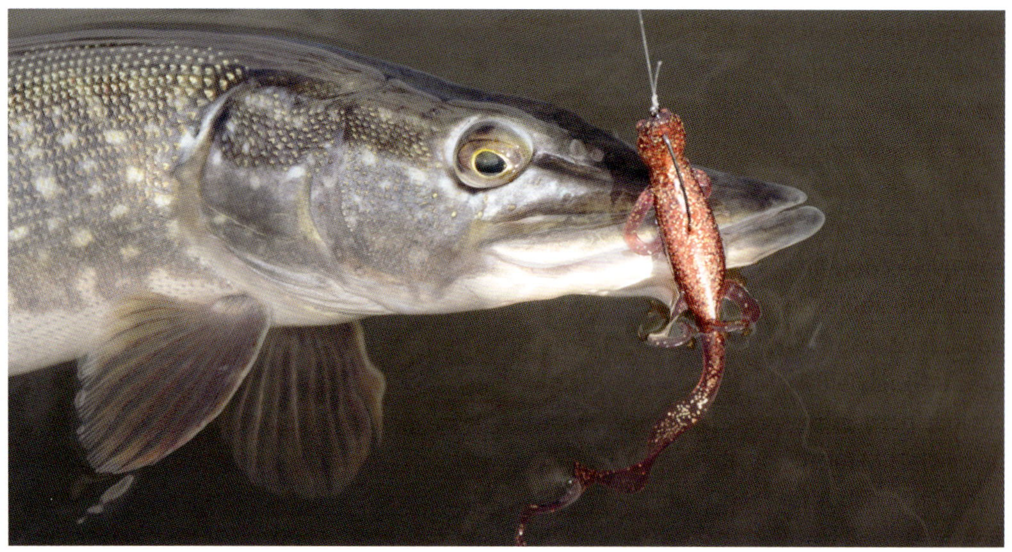

Wenn der Lizard sich reizvoll bewegt, dürfte es dem Hecht egal sein, ob solche Tiere in seinem Gewässer vorkommen oder nicht.

tung gesetzt wird. Es gibt die Gummilizards deshalb auch kaum in grellen, unnatürlichen Farben. Wer mit Lizards fischt, versucht den Fisch mit einer realistischen Nachbildung und Köderbewegung zu täuschen.

Die beste Technik für diesen Köder bietet das Carolina-Rig. Am Vorfach hinter dem Geschossblei kann der Lizard langsam zum Boden schweben, ganz ähnlich wie es im Wasser lebende Molche machen. Wenn das

Der Gummimolch in der Variante mit Tauchschaufel funktioniert wie ein Wobbler.

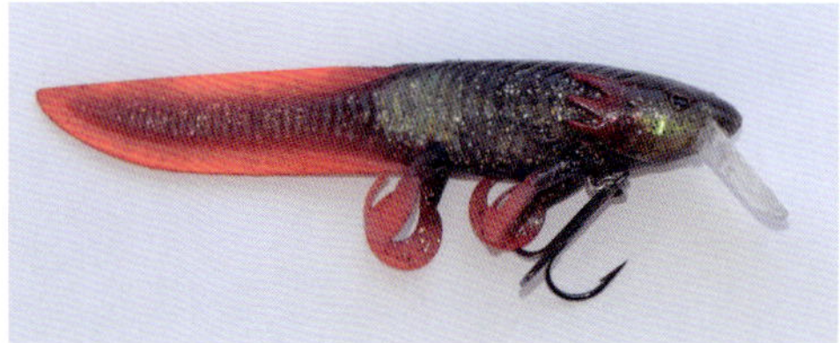

Blei beim Aufprallen und Abheben ein bisschen Staub aufwirbelt, steigert das nur den natürlich Eindruck von einem am Boden aktiven Amphibium.

Bei uns stehen Schwanzlurche höchst selten auf dem Speiseplan der einheimischen Fische. Lizards sind aber nicht nur für Fische interessant, die deren natürliches Vorbild fressen. Wir sollten auch gar nicht beabsichtigen, den Fischen eine ihnen bekannte Beute zu imitieren, sondern ihnen eine verführerische Bewegung zu präsentieren. Denn Fische, die auf Gummiwürmer und Twister gehen, nehmen mit Sicherheit auch Lizards. Bei flüchtiger Betrachtung sind Lizards schließlich nicht mehr als Würmer mit vier Beinchen. Diese Beine haben in verkrauteten Gewässern noch einen positiven Nebeneffekt. Denn sie rudern gewissermaßen das Grünzeug beiseite und bieten damit einen gewissen Hängerschutz. Lizards kommen deshalb ein bisschen besser durchs Hindernis als Gummiwürmer oder Twister.

INSEKTEN – KLEINGETIER FÜR DIE OBERFLÄCHE

Insekten sind die kleinsten Tiere, die als Gummiköder nachgebildet werden. Wenn man sie an der Wasseroberfläche wackeln und zappeln lässt, sind spannenden Angelmomente garantiert.

Gummispinnen kennen die meisten nur als Scherzartikel zu Halloween. Aber es gibt auch wabbelige Spinnen als Köder. Und noch ein paar andere Insekten werden den Anglern bzw. den Fischen angeboten, Käfer, Fliegen, Libellen, einen gewissen Bekanntheitsgrad hat die Woodlouse von Illex erreicht, eine Art überdimensionierte Kellerassel.
Für das Angeln mit Insektenimitationen sind eigentlich die Fliegenfischer zuständig, die sich mit Kunstfertigkeit allerlei Kleingetier aus Federn und Haaren fertigen. Aber was mit diesen filigranen Werkstoffen möglich ist, geht selbstverständlich ebenso mit Gummi. Und so gibt es auch aus diesem Material einige Krabbeltiere.

An der Oberfläche

Die meisten Landinsekten schwimmen, wenn sie ins Wasser geraten, auf der Oberfläche, und so machen es auch ihre Nachbildungen aus Gummi. Sie sind also Oberflächenköder, was die Frage aufwirft, wie genau man sie anbieten soll. Sicherlich lassen sie sich genau wie die Insekten aus Haaren und Federn mit der Fliegenrute anbieten. Aber die Gummiinsekten sollen und können auch mit der Spinnrute präsentiert werden. Allerdings funktioniert das ganz anders als mit all den

Eine kleine Bachforelle hat sich an der Gummi-Libelle an der Oberfläche vergriffen.

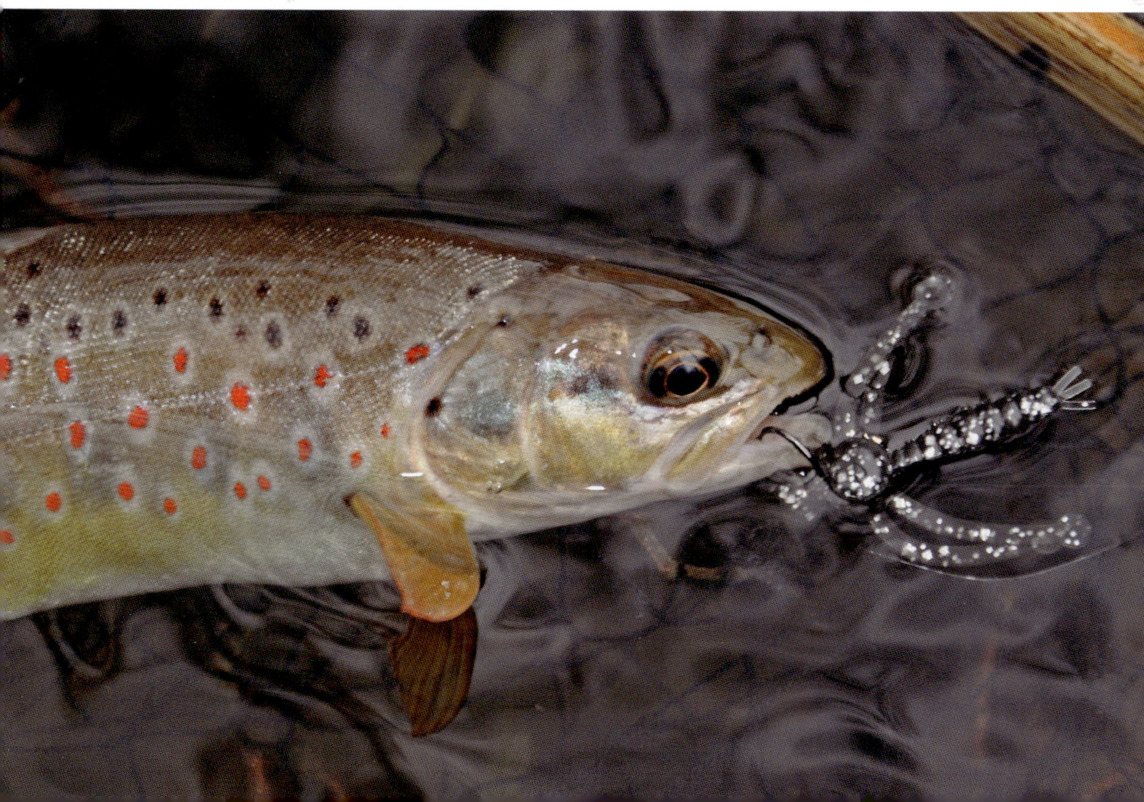

anderen Gummiködern. Insektenimitationen sollen an der Wasseroberfläche schließlich genau das machen, was echte Insekten dort machen würden: wackeln, zappeln und mit den Beinchen rudern. Damit das überzeugend gelingt, wird das Gummiinsekt unbeschwert an freier Leine angeboten. Dazu wird das Gummiinsekt auf einen Einzelhaken gezogen, der nur gerade eben vorne durch den Kopf des Insektes gestochen wird.

Mit den leichten Gummiinsekten sind keine weiten Würfe möglich. Deshalb braucht man perfekt abgestimmtes Gerät für diese Köder. Da sie selber nur wenige Gramm wiegen, muss auch die Rute mit einem sehr niedrigen Wurfgewicht dafür ausgelegt sein. Die Rolle muss eine feine Schnur sehr leicht abgeben können. So sind dann immerhin Wurfweiten von 10 bis 20 Metern möglich.

Unter Büschen und Geäst

Wo soll man die Gummiinsekten hinwerfen? Dorthin, wo Fische mit Insekten auf dem Wasser rechnen und nach ihnen schnappen. Unter Büschen und übers Wasser hängendem Geäst, zwischen Seerosen und Laichkraut, überall dort geraten Insekten aufs Wasser und enden in Fischmäulern. Dort sollen die Gummiinsekten aufs Wasser fallen und zappeln.

Die Köderführung ist etwas Übungssache, dann aber doch recht einfach. Nachdem das Insekt auf der Oberfläche aufgekommen ist, strafft man die Schnur und wackelt leicht mit der Rutenspitze. Dieses Wackeln überträgt sich auf den Köder und lässt ihn zappeln und mit den Beinchen oder Flügeln wackeln. Da man genau sieht, welche Wirkung das Wackeln mit der Rute bei dem Köder erzielt, kann man dieses Wackeln leicht so regulieren, bis es das gewünschte Ergebnis erzielt. Ganz anders als im stehenden Gewässer können die Insekten in Fließgewässern angeboten werden, wo man sich die Strömung bei der Präsentation zunutze machen kann. Im Fließgewässer braucht man keine weiten Würfe, weil man das leichte Insekt an die gewünschte Stelle abtreiben lassen kann. Im besten Fall schnappt sich schon beim Abtreiben ein Fisch den Happen, weil die Silhouette so appetitlich aussieht. Ansonsten muss man nachhelfen, indem man das Insekt an der Oberfläche wackeln lässt.

Anhaken durch die Nase

Die Frage, wie man ein Gummiinsekt für die Oberfläche anhaken soll, erklärt sich, wenn man sich überlegt, wie man es auf dem Wasser am besten zum Wackeln bringen kann. Das Insekt braucht dafür viel Freiheit und eine feine Aufhängung am Vorderteil. Deshalb wird das Insekt mit einem Einfachhaken, wie man ihn zum Dropshotting benutzt, vorsichtig vorne „nose hooked“, also durch die Spitze des Kopfes gehakt.

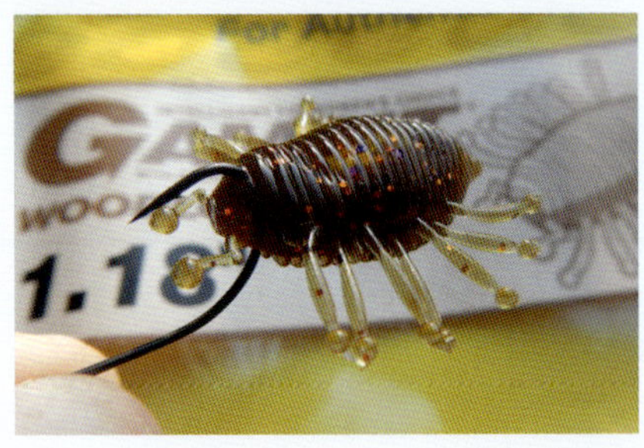

Wenn es sich gebärdet wie ein echtes Insekt, das gerade ins Wasser gefallen ist und sich zu retten versucht, wirkt das Gummigetier geradezu unwiderstehlich.

Auch für Friedfische

Insekten sind eine ganz andere Köderkategorie als all die anderen Beutetiere, die aus Gummi nachgebildet werden. Sie werden nicht nur von Raubfischen, sondern ebenso gerne von Friedfischen genommen, die sich ab und zu etwas Fressbares an der Oberfläche schnappen. Deshalb zählen auch Döbel, Rotfedern und Karpfen zu den potenziellen Zielfischen, wenn man Gummiinsekten an der Oberfläche zappeln lässt.

Ganz vorne unter den Zielfischen stehen selbstverständlich die Forellen. Sie sind die häufigste Beute an den Insektenimitationen der Fliegenfischer, und sie vergreifen sich auch genauso gerne an Insekten aus Gummi. Gerade am Forellenbach und im Sommer am Forellensee lohnt es sich deshalb, ein paar Gummiinsekten und eine leichte Spinnrute im Gepäck zu haben.

Insekt mit Ultralight-Rute

Insekten wiegen nicht viel, weder die echten noch ihre Nachbildungen. Darauf sollte man sich mit seiner Ausrüstung genau einstellen, sonst schafft man es nicht, den leichten Köder an die gewünschte Stelle zu befördern. Eine feine Rute mit einem sehr geringen Wurfgewicht und eine Rolle, von der die dünne Hauptschnur geschmeidig abläuft, sind dringende Voraussetzungen dafür, den Köder gut werfen zu können.

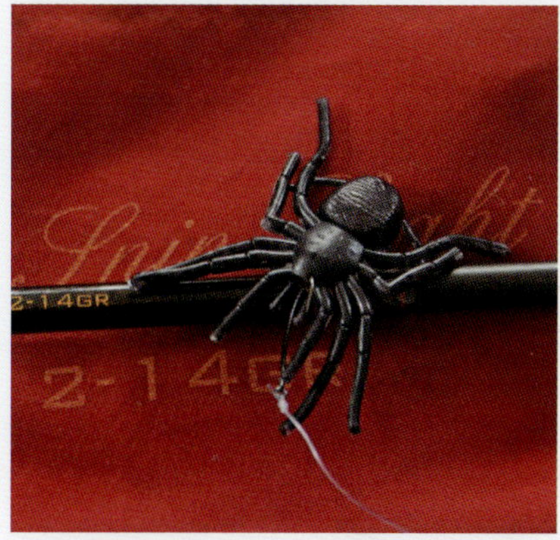

CREATURE BAITS – UNDEFINIERBAR, ABER FÄNGIG

Die undefinierbaren Creatures sehen aus wie kleine Monster, und manchmal fangen sie auch wirklich monströs. Denn sie sind zwar keinem echten Tier nachempfunden, aber sie reizen zum Zubeißen.

Egal, was die Kreatur darstellen soll, wenn sie gut wackelt, beißt der Barsch zu.

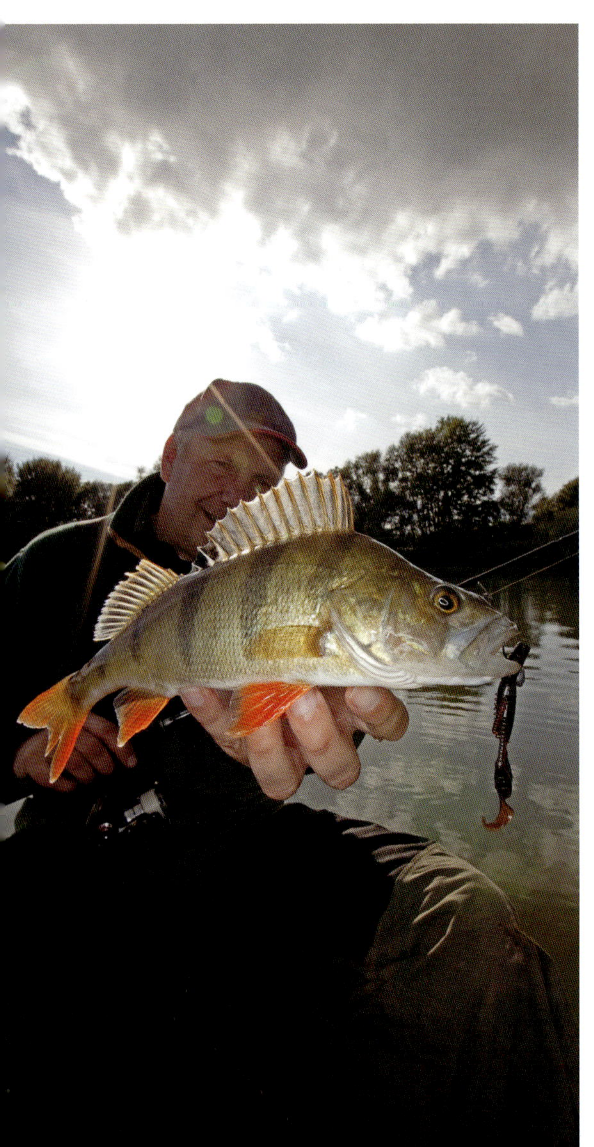

Was genau soll das sein, fragt man sich angesichts einiger Fantasiegebilde, die Anglern als Köder angeboten werden. Diese Gebilde stellen gar nichts so richtig dar, jedenfalls nichts, was im Wasser lebt und von Fischen gefressen wird. Vielleicht könnte man in einigen von ihnen am ehesten eine übergroße Libellenlarve oder eine mutierte Nymphe sehen. Aber wieso wollen wir es denn so genau nehmen mit der zoologischen Bestimmung eines Gummiproduktes, das sich gar nicht genau bestimmen lässt? Schließlich nehmen die Fische keine zoologische Analyse ihrer Beutetiere vor, ehe sie hineinbeißen. Alle Fische haben eine lebenswichtige Erfahrung gemacht: Alles, was sich im Wasser eigenständig fortbewegt, also nicht nur von der Strömung getrieben wird, können sie fressen. Wenn es uns also gelingt, einen Köder so zu präsentieren, dass er den Eindruck erweckt, er würde sich eigenständig fortbewegen, erregen wir beim Fisch den dringenden Verdacht, dass es sich dabei um etwas Fressbares handelt. Wenn das Ding dabei so aussieht wie etwas, das der Fisch schon oft gefressen hat, ist das gut, wenn es anders aussieht, schadet das noch nicht unbedingt, manchmal nützt es sogar. Denn diese Andersartigkeit macht neugierig.

Genau das ist die Stärke der sonderbaren Kreaturen. Sie sehen anders aus, sie bewegen sich anders, sie machen die Fische neugierig. In Situationen, in denen die Fische auf keine noch so gute Imitation hereinfallen und sie keinem bestimmten Beuteschema folgen, können es gerade die undefinierbaren Kreaturen sein, die sie doch zum Zubeißen bringen.

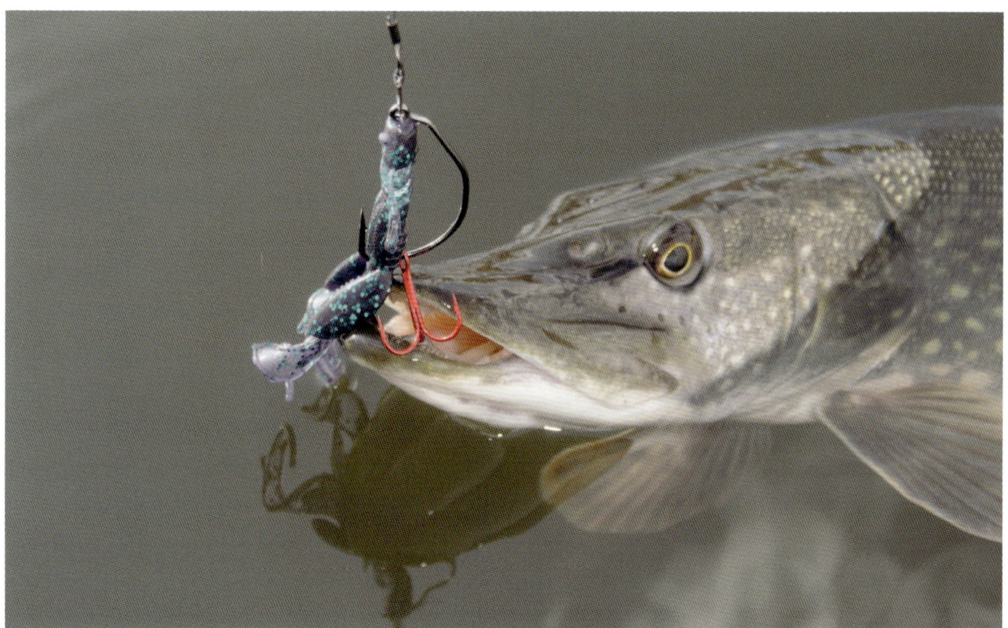

Am leicht oder gar nicht beschwerten Wide-Gap-Haken lässt sich ein Creature Bait auch hoch im Wasser anbieten.

Keine Systematik

Die Creatures systematisch zu ordnen, ist zwecklos, wonach sollte man Phantasiegebilde klassifizieren? Creatures sind alle tierähnlichen Gebilde mit Beinen, Flossen, Schwänzen, Flügeln, Fühlern und Tentakeln, die sich nicht klar einer Art zuweisen lassen. Man könnte sie vielleicht von einfach mit wenigen Körperteilen bis kompliziert mit vielen verschiedenen Körperteilen ordnen. Aber wichtiger als die Systematisierung ist natürlich die Frage, wie man mit den sonderbaren Wesen fängt.

Wie soll man nun ein Gebilde mit Fühlern, Beinen, Flossen und paddelartigen Fortsätzen anbieten, wenn man doch nicht einmal weiß, was es sein soll und wie das, was es sein soll, sich fortbewegt? Nun, in diesem Fall gilt es nicht, eine bestimmte Bewegung möglichst echt zu imitieren, es geht vielmehr darum, die Körperteile des Gebildes interessant in Szene zu setzen. Wir schauen uns also genau an, was der Köder für Körperteile aufweist, und was man mit ihnen so vollbringen kann. Am besten schauen wir uns das sogar im Wasser an, denn dadurch bekommen wir erst den richtigen Eindruck von den Bewegungsmöglichkeiten. Und dabei können wir uns gleich überlegen, wie wir das Optimum aus der Kreatur herausholen. Sollen wir sie über den Boden hüpfen oder dicht darüber stehen lassen? Soll sie sanft auf und ab schweben oder nur dezent auf der Stelle vibrieren? Bei genauer Betrachtung verrät es uns die Kreatur selbst. Mit den meisten von ihnen kann man selbstverständlich verschiedene Dinge anstellen.

Beobachtung unter Wasser

Besonders wenn der Köder kein bestimmtes Tier imitiert und man nicht genau weiß, wie er sich verhält, sollte man sich seine Bewegungen im Wasser einmal genau anschauen. Wie reagiert er auf welche Rutenbewegung? Wer das weiß, kann seinen Creature Bait besser und erfolgreicher anbieten.

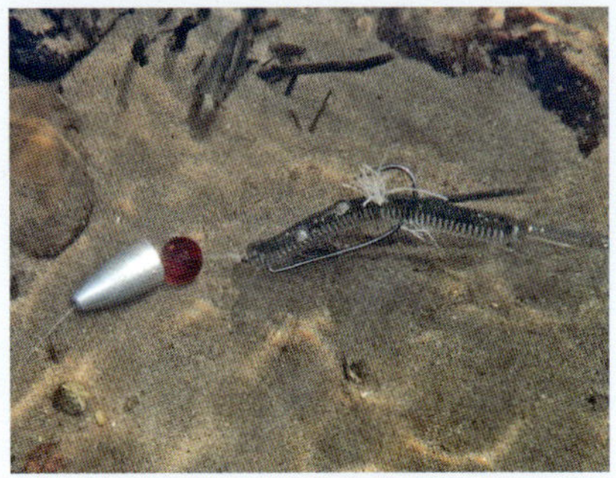

Wie sich die Kreatur bewegt, schaut man sich am besten einmal unter Wasser an.

Meistens Lauftiere

Kreaturen sind in der Regel mit einem länglichen Körper und zu den Seiten abzweigenden Gliedmaßen als „Lauftiere" angelegt. Dementsprechend sollte man sie auch präsentieren, also mit horizontaler Ausrichtung. Sie vertikal aufzurichten, führt meistens dazu, dass ihre Gliedmaßen schlaff herunterhängen und sie zu einer traurigen Gestalt machen, die keinen einzigen Fisch verführt. Kreaturen sind also keine Köder für den Jighaken, an dem sie nur einen unglücklichen Kopfstand vollführen würden. Sie werden viel mehr mit Längsausrichtung horizontal bewegt, wobei sie in mehr oder weniger intensivem Rhythmus kriechen oder hüpfen.

Das Beste, was man mit einer Kreatur machen kann, ist eine Präsentation am Texas- oder Carolina-Rig. Damit wird sie hüpfend über den Boden bewegt, aber nicht so schnell und aggressiv wie an einem schweren Bleikopf, weil sie von dem Gewicht getrennt am Einzelhaken montiert wird. Dadurch schwebt sie dem Gewicht praktisch langsam hinterher und setzt sich im Zeitlupentempo auf den Boden. Ihre Glieder bewegen sich dabei geschmeidig und verführerisch auf und ab und werden ihre Wirkung auf die Fische, die das beobachten, nicht verfehlen. Mit einer Präsentation am Texas- oder Carolina-Rig bietet man den Köder natürlich immer nur in Bodennähe an. Stehen die Fische höher, muss man zu anderen Methoden greifen.

Nahe an der Oberfläche und im Mittelwasser können Kreaturen sehr gut als Softjerks angeboten werden. Sie werden dann an einem unbeschwerten oder nur leicht beschwerten Wide-Gap-Haken gejiggt. Eine ausgezeichnete Methode, eine Kreatur an einer bestimmten Stelle im Mittelwasser anzubieten hat man mit der Wacky-Montage.

Wie irreal darf's sein?

Welche der vielen sonderbaren Kreaturen soll man auswählen? Das ist gleichbedeutend mit der Frage, wie (un)natürlich man das Angebot wählen möchte. Ähnelt die Kreation noch in etwa einem Wurm oder einer Insektenlarve, werden viele Angler ihr eher vertrauen als einem allzu phantastischen Gebilde. Und bei guten Sichtverhältnissen liegt

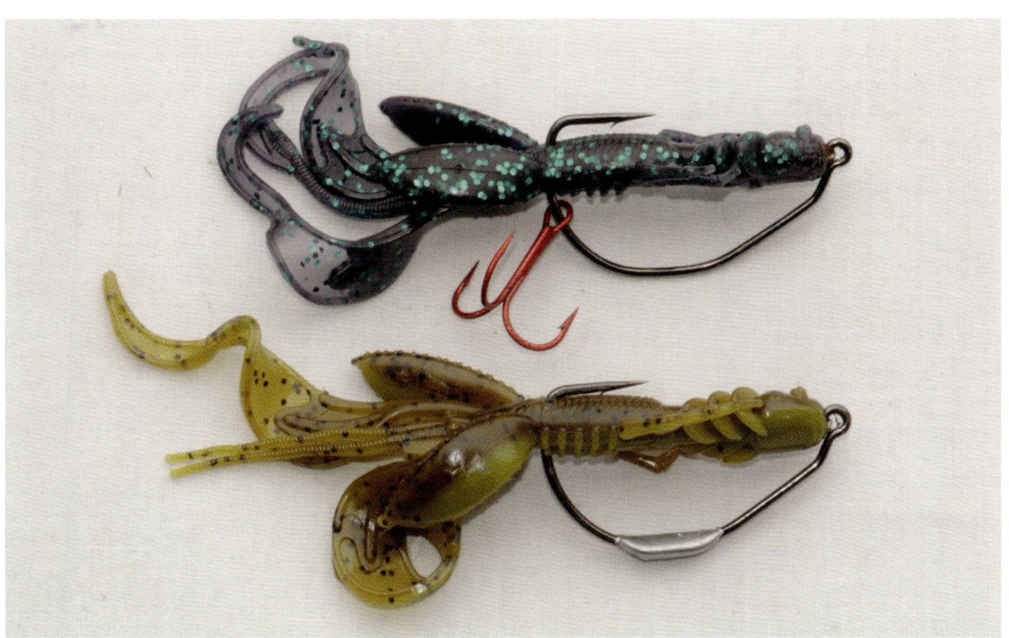

Mit einem Drilling auf dem Hakenbogen steigen die Chancen, einen Fisch sicher zu haken.

man meistens ganz richtig mit einem nicht gar zu irrealen Gebilde.

Je bizarrer die Kreatur aussieht, desto gewagter ist das Experiment, sie einem Fisch anzubieten. Es gibt aber einige Faktoren, die für ungewöhnliche Gebilde sprechen: Kreaturen machen die Fische neugierig, und neugierige Fische beißen irgendwann zu. Bei schwierigen Sichtverhältnissen werden auffällige Köderkreationen eher bemerkt als unscheinbare Gebilde. Ein mit vielen Gliedmaßen wackelndes Gebilde kann einen unentschlossenen Fisch schon eher einmal zum Biss verleiten als ein dezent dahingleitender Gummiköder.

Wenn nichts anderes geht

Auf die Frage, wann man statt zu einer eher natürlichen Nachbildung zu einem Creature Bait greifen sollte, gibt es eine einfache Antwort: Dann, wenn die natürlichen Modelle nicht gut laufen. Das ist das Zeichen für eine ungewöhnliche Situation, die ungewöhnliche Köder erfordert. Vielleicht sind die Räuber satt und brauchen mehr als den Reiz des Natürlichen, vielleicht sind die vorhandenen Beutefische zu unauffällig oder die üblichen Köder sind zu leicht durchschaubar. Es kann verschiedene Gründe dafür geben, dass sich ein Griff zu den sonderbaren Kreaturen lohnen dürfte. Und dabei sollten Sie nicht davor zurückschrecken, etwas sehr Eigenartiges an den Haken zu hängen. Denn unter den Creature Baits findet man einige der ungewöhnlichsten Köderkreationen, und wenn die von einem Fisch genommen werden, darf man sich sicher auf einen ungewöhnlichen Fang gefasst machen.

Köderknäuel

Eine Kreatur mit vielen Körperteilen und nur einem Einzelhaken wird im Maul eines Raubfisches leicht zu einem Gummiknäuel, das nicht hakt, weil zu viele Gummiteile über den Haken geschoben wurden. Achten Sie immer darauf, dass eine Kreatur an einem angemessen großen Haken sitzt, damit es nicht zu allzu vielen Fehlbissen kommt.

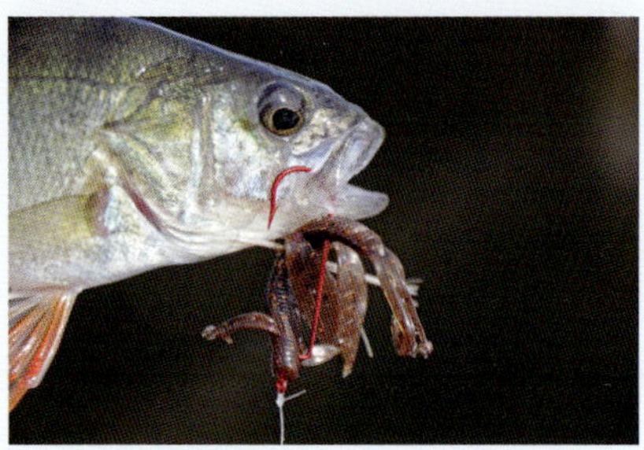

Kreaturen umkreieren

Kreaturen sind ohnehin unnatürlich, deshalb darf man sie hemmungslos verändern. Sind sie zu groß, ist irgendetwas von ihnen im Wege, passen sie nicht richtig auf dem Haken, dann wird kurzerhand die Schere oder das Messer angelegt, und die Kreatur wird so gestutzt, dass sie passt, sitzt und fängt.

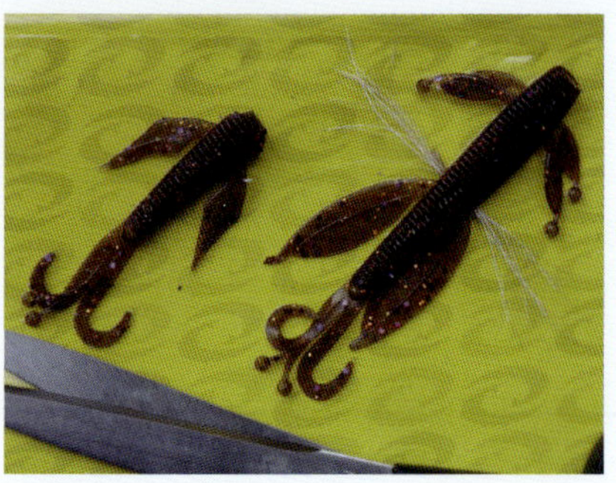

TUBEN – JOKER FÜR ALLE FÄLLE

Eine hohle Röhre mit einem fransigen Hinterteil, das sind die charakteristischen Merkmale der Tube. Sie unterscheidet sich damit von allen anderen Gummiködern. Und dieser Unterschied ist zugleich die Stärke der Tube.

Tuben stellen nichts so richtig dar, aber sie können trotzdem alles. Sie sind damit ein gutes Beispiel dafür, dass ein Köder nicht unbedingt eine bestimmte Beute auf realistische Weise imitieren muss, um zu fangen. Wenn Formen, Farben und Bewegungen interessant sind und den Fisch neugierig machen, funktioniert ein Köder auch ohne einem Beuteschema zu entsprechen. Das zeigen die Tube sehr deutlich.

Mit dem Wort Tube haben wir dabei ganz einfach die englische Bezeichnung übernommen, wobei mit dem englischen Wort tube in diesem Fall mehr Röhre gemeint ist als Tube. Aber das muss man vielleicht nicht so genau nehmen. Die Tuben-Köder haben einen röhren- oder schlauchartigen Körper, dessen vorderes Ende geschlossen ist, während das hintere aus Fransen besteht und offen ist.

Tuben sind für sich schon ein guter Köder, den man jederzeit als Hauptköder beim Spinnfischen einsetzen kann. Viele amerikanische Raubfischangler haben die Tube beim Spinnfischen in der Hinterhand, um sie dann ins Spiel zu bringen, wenn es auf einen anderen Köder einen Fehlbiss oder einen Verfolger gab. Ein schneller Wechsel auf die Tube mit ihrer besonderes Form und Reizausübung hat dann schon manch einen Raubfisch überzeugt, der vorher bei einem anderen Köder noch zögerlich war. So spielen die Tuben bei einigen Anglern die Rolle eines Jokers, und tatsächlich können sie wie

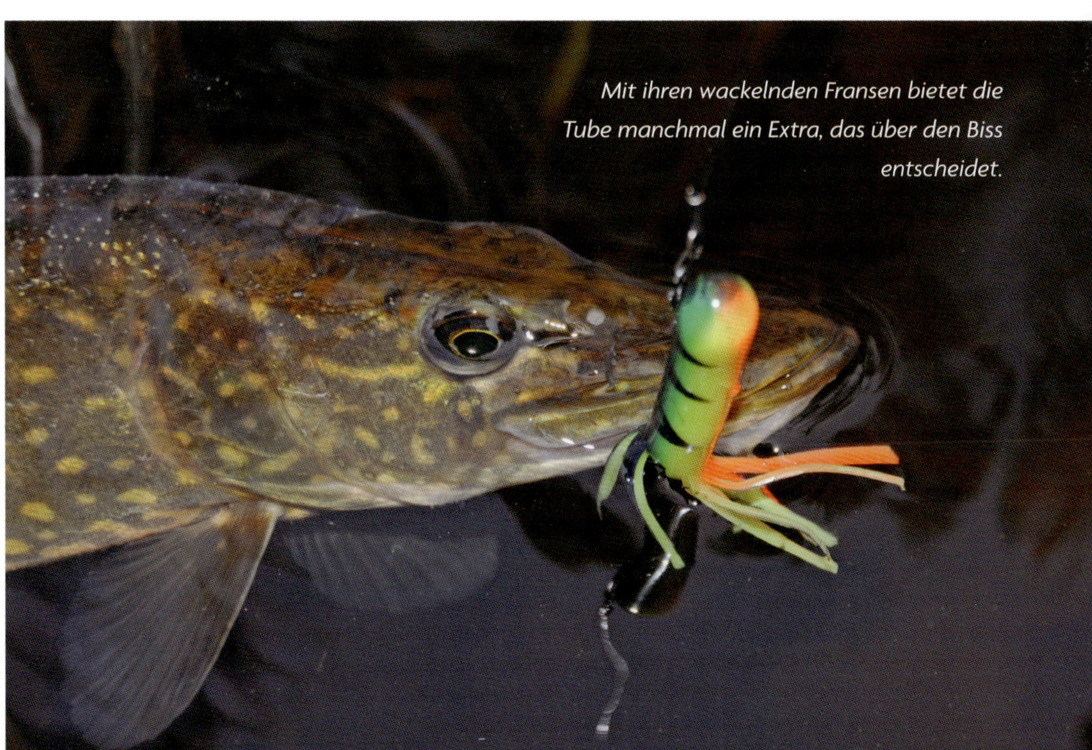

Mit ihren wackelnden Fransen bietet die Tube manchmal ein Extra, das über den Biss entscheidet.

Tube aufziehen

Um die Tube richtig auf den Haken zu ziehen, stülpt man das Hinterteil mit den Fransen etwas nach vorne. Dann wird der Bleikopf in den Körper geführt, bis er am vorderen Ende anstößt. Das hintere Ende wird zurückgeklappt, und die Öse wird durch die Wandung der Tube gestoßen.

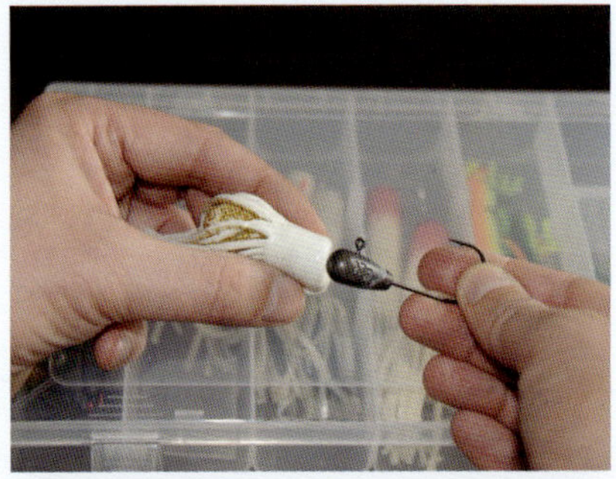

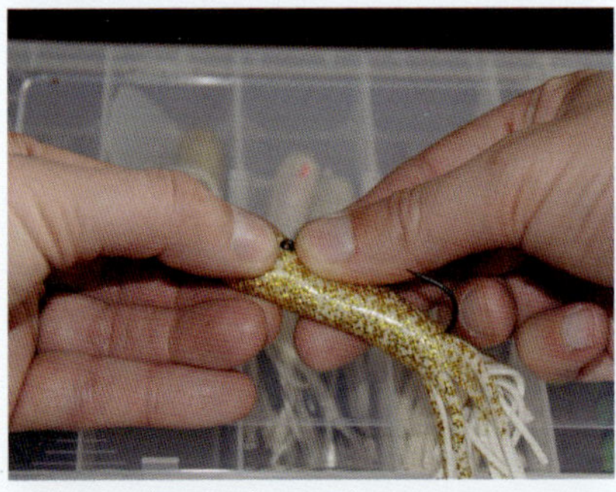

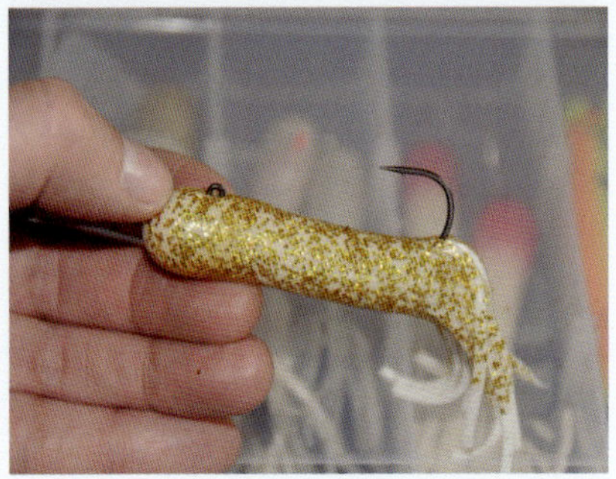

ein Joker im Kartenspiel für alles eingesetzt werden.

Tuben anhaken

Obwohl sie eine sehr spezielle Form darstellen, lassen sich Tuben auf ganz unterschiedliche Weise anbieten. Am häufigsten werden sie ganz ähnlich wie ein Gummifisch am bebleiten Jighaken geführt. Wobei der Bleikopf, anders als beim Shad, in die hohle Gummiröhre eingeschoben wird, so dass der Bleikopf nicht sichtbar ist. Dafür verwendet man am besten Jighaken mit einem zylindrischen Bleikopf, der genau in die Hohlform passt. Am sichersten passen Tube und Bleikopf zusammen, wenn man sie als fertiges Set kauft. Dann sind die Durchmesser von vornherein richtig aufeinander abgestimmt. Die Tube kann selbstverständlich auch klassisch auf einen Jighaken gezogen werden, so dass der Bleikopf sich außen vor der Tube befindet. Weil die Tube hohl ist, sitzt sie dabei nie so fest und unverrückbar am Haken wie ein massiver Gummiköder. Deshalb gilt es, darauf zu achten, dass die Tube dicht an den Bleikopf herangeschoben wird und der Haken durch den Körper austritt und nicht zu weit hinten durch die Fransen. Sonst sitzt die Tube zu locker, kann leicht verrutschen und zeigt nicht die gewünschten Bewegungen.

Jiggen und mehr

Tuben lassen sich aber nicht nur am Jighaken anbieten, sondern auch an anderen Montagen. Dabei werden sie oft sogar zu außerordentlich guten Fängern, weil sie mit ihren besonderen Eigenschaften die Neugier der

Fische wecken und selbst Fische fangen, die bereits viel Erfahrung mit anderen Ködermodellen haben.

Neben den Fransen besteht eine Besonderheit der Tuben darin, dass sie hohl sind und damit leicht. Sie sinken deshalb langsamer zu Boden als massive Gummiköder. Das kann man sich ausgezeichnet beim Softjerken zunutze machen. Die Tube wird mit leichter Beschwerung an einem großen Widegap-Haken montiert und in den oberen Wasserschichten präsentiert.

Ihre Leichtigkeit spielt die Tube auch bei der Montage am Texas- und Carolina-Rig aus. Dabei schwebt sie nach dem Aufprall des Bleies schön langsam auf den Gewässerboden herab und lässt dabei ihre Fransen spielen. An den modernen Montagen zeigt die Tube eine weitere außergewöhnliche Eigenschaft, die schon beim Jiggen zutage tritt. Die Tube läuft nicht immer in denselben Bahnen, sie bricht immer wieder etwas anders zu den Seiten aus. Das macht sie etwas unberechenbar und zugleich sehr reizvoll.

Zu einer verführerischen Performance läuft die Tube auch an der Dropshot-Montage

An allen Haken fängig

Üblicherweise werden Tuben am Jighaken angeboten. Aber Tuben sind Allrounder für alle Haken. Tuben lassen sich ebenso gut auf den Einzelhaken der Dropshot-Montage ziehen wie auf den Offset-Haken fürs Texas-Rig. Und wenn man nicht den passenden zylindrischen Jigkopf hat, kann der Bleikopf auch statt in der Tube vor ihr sitzen.

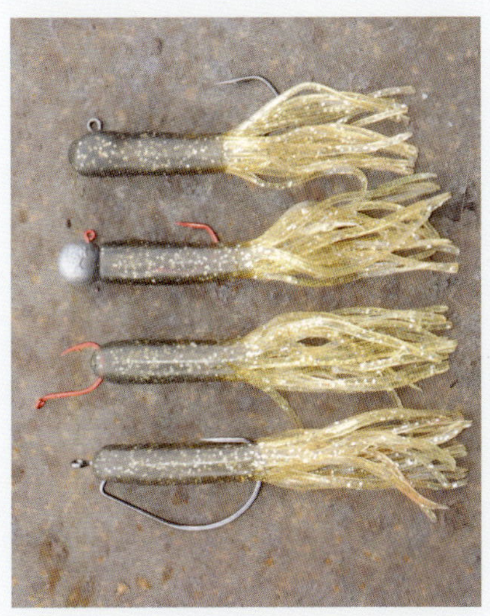

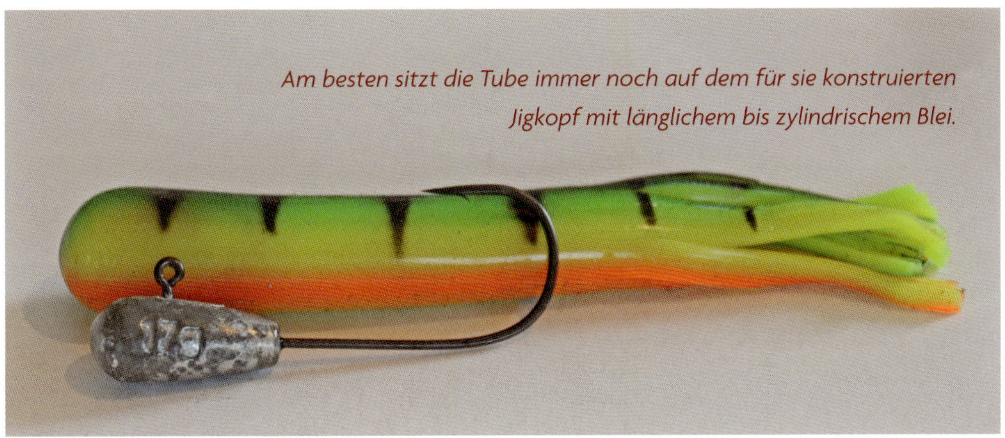

Am besten sitzt die Tube immer noch auf dem für sie konstruierten Jigkopf mit länglichem bis zylindrischem Blei.

auf. Sie steht dabei horizontal im Wasser und wedelt leicht mit ihren Fransen. Für Fische, die diese zarten Bewegungen beobachten, wird das zu einem unwiderstehlichen Angebot. Die Leichtigkeit der Tube kommt beim Dropshotting sehr gut zur Geltung, wenn man sie an einer Montage mit einem kurzen Seitenarm anbietet.

Besonderheiten nutzen

Was das Besondere an den Tuben ist, sieht man ihnen unschwer an: ein zylindrischer Körper mit Fransen. So sieht kein anderer Köder aus, das hat kein anderer Köder, und deshalb gilt es diese Eigenschaften zu nutzen. Der zigarrenförmige Körper verspricht dem Raubfisch eine anständige Portion. Damit dürfte der Tube schon einmal die Aufmerksamkeit der Räuber gewiss sein. Dann kommen aber noch die Fransen hinzu, die ein weitaus auffälligeres Spiel liefern als ein einfacher Gummischwanz. Sehen Sie sich einmal die Bewegungen der Fransen im Wasser an. Sie wedeln wie Tentakeln und winden sich wie Würmer, keine Frage, dass Fische da hineinbeißen wollen.

Bei der Präsentation einer Tube gilt es, ihre Besonderheiten zu nutzen. Das macht man beim Jiggen, indem man das schwere Vorderteil auf den Grund prallen lässt wie bei einem Gummifisch.

Das folgende Abheben vom Grund erfolgt jedoch leicht verzögert, damit die Fransen einen Moment lang freies Spiel haben. Einen außergewöhnlichen Reiz übt es aus, die Tube ein kleines Stück über den Grund schleifen zu lassen, ehe man sie mit einem Ruck abhebt. Der aufgewirbelte Staub und die wa-

Tube mit Lockstoff

Tuben sind Hohlkörper, das muss ausgenutzt werden! Und zwar mit Lockstoff. Wickeln Sie ein bisschen Watte um den Hakenschenkel und beträufeln Sie diese mit flüssigem Lockstoff, ehe Sie die Tube auf den Haken ziehen. Bei Bedarf kann man immer wieder Lockstoff einfüllen. Bei langsamer Präsentation bekommt die Tube so noch einen ganz besonderen Reiz.

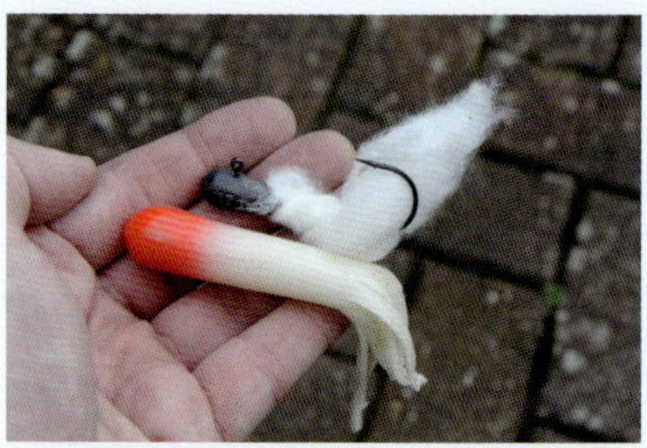

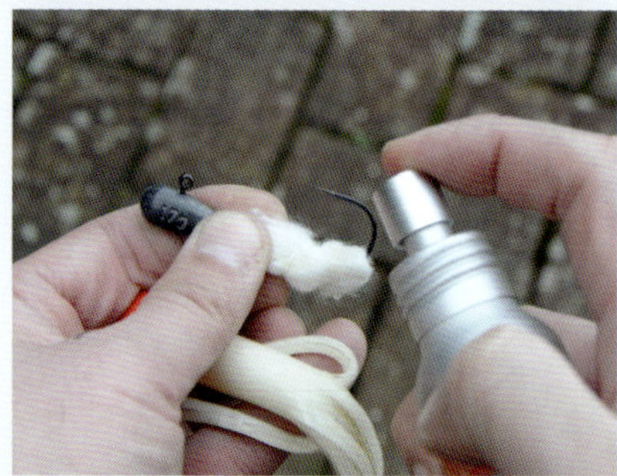

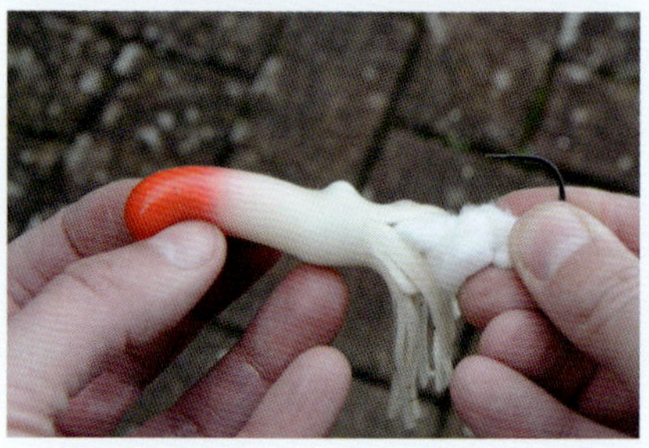

ckelnden Fransen machen dann unweigerlich auf den Köder aufmerksam. Bietet man die Tube an der Dropshot-Montage oder als Softjerk im Freiwasser an, sorgt man mit leichten Zuckungen dafür, dass die Fransen wackeln. Denn die Fransen sind das Kapital der Tuben, das man unbedingt so gut wie möglich arbeiten lassen sollte.

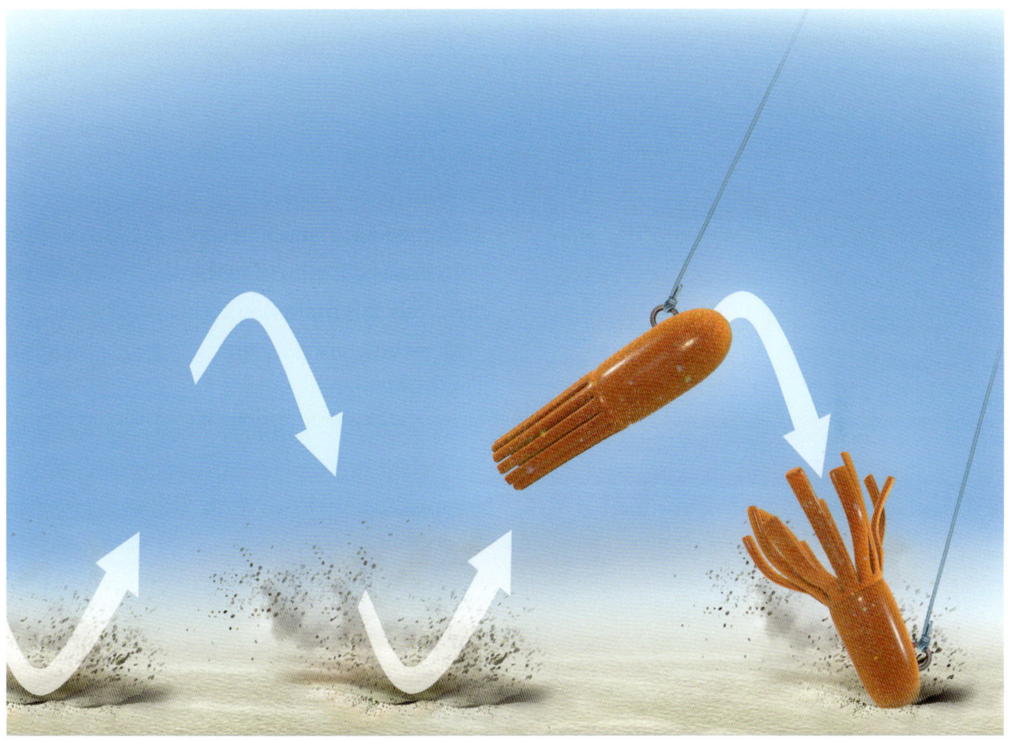

TUBE

Tuben lassen sich wie Gummifische jiggen. Allerdings sollte man die Besonderheit der Tube, ihre Fransen, dabei zur Geltung bringen. Deshalb lässt man den Köder etwas länger am Boden verharren, damit die Fransen spielen können.

FRANSENJIGS – KÖDER OHNE KÖRPER

Viele Köder besitzen Fransen, aber Fransen allein reichen schon aus, um Fische zu verführen. Ein Fransenjig braucht nämlich nicht mehr als ein Büschel Kunststofffasern, um Fische zum Angreifen zu animieren.

Ein Köder benötigt nicht unbedingt einen Körper, die Illusion eines Körpers reicht vollkommen aus, um Fische zum Zubeißen zu bewegen. Das beweisen all jene Köder, die aus nichts anderem bestehen als Gummifransen. Mit ihnen löst man sich komplett von der Absicht, dem Fisch seine natürliche Nahrung vorzugaukeln.
Was diese Köder darstellen? Nichts Bestimmtes. Die Fische mögen darin ein großes Bündel Würmer erkennen, ein eigentümliches Insekt, oder schlicht und einfach nur etwas, das sich scheinbar aus eigener Kraft bewegen kann. So etwas kann man fressen, das ist eine Erfahrung der Fische, wieso also nicht auch dieses Fransending?

Was auch immer sie in ihnen sehen mögen, Zander haben eine Schwäche für Fransenbüschel.

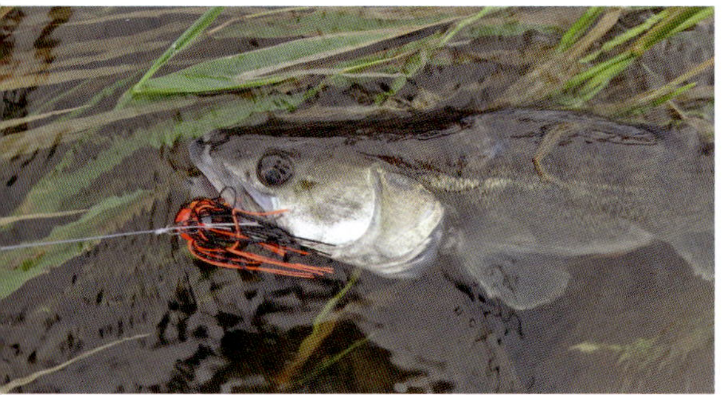

In klarem Wasser kann man manchmal sehen, welch ein ungeheures Interesse man mit einem Bündel Fransen bei den Barschen weckt. Dutzende Barsche gruppieren sich um das Ding und schauen zu, wie die Fransen wackeln. Wenn man dann plötzlich eine stärkere Bewegung macht, werden sie ganz nervös und irgendwann verliert einer die Nerven und beißt zu.

Überall Fransen

Der Reiz der Fransen ist schon länger bekannt. Verschiedene Meeresköder setzen schon lange auf die Wirkung der Fransen. An Ködern wie Spinnerbaits sind sie ein unentbehrlicher Bestandteil, einige Gummifische haben statt einer Schwanzflosse Fransen und auch bei den bereits behandelten Tuben machen die Fransen einen wesentlichen Teil ihrer Wirkung aus. Mit dem Fransenjig hat man schließlich den Schritt vollzogen, den ganzen Köder einfach nur aus Fransen bestehen zu lassen.
Fransenjigs werden heute in unterschiedlichen Ausführungen angeboten. Einige sind ganz einheitlich in einer Farbe und gleich langen Fransen gehalten und sehen aus wie ein kleiner Wischmopp, andere sehen mit Fransen in unterschiedlichen Farben und Längen dagegen sehr ungeordnet aus. Einige bilden ein sehr dichtes, dickes Fransenpacket, andere eher ein leichtes, luftiges Büschel.

Mehr Zeit am Boden

Die Bezeichnung als Jig deutet bereits an, was man mit den Fransenjig anstellen soll. Aber es ist eben kein gewöhnlicher massiver Köder, deshalb muss oder zumindest sollte

Fransen extra

Gummifransen gibt es auch als eigenes Produkt zu kaufen. Man kann auch die Fransen eines ausgedienten Köders nehmen oder sich Fransen aus einem Gummifisch herausschneiden. Mit einem kleinen Gummiband zieht man das Fransenbünde auf den Jighaken und kann so jeden beliebigen Köder mit Fransen verzieren.

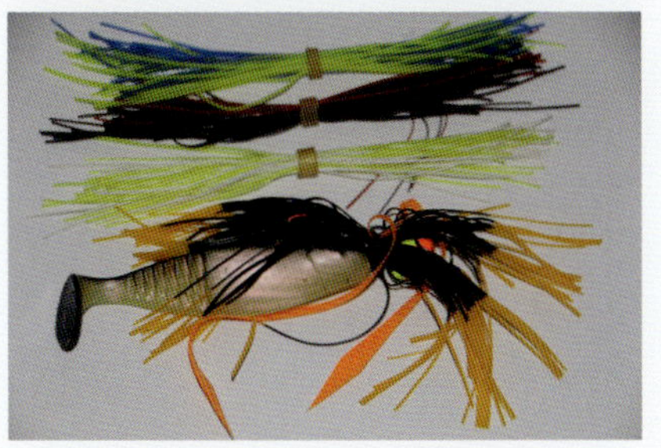

Fransenkontrolle

Fransenjigs sind zottelige Köder, deren Einzelteile nicht immer tun, was sie sollen. So setzen sie sich gerne einmal auf die Hakenspitze und können damit das Durchdringen des Hakens beim Anhieb verhindern. Kontrollieren Sie deshalb regelmäßig den Köder, damit die Fransen nicht im falschen Moment vor der Hakenspitze kleben.

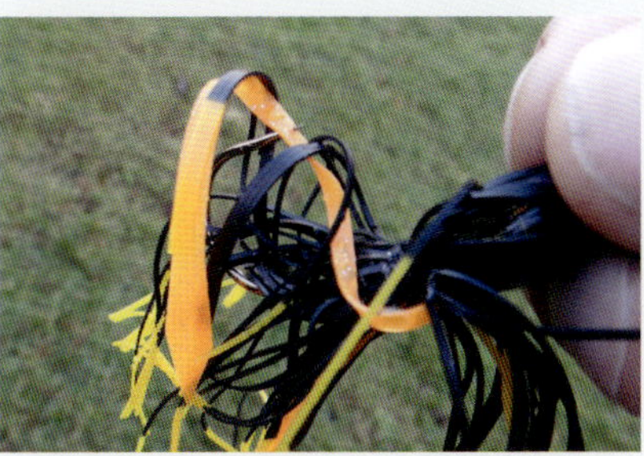

man anders mit ihm umgehen. Während ein Gummifisch beim Jiggen nach dem Aufkommen auf dem Boden gleich wieder abgehoben werden kann, sollte man einem Fransenjig unbedingt noch etwas Zeit am Boden gönnen. Dann nämlich fallen seine einzelnen Fransen langsam herunter und breiten sich zu einem ungleichmäßigen Häufchen auf dem Boden aus. Dieses in sich Zusammenfallen ist für die Fische ein absolut Aufsehen erregender Moment, dem sie gebannt zusehen. Wenn sich dann der Köder aus dem Fransenhaufen wieder erhebt und zu einem Hüpfer ansetzt, ist es um manch einen Fisch geschehen.

Fransenköder beziehen ihren Reiz und ihren Erfolg aus der Bewegung ihrer Fransen. Bewegung ist deshalb das A und O bei dieser Ködergruppe. Eine Bewegung wie bei einem Gummifisch reicht noch nicht aus. Damit hätte man die Möglichkeiten des Fransenjigs noch nicht annähern ausgeschöpft.

Die Fransen müssen wedeln oder pumpen, sich aufblähen und zusammenziehen. In dieser Bewegung liegt ihre Stärke, und diese gilt es auszuspielen.

Deshalb lässt man den Fransenjig nicht nur in einer längeren Phase auf dem Boden zusammensacken, man zieht ihn auch nicht so vehement an wie einen gejiggten Gummifisch. Einen Fransenjig muss man nur einige Zentimeter vom Boden abheben, so dass sich die Fransen einmal strecken, dann kann man ihn wieder herabfallen lassen, damit er die

Fransen hinter sich herzieht und sie erneut langsam zu Boden sinken.
Die meisten Fransenjigs sind mit einem Krautschutz versehen, was darauf hinweist, dass sie für hindernisreiche Gewässer ausgewiesen sind. Die Fransen selbst gleiten schließlich sehr geschmeidig durch alle Hindernisse hindurch. Deshalb darf man sich mit diesem Köder an schwierigen Gewässerstellen mehr wagen als mit vielen anderen Ködern.

Im Mittelwasser

Fransenjigs werden am Boden angeboten, aber Fransenköder können ebenso im Mittelwasser präsentiert werden. Es gibt leichte Fransenköder, die mit einer durchgehenden Durchlochung auf die Schnur gezogen und an einer Dropshot-Montage angeboten werden können. Beim Dropshotting mit einem Fransenköder solle man allerdings stets für etwas mehr Bewegung sorgen als bei anderen Ködern, die waagerecht im Wasser stehen. Ein Fransenbündel ohne Bewegung hängt nur im Wasser und übt dabei wenig Reiz aus.
Eine sehr aktive und wirkungsvolle Präsentation im Mittelwasser gelingt einem mit der Wacky-Technik. Es gibt bereits Wacky-Haken mit Fransen, aber man kann auch einen normalen Wacky-Haken mit einem Fransenbündel bestücken, und dieses in der typischen Wacky-Manier kräftig durchschütteln. Raubfische, die solch einen irren Mopp im Wasser tanzen sehen, können meistens gar nicht anders als hineinzubeißen.

Fransen am Wacky-Haken

Auch beim Wacky-Angeln muss man nicht auf Gummifransen verzichten. Bei der Methode wackelt zwar ohnehin schon alles, aber ein paar Fransen können dabei immer noch zu einer weiteren Reizsteigerung beitragen.

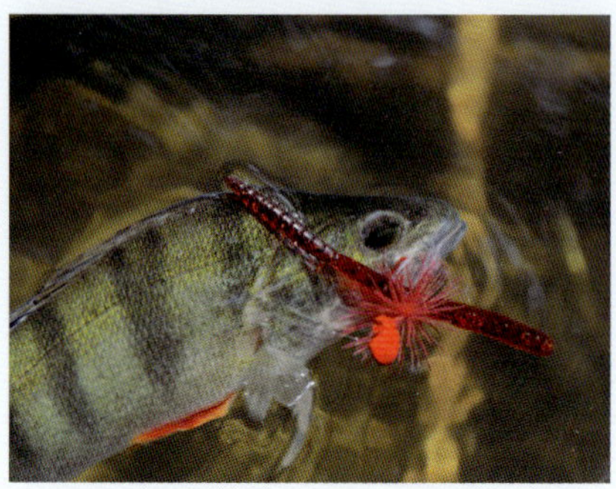

FRANSENJIG

Die Stärke des Fransenjigs besteht in seinem verführerischen Gewirr aus Gummifasern. Das Jiggen sollte genau darauf abzielen, sie in Szene zu setzen. Dafür muss der Köder keine hohen Sprünge machen, kleine Hüpfer reichen schon aus. Wichtig sind längere Phasen am Boden, damit die Fransen sich langsam niederlegen können.

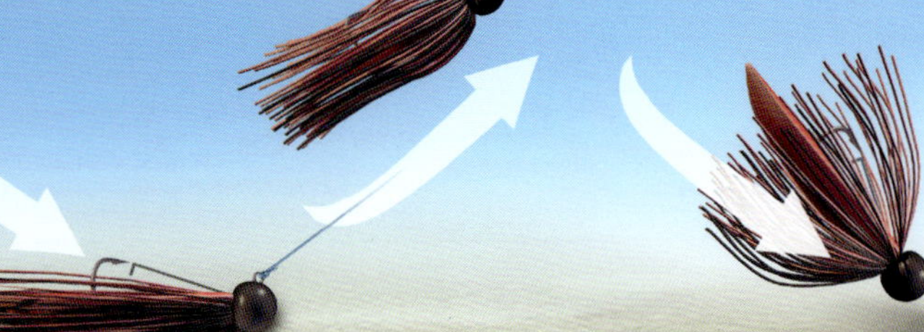

TEIL 2 – DIE TECHNIKEN

JIGGEN – DER NORMALE WEG

Traditionell werden Gummiköder gejiggt. Das ist die gute alte Methode. Auch wenn es inzwischen viele andere raffinierte Methoden gibt, das Jiggen wird noch immer am meisten praktiziert. Es ist und bleibt schließlich eine der fängigsten Arten, einen Gummiköder anzubieten.

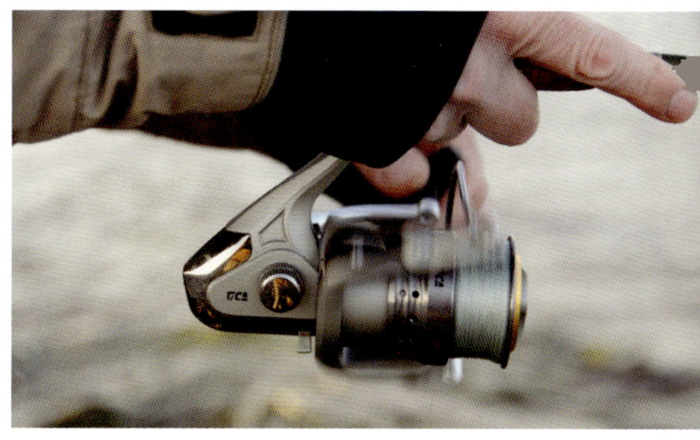

Wie intensiv der Köder gejiggt wird, entscheidet der Angler mit der Rutenbewegung und dem Rolleneinsatz.

Die Rute in 10-Uhr-Position, die Schnur gestrafft, ein kurzer Ruck nach oben, leichtes Absenken der Rute, kurze Pause und wieder ein Ruck nach oben. So sieht es gewöhnlich aus, wenn ein Angler mit einem Gummiköder jiggt. Das Prinzip ist recht einfach, und der Sinn der Sache auch: Der Köder wird mit dem Ruck vom Boden abgehoben, in der Pause sinkt er zurück zum Boden, um wieder angehoben zu werden und auf diese Weise über den Gewässerboden zu hüpfen. Jiggen ist der Normalfall des Spinnfischens mit Gummiködern, meistens Gummifischen, von vielen auch Shads genannt. Die Methode wird am häufigsten praktiziert, sie lässt sich überall recht problemlos ausüben, sie ist unkompliziert und erfolgreich. Das macht sie wahrscheinlich so beliebt.

Jiggen ist immer noch der Normalfall beim Angeln mit Gummiködern. An großen Flüssen ist es oft auch die beste Methode.

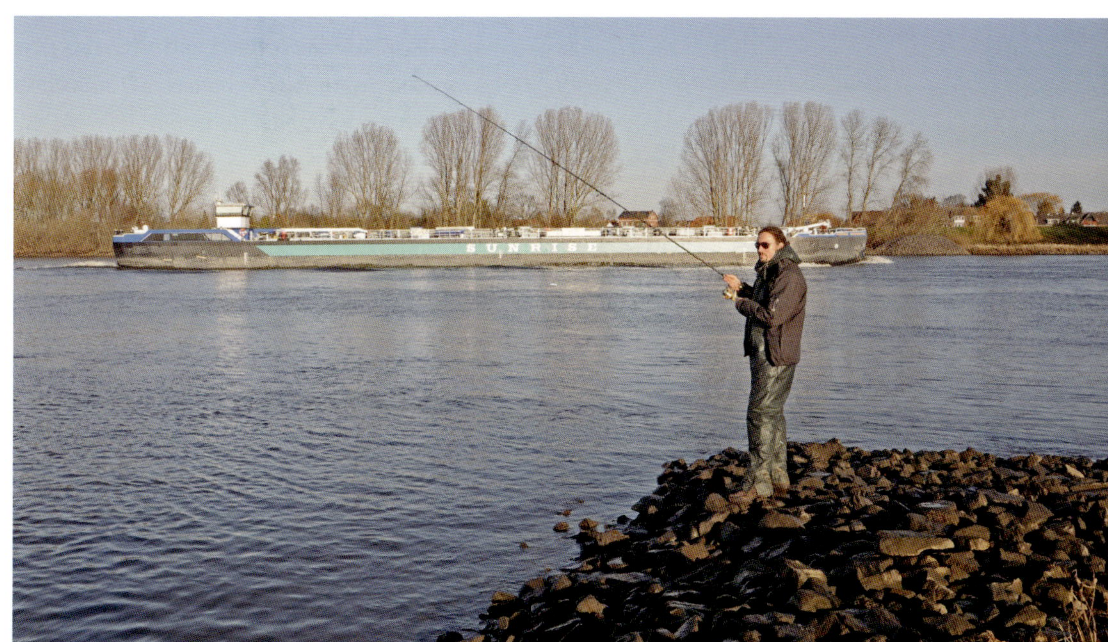

Sprunghafte Bewegung

Den Köder im Zickzacklauf über den Boden hüpfen lassen, so einfach kann man das Jiggen beschreiben. Aber es gibt natürlich noch viel mehr zur Köderführung zu sagen. Schließlich kann man sie sehr unterschiedlich gestalten. Das fängt an bei der Art der Bewegung, die der Angler ausübt. Ziel ist es immer, den Köder verführerisch zu bewegen. Erreicht wird dieses Ziel durch ruckartiges Anheben der Rute. Auf diese Weise wird der Köder jedenfalls von den meisten Anglern und in den meisten Fällen beim Jiggen geführt.

Eine Alternativ zur Führung über die Rute ist die Köderführung über die Rolle. Das ist die sogenannte Faulenzertechnik, bei der die Rute unbewegt in aufrechter Position gehalten und der Köder mittels kurzer, schneller Kurbelbewegung der Rolle vom Boden abgehoben wird.

Winterlicher Zanderfang. In der kalten Jahreszeit ist eine langsame Köderführung anzuraten.

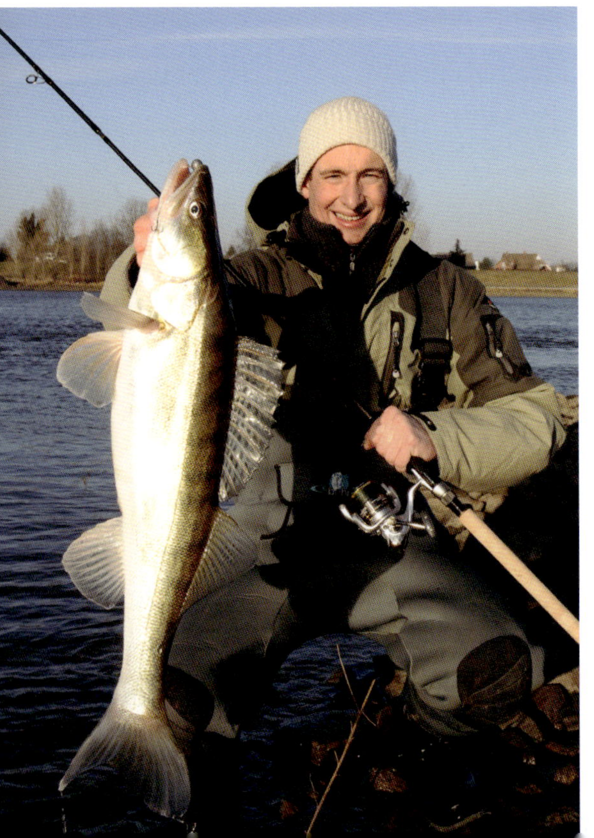

Ob über die Rute oder über die Rolle, Sinn der Bewegung ist es immer, den Köder so verführerisch über den Boden hüpfen zu lassen, dass er den Raubfisch zum Zubeißen animiert. Dabei kann man sich fragen: Was reizt den Raubfisch? Wir können den Köder schließlich ganz unterschiedlich anbieten: Schnell, langsam, mit hohen Sprüngen oder niedrigen Hüpfern, regelmäßig oder unregelmäßig. Jiggen bedeutet nicht, dass man den Köder monoton auf- und abspringen lässt. Die Methode bietet viele Möglichkeiten, die Köderführung zu variieren, und diese Möglichkeiten sollte man selbstverständlich nutzen, denn mit ihnen kann man sich verschiedenen Situationen anpassen, man kann das für die Fische reizvollste Bewegungsmuster finden und somit die Fangchancen steigern. Fische, die intensiv beangelt werden, durchschauen ein regelmäßiges und immer gleiches Hüpfen eines gejiggten Köders oft nach kurzer Zeit. Die Bewegung erscheint ihnen sehr bald unnatürlich und sie fallen nicht mehr darauf herein. Der Köder wird für sie aber sofort wieder interessant, wenn er etwas macht, was sie noch nicht kennen, wenn er einmal länger auf dem Boden liegen bleibt oder plötzlich ein paar schnelle Sprünge macht.

Beim Jiggen sollte man auch immer die aktuelle Situation am Wasser und ganz speziell die Wassertemperatur berücksichtigen. Die Fische sind im kalten Wasser bekanntlich

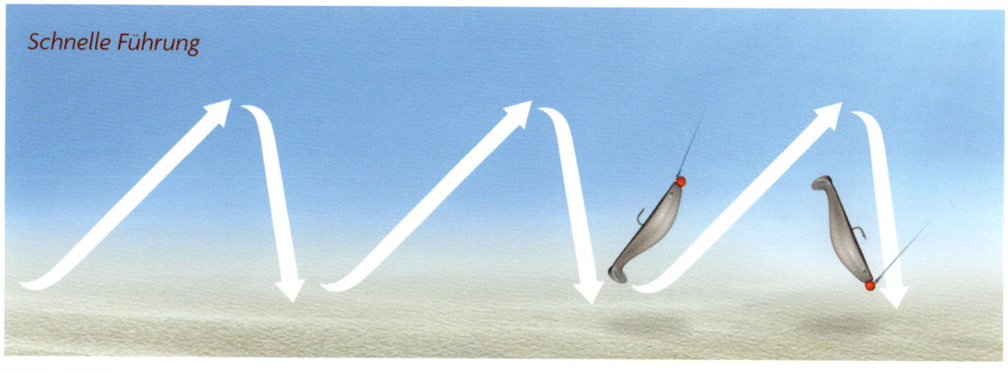

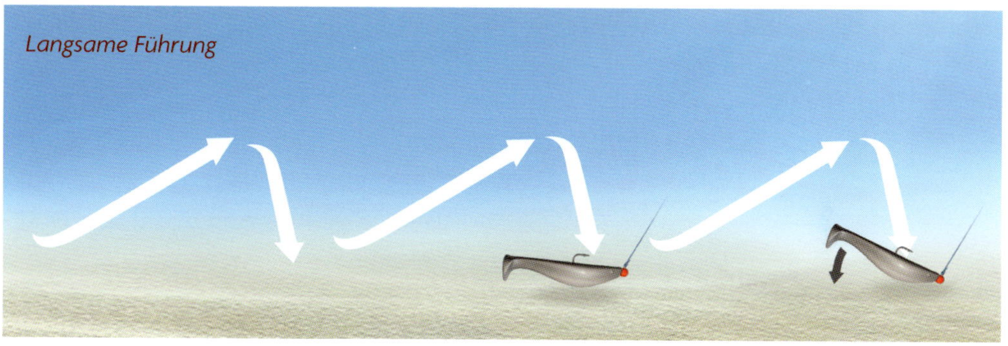

JIGGEN: Beim Jiggen hat man die Wahl zwischen schnellen oder langsamen Intervallen und hohen oder flachen Sprüngen. Je aggressiver die Räuber, desto schneller und höher die Sprünge. Trägen Räubern, z.B. im Winter, bietet man den Köder langsamer mit flacheren Hüpfern an.

nicht so aktiv wie im wärmeren. Rhythmus und Geschwindigkeit beim Jiggen sollten deshalb auch unbedingt dem Aktivitätsgrad der Fische angepasst werden. Es wäre sinnlos, einem trägen Fisch im Winter einen rasant über den Boden springenden Köder zu servieren. Je kälter das Wasser, desto langsamer sollte die Köderführung sein und desto länger sollten die Pausen zwischen den Bewegungen ausfallen. Sind die Fische dagegen aktiv und aggressiv, dürfen die Sprünge auch mal höher werden. Viele Angler haben sicher schon einmal erlebt, dass ein Raubfisch dem gejiggten Köder bis zur Oberfläche verfolgt und dann abdreht. Das zeigt, zu welchen Ausflügen die Räuber grundsätzlich bereit sind, um sich eine Beute zu schnappen.

Köder zum Jiggen

Wer jiggt, angelt in der Regel mit einem Gummifisch. Die Masse der Gummifische wird auch für diese Technik produziert. Große, kleine, schlanke, dicke, bewegliche, steife Gummifische, sie eignen sich alle für die Präsentation am Jighaken. Die Art und Weise, wie sie geführt werden, ist im Wesentlichen identisch. Es gibt keine bestimmte Jig-Technik für bestimmte Gummifischformen. Aber die Gummifische selbst gestalten mit ihrer Beweglichkeit das Jiggen in gewisser Weise

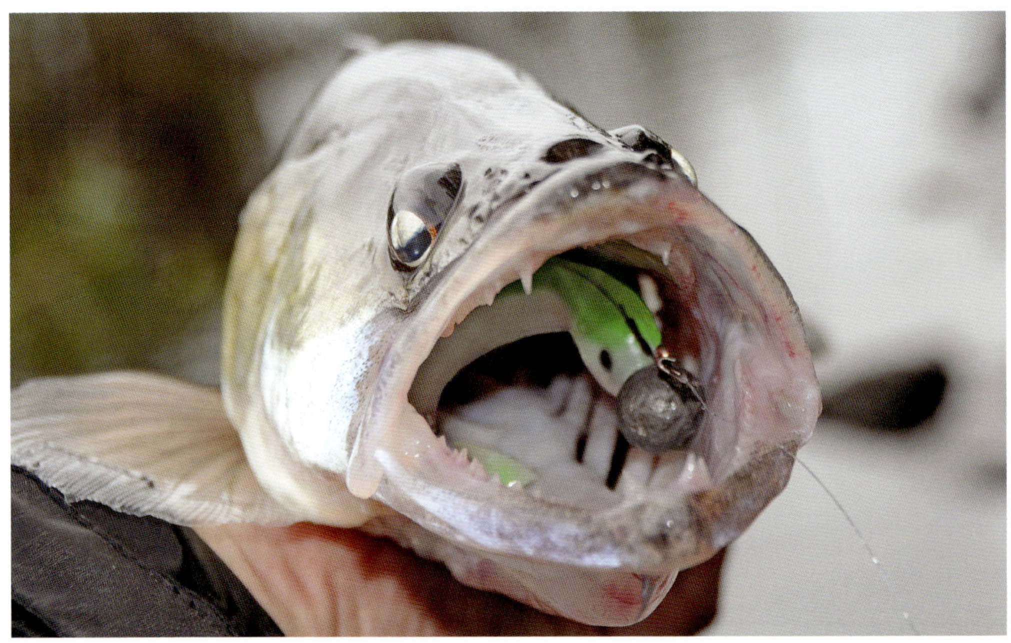

Wenn die Räuber in Beißlaune sind, wird ein gejiggter Gummifisch schon mal tief inhaliert.

unterschiedlich. Denn ein weicher Gummifisch mit einem sehr beweglichen Tellerschwanz hat ein sehr viel auffälligeres Jigverhalten als ein steifer Gummifisch mit einem kaum beweglichen schlanken Schwanz.

Das Aufkommen auf den Boden ist beim Jiggen meistens das Signal, den Köder wieder mit einem Ruck nach oben zu bewegen. Ihn weiter auf dem Boden stehen oder umkippen zu lassen, würde keine besondere Wirkung erzielen. Ein bisschen anders verhält es sich, wenn man statt eines Gummifisches eine Tube oder einen Fransenjig anbietet. Denn die Köder mit Gummifransen haben noch nicht ganz ausgespielt, wenn sie am Boden angekommen sind. Dann wedeln nämlich noch ihre Fransen verführerisch im Wasser, und dieses Angebot sollte man den Fischen auch noch machen. Wenn sie nämlich nicht auf die starken Bewegungen hereinfallen, dann vielleicht auf die zarten.

Grundsätzlich ist zu empfehlen, beim Jiggen ein paar Köderalternativen neben den Gummifischen dabei zu haben – jedenfalls wenn man seine Fische nicht ganz genau kennt. Eine Tube, ein Fransenjig oder ein Twister kann Wunder wirken, wenn die üblichen Gummifische nichts an den Haken bringen.

Hakenwahl

Der Gummiköder zum Jiggen wird auf einen Jighaken, einen Haken mit Bleikopf, aufgezogen. Der Jighaken gibt dem Köder damit das erforderliche Gewicht und den notwendigen Haken. So einfach solch ein Jighaken ist, so komplex und vielfältig ist er doch auch wiederum, wenn man sich die verschiedenen Formen des Kopfes, der Halterung und die unterschiedlichen Formen und Größen des

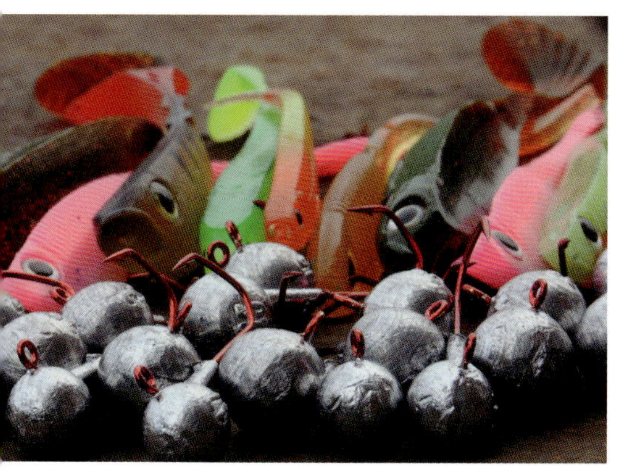

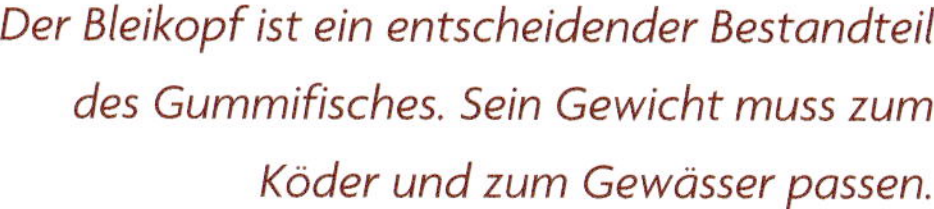

Der Bleikopf ist ein entscheidender Bestandteil des Gummifisches. Sein Gewicht muss zum Köder und zum Gewässer passen.

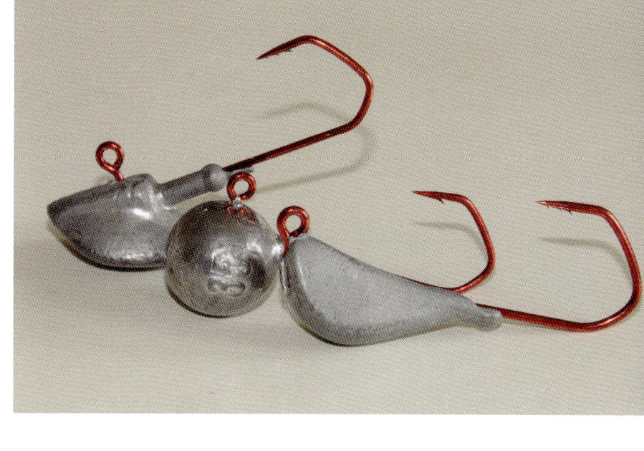

Bleiform und Sitz der Öse entscheiden mit über die Position und Bewegung des Köders im Wasser.

Hakens anschaut. Wie trifft man die richtige Wahl? Die beiden wichtigsten Aspekte sind: Größe und Gewicht. Beide müssen stimmen, das heißt, sie müssen zum Köder und zum Gewässer passen. Der Jighaken muss beim Köder an der richtigen Stelle aus dem Rücken austreten, und das Gewicht darf den Köder nicht überlasten, genauso wenig darf das Gewicht des Gummiköders den Jigkopf dominieren.

Zum Gewässer passen bedeutet, der Bleikopf muss so beschaffen sein, dass er dem Köder unter den Gewässerverhältnissen gut spürbar macht. Dabei darf er aber nicht zu schwergewichtig sein und den Köder im Sturzflug zu Boden rasen lassen.

Bleikopfformen

Bleiköpfe gibt es in den unterschiedlichsten Formen, am häufigsten ist sicherlich der Rundkopf. Gängige Formen sind weiterhin der Eriekopf, der Fischkopf und der Bananenkopf. Oft hört man, dass der Eriekopf gewählt wird, weil er besser steht als ein Rundkopf. Das stimmt, wenn man sie auf den Tisch stellt, aber nicht wenn man sie mit einem Gummiköder auf den Gewässergrund aufkommen lässt. Dann fallen alle Jighaken langsam zur Seite um. Keiner steht viel länger als der andere. Warum sollte er auch? Denn gewöhnlich hebt man den Köder sofort nach dem Aufprall wieder ab. Er bekommt gar keine Zeit zum Stehenbleiben oder zum Umfallen.

Etwas anderes ist viel wichtiger an den Bleiköpfen: die Position der Öse, an der die Schnur befestigt wird. Wenn man den Jigkopf einmal ohne Köder am Öhr aufhängt, erkennt man, ob er waagerecht steht, sich nach vorne oder nach hinten neigt. Und daraus kann man schließen, welche Position er dem Köder im Wasser geben möchte. Fürs Vertikalangeln sind natürlich die ausgewogenen, waagerecht stehenden Haken am besten. Sie sind auch sonst ein guter Mittelweg. Haken, die nach hinten kippen, haben

Guter Sitz

Der Gummiköder soll gut am Haken sitzen, aber nicht aufgeschlitzt werden. Zu spitze und scharfe Haken am Bleikopf werden deshalb abgekniffen. Einen bereits aufgeschlitzten Köder macht man noch einmal einsatzfähig, indem man ihn mit einem Tropfen Sekundenkleber zusammenklebt. Zusätzlich kann man ihn dann auch noch am Jighaken festkleben.

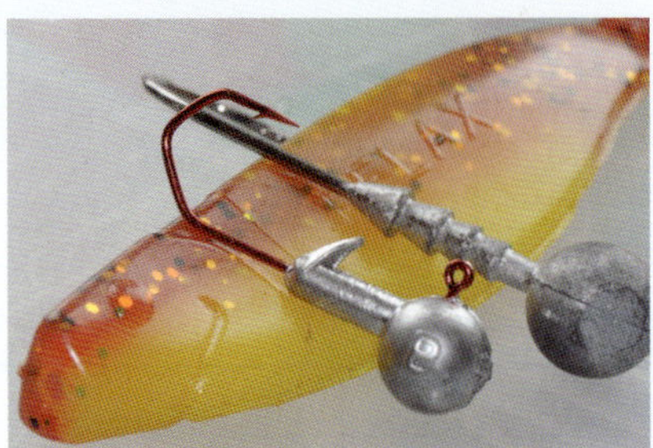

Der Stinger

Viele gute Fische wären ohne den Zusatzdrilling des Stingers nicht gefangen worden. Deshalb sollte der Stinger absolut zuverlässig sein. Am besten baut man sich passende Stinger aus Stahldraht und Quetschhülsen. Gut verarbeitet können sie auf Vorrat passgerecht für den Gummifisch hergestellt werden. Eine schnelle, aber nie so ganz saubere Lösung stellt ein geknoteter Stinger aus stabiler Monofilschnur dar.

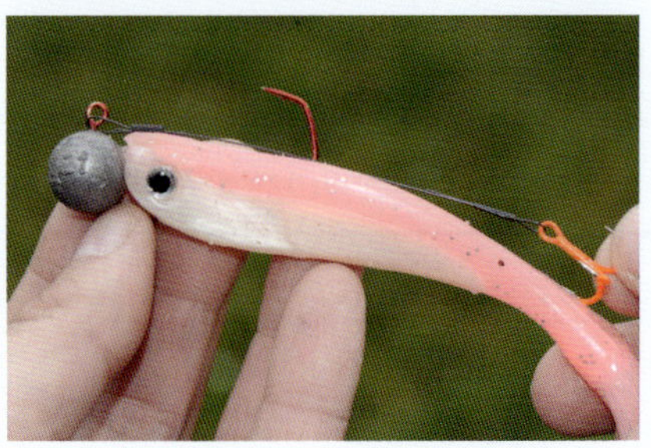

die Öse weit vorne. Damit heben sie schnell vom Grund ab, was ein Vorteil ist, wenn man auf große Distanz angelt. Auf kurze Distanz sind dagegen oft die Haken mit einer weiter nach hinten versetzten Öse sinnvoll, weil man den Köder daran kontrollierter bewegen kann.

Zu lange und zu scharfe Haken am Bleikopf halten den Köder nicht fest, sie reißen ihn auf. Es gibt inzwischen unterschiedliche Varianten von Halterungen, die den Gummiköder fest am Jigkopf halten, ohne ihn zu beschädigen. Wenn der Köder doch, aus welchen Gründen auch immer, beschädigt ist und nicht mehr richtig am Haken sitzt, kann man ihm mit einem Tropfen Sekundenkleber noch einmal Halt verschaffen.

Zusatzdrilling

Einige Angler verspotten den Zusatzdrilling als Angstdrilling. Es ist aber keine Frage der Angst, dass viele Fische den Köder nur am Hinterteil packen und dann ohne Zusatzdrilling nicht hängen bleiben. Deshalb gehört bei allen, die ein paar Fische mehr fangen wollen, zur Montage von Jigkopf und Gummiköder auch die eines zusätzlichen Drillings am Hinterteil des Köders.

Drillinge am Stinger bereitet man sich am besten zuhause vor. Dort hat man die Ruhe, sie genau anzufertigen. Die sicherste und beste Variante besteht aus einem Stinger aus Stahldraht. Mit Quetschhülsen wird er zum einen am Drilling befestigt und zum anderen wird damit eine kleine Schlaufe geformt. Die wird beim Einsatz über das Öhr des Jighakens gelegt, bevor dieser in den Karabiner des Vorfachs eingehängt wird.

Wann und wieso jiggen?

Jiggen ist der Normalfall des Gummiköderangelns, es ist die klassische Methode auf Zander und eine ebenso erfolgversprechende Methode auf am Grund stehende Barsche und Hechte. Die Methode ist so zuverlässig, dass man sie in vielen Situationen einsetzen kann, in vielen davon hat sie sogar Vorteile gegenüber anderen Methoden. Wenn es beispielsweise auf große Distanz geht, wenn der Köder weit hinausgeworfen werden muss, dann bleibt praktisch nur das Jiggen mit schwerem Bleikopf. Dasselbe gilt beim Angeln in größerer Tiefe. Ein dicker Bleikopf und eine geflochtene Schnur gewähren einem dann immer noch eine gute Köderkontrolle. Das Jiggen empfiehlt sich auch als Suchmethode. Wenn man ein Gewässer nicht kennt oder keine klare Vorstellung hat, wo sich die Fische aufhalten, sucht man sie effektiv, indem man lange Strecken und große Bereiche systematisch abjiggt.
Weite und Tiefe sind die Stärken des Jiggens, und das genaue Gegenteil beschreibt die Schwächen. Jiggen mit Bleikopf ist eine relativ grobe Methode, die man nicht anwenden sollte, wenn es gilt, Fische im Nahbereiche und im Flachen zu beangeln. Handelt es sich womöglich noch um empfindliche, erfahrene Fische, dann wird man sie mit einem gejiggten Gummi eher vergrämen als an den Haken bekommen. In solch einem Fall sind feinere Methoden gefragt.

Ohne Stinger wäre aus diesem Hecht gewiss kein Fang geworden.

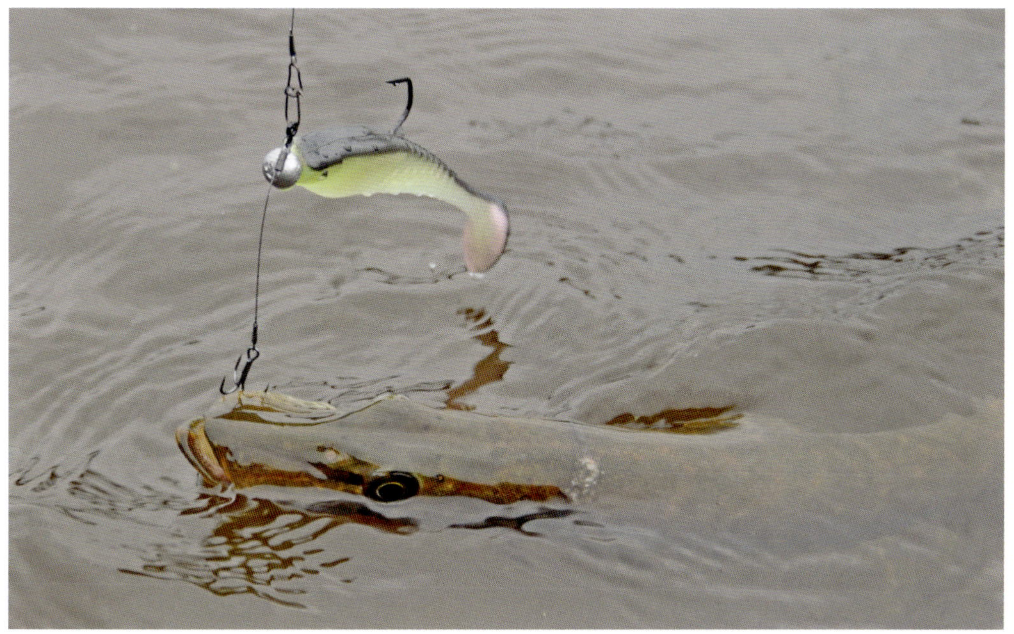

SHAKY HEAD – GUMMIS IM KOPFSTAND

Am Bleikopf wird der Gummiköder in der Regel gejiggt. Ganz anders bei der speziellen Form des Shaky Heads. An dem soll der Köder nämlich nur auf der Stelle stehen und wackeln.

Wenn bislang immer behauptet wurde, ein Jigkopf diene dazu, einen Köder damit über den Grund springen zu lassen, ist das zwar im Prinzip richtig, aber nun kommt die große Ausnahme: der Shaky Head. Dieser Jigkopf wurde nämlich dazu entwickelt, auf der Stelle zu stehen. Und wenn man zu all den anderen Jigköpfen, die angeblich auf dem Boden stehen, feststellen muss, sie kippen doch um, so bleibt der Shaky Head tatsächlich stehen. Zumindest die besten Modelle dieses Bleikopftyps. Wie sieht dieses komische Ding aus? Shaky Heads haben einen speziell abgeflachten Bleikopf oder eine ganz eigene Spezialkonstruktion wie der Shakey Head von Strike Pro. Er besitzt eine gebogene Stützvorrichtung, die ihm einen besonders sicheren Stand verleiht. Wie dieser sind auch die meisten anderen Bleiköpfe für besondere Standfähigkeit mit einer Drahtspirale ausgestattet, an der man den Köder anschraubt.

Stehen statt springen

Ein Köder muss nicht über den Gewässergrund springen, um einen Fisch zu verführen, er kann auch auf der Stelle stehen. Manchmal ist das sogar die bessere Variante. Und genau für diesen Fall wurde der Shaky Head entwickelt, den man stehen lässt und – wie der Name sagt – schüttelt. Das Schütteln und Wackeln auf der Stelle macht den Reiz des Köders am Shaky Head aus.

Die Köderpräsentation ist eigentlich recht einfach, erfordert aber doch ein bisschen

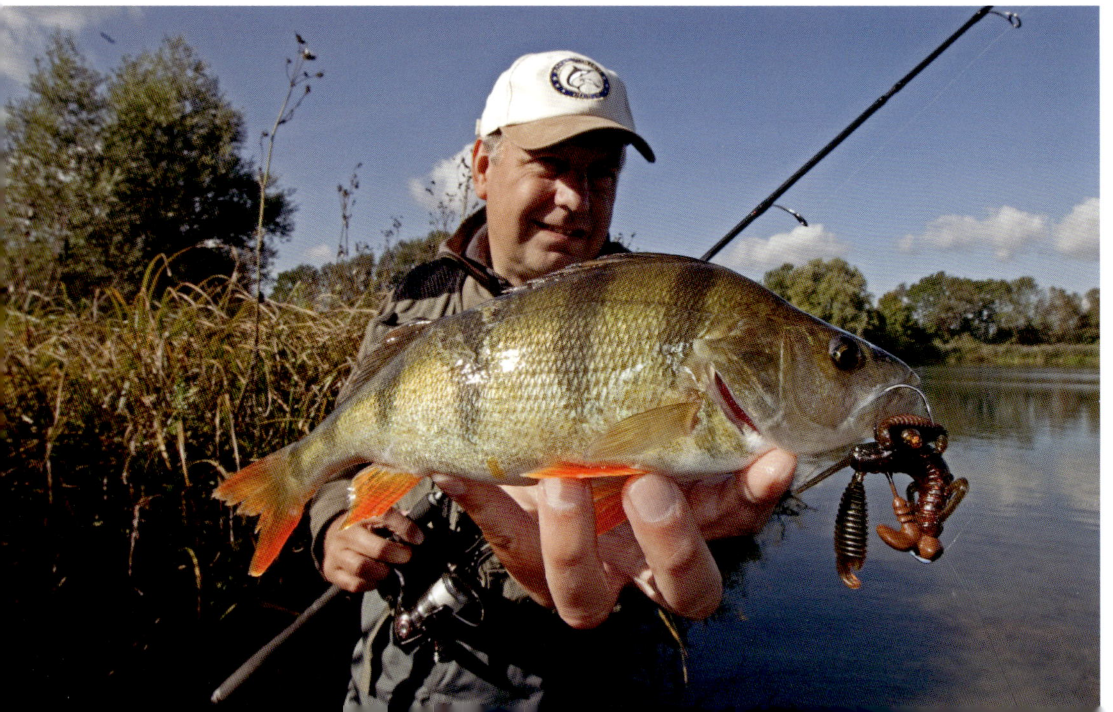

Der Köder musste nur ein bisschen auf der Stelle wackeln, um den Barsch zu überzeugen.

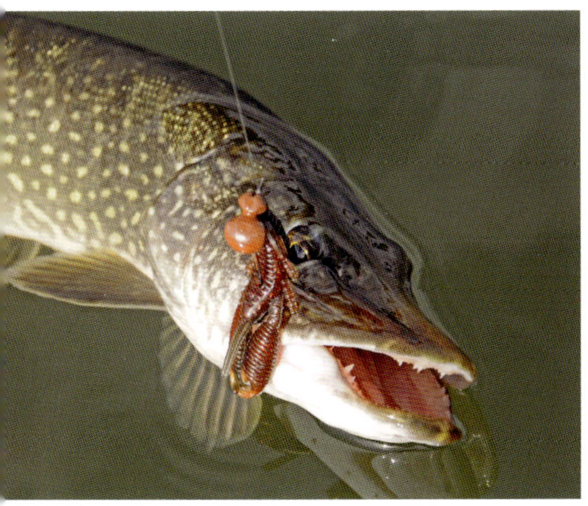

Auch große Hechtmäuler stürzen sich auf Köder, die am Shaky Head auf dem Boden stehen.

Fingerspitzengefühl und Übung, bis man sie zur Perfektion bringen kann. Es geht darum, den Köder auf der Stelle zu halten und ihn wackeln zu lassen. Dazu setzt man den Köder auf dem Boden ab, strafft die Schnur, bis man guten Köderkontakt hat, dann lässt man die Schnur jedoch leicht durchhängen, und fängt an, mit der Rute zu wackeln. Hält man die Schnur dabei zu straff, zieht man den Köder zu rasch von der Stelle, statt ihn dort stehenzulassen. Die Schnur bleibt also leicht gelockert. Das Wackeln der Rute erfolgt ganz aus dem Handgelenk, so dass die Rutenspitze vibriert, aber nicht zu stark ausschlägt.

Nun lässt man den Köder aber auch nicht ewig auf der einen Stelle stehen. Wenn er ausreichend gewackelt hat, wird er ein kleines Stück, einen halben oder einen Meter, versetzt, um dort sein wackeliges Spiel zu vollführen.

Standfestigkeit

Shaky Heads oder Stand Up Heads sollen zwar auf dem Boden stehen und den Köder damit in schräg-aufrechter Position halten, aber die unterschiedlichen Modelle sind auch unterschiedlich standfest. Wer einmal verschiedene Modelle aufstellt und am Tisch wackelt, wird sehen, welche stehen bleiben.
Es sind meistens ganz einfach die mit dem schwersten Kopf und der größten Standfläche.

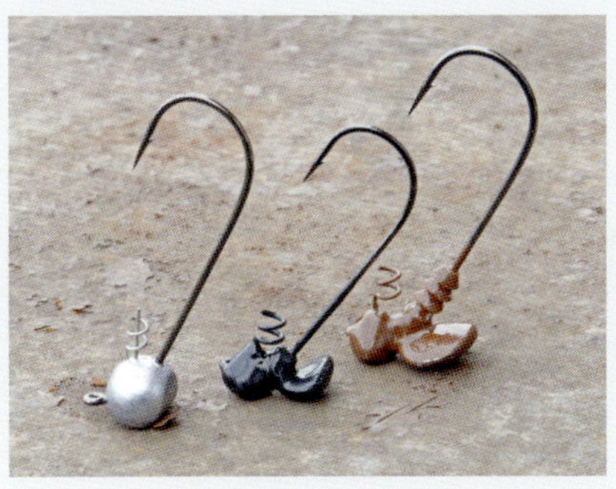

Angeschraubte Köder

Die besondere Konstruktion der Shaky Heads erfordert eine kleine Anleitung zur Köderbefestigung. Der Köder wird mit seinem Vorder- bzw. Unterteil auf die Drahtspirale geschraubt, so dass sein Bauch zum Hakenschenkel weist. Dann passt man ihn an den Haken an, um zu sehen, wo dieser eingestochen werden und wieder aus dem Köder austreten muss. Der Köder soll schließlich gerade gestreckt am Haken sitzen.

Wie weit man die Hakenspitze aus dem Köder herausschauen lässt, richtet sich nach den Gewässerverhältnissen. Weil man die

Möglichkeit hat, die Spitze eng ans Gummi anzulegen oder sogar darin zu verbergen, lässt sich diese Montage auch weedless in krautreichen Gewässern einsetzen. Achten Sie jedoch immer darauf, dass der Köder vom Format zum Haken passt und den Bereich zwischen Spitze und Schenkel nicht zu sehr ausfüllt. Ansonsten hat der Haken es schwer, ins Fischmaul einzudringen, und es kommt zu Fehlbissen.

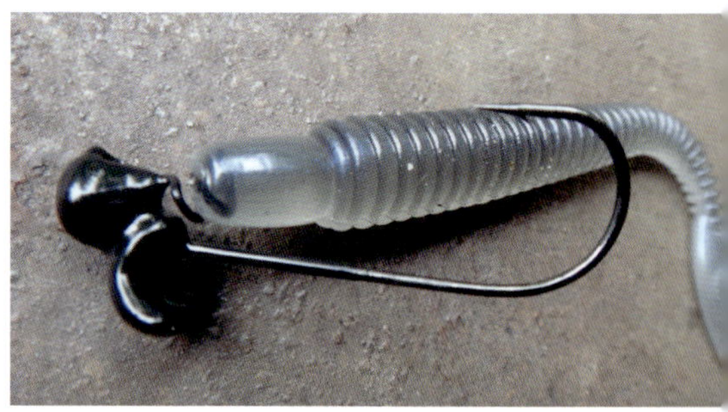

Köder auf den Shaky Head ziehen: Erst wird der Köder auf das Gewinde geschraubt. Dann den Haken am Köder anpassen und Köder aufziehen.

Wenig Volumen

Der Köder darf also nicht zu voluminös für den Haken sein. Allzu bauchige Gummiformen scheiden also ohnehin schon einmal aus. Meistens werden schlanke Gummiwürmer und wurmartige Köder für diese Montage eingesetzt. Sie haben eine ideale Passform für den Haken, und entwickeln die gewünschte Verführungskraft beim Wackeln. Auf den Fisch wirkt der wackelnde Köder auf der Stelle wie ein Wurm, der aus dem Boden kriecht oder ein Fischchen, das im Boden herumwühlt.

Eine zweite Ködergruppe macht sich ebenfalls sehr gut am Shaky Head, und zwar die der Gummikrebse. Der Gummikrebs wird mit seinem Hinterteil in die Spirale geschraubt und so angehakt, dass seine Scheren nach oben ragen. In leicht schräger Position am Boden nimmt er damit eine Haltung ein wie ein echter Krebs in Abwehrstellung. Lässt man ihn dabei ein wenig wackeln, wirkt er tatsächlich sehr natürlich und verführerisch.

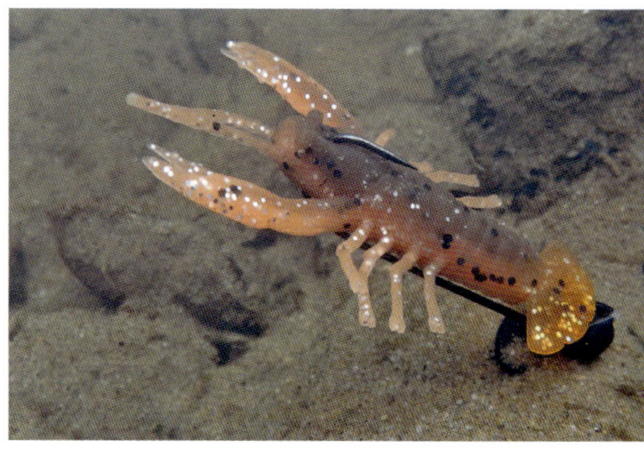

Wenn er sich richtig aufstellt, lässt sich ein Gummikrebs sehr gut am Shaky Head präsentieren.

Wann stehen?

Eine Montage, die auf dem Boden abgestellt wird, setzt man selbstverständlich nicht für weite Würfe und große Suchaktionen ein. Es versteht sich, dass Shaky Head etwas für relativ kurze Distanzen und für den ausgewählten Spot ist. Die Methode kommt an Stellen zum Einsatz, an denen mit hoher Wahrscheinlichkeit mit Fischen zu rechnen ist. Da der Köder nur über kurze Strecken bewegt wird, muss er zwangsläufig in seinem engen Wirkungsbereich Fische auf sich auf-

Spielraum lassen
Der Köder wird direkt auf den Hakenschenkel gezogen oder angeschraubt und vom Haken kurz durchstochen. Dabei sollte der Köder den Raum zwischen Spitze und Schenkel nicht zu sehr ausfüllen, ansonsten wird der Haken beim Biss nicht greifen und der Fehlbiss ist vorprogrammiert.

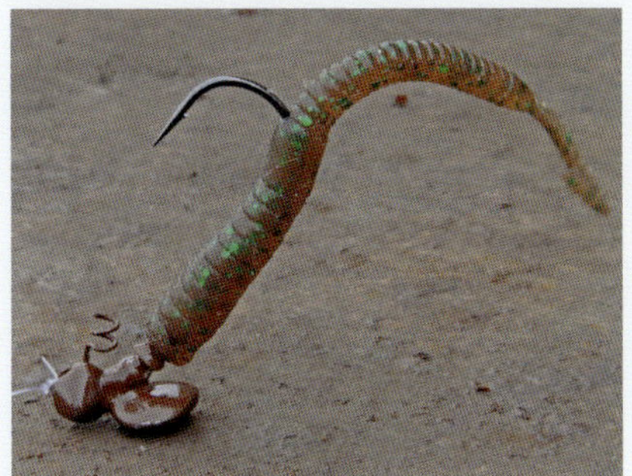

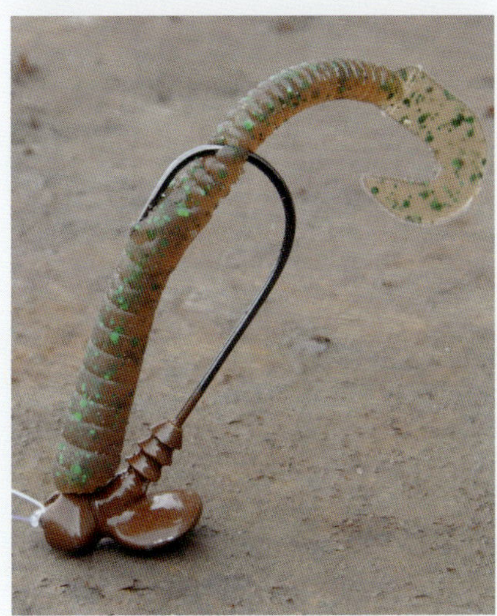

merksam machen. Sein Einzugsgebiet ist begrenzt, deshalb kommt er nur dort in Frage, wo er sofort gesehen wird, also am Hotspot.

Die Montage bezieht ihre besondere Stärke aus der Möglichkeit, einen Köder längere Zeit punktgenau anzubieten. Unentschlossene und träge Fische an einem Spot können damit durch die hartnäckige Präsentation des Köders auf der Stelle zum Biss überredet werden. Fische, die einen eilig gejiggten Köder vorüberziehen lassen würden, weil sie sich dafür nicht in Bewegung setzen, sind aber oft durchaus bereit, einen kleinen Flossenschlag zu machen, um die vermeintliche Beute zu erhaschen, die dicht vor ihrer Nase herumwackelt.

STAND UP-HEAD
Gummiwürmer und –fische am Stand Up-Head lässt man mittels Vibration der Rutenspitze auf der Stelle wackeln. Wenn kein Biss kommt, versetzt man den aufrecht montierten Köder mit einem Hüpfer auf die nächste Stelle.

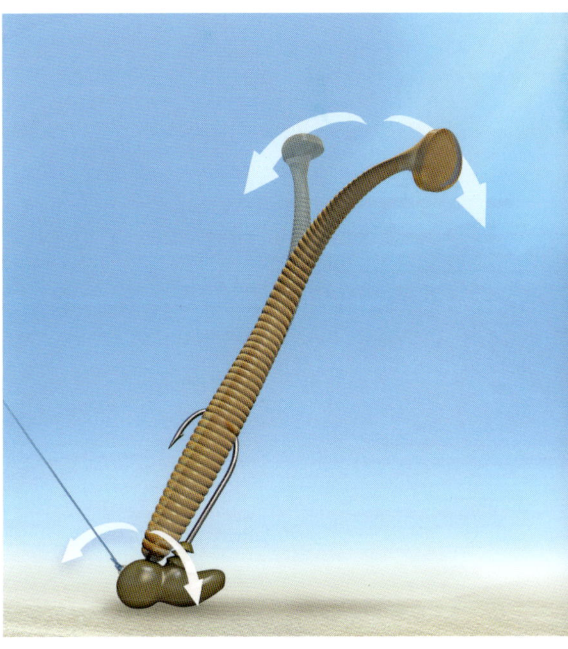

JIG-RIG – DAS BEWEGLICHE ZWISCHENDING

Es ist weder Jig noch Rig, das Jig-Rig ist eine Kreation zwischen festem Köder und Raubfisch-Montage. Durch die eigenen Möglichkeiten der Beweglichkeit wird es aber zu einem besonders verführerischen Zwischending.

Zum Jiggen braucht man gewöhnlich kein Rig, also keine wie auch immer geartete Montage. Denn der Jig ist ein Köder, den man einfach an der Hauptschnur oder am Vorfach befestigt, ohne noch irgendetwas anderes montieren zu müssen. Mit dem Jig-Rig kommt nun doch beim Jiggen eine Montage ins Spiel, die aus mehr als einem Haken mit Köder besteht.

Das Jig-Rig wird manchmal Jika-Rig oder nur Jika genannt, und es ist gekennzeichnet durch eine bewegliche Verbindung zwischen Haken und Blei. Im Einzelnen sieht es so aus: Als Haken wird in der Regel ein Wide-Gap-Haken verwendet, als Gewicht ein längliches tropenförmiges oder zylindrisches Blei mit Öhr. Die Verbindung zwischen Blei und Haken bilden in der gängigen Version des Jig-Rigs zwei Ringe.

Eigenbau-Rig

Fertige Jig-Rigs werden von der Firma Owner angeboten. Allerdings wird man sie in den wenigsten Angelläden bekommen. Das heißt, wer mit dieser Montage angeln will, muss sie sich meistens selber bauen, was allerdings kein Problem sein sollte, schließlich braucht man dafür nur drei Dinge, davon eines zweimal. Als Verbindungsringe zwischen Haken und Blei nimmt man einfach zwei Sprengringe. Es ist wichtig, tatsächlich zwei Ringe zu nehmen, damit die Montage

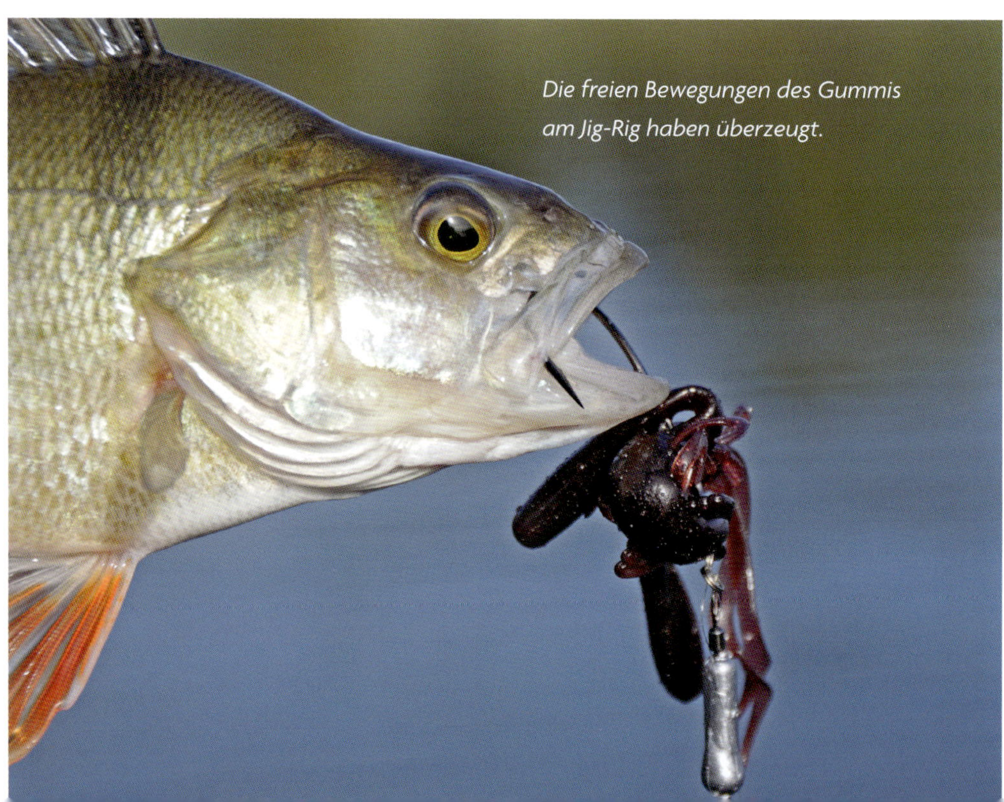

Die freien Bewegungen des Gummis am Jig-Rig haben überzeugt.

die erforderliche Beweglichkeit aufbringt. Die Schnur wird an dem Ring angebracht, der direkt mit dem Haken verbunden ist, damit Köder und Blei die richtige Ausrichtung bekommen. Als Blei kommt jedes längliche bis langtropfenförmige Blei mit Öhr in Frage. Es darf auch ein Dropshot-Blei sein, dessen Klammer dann jedoch zu einem Öhr erweitert werden muss.

Das Jig-Rig sieht auf den ersten Blick so aus, als wäre es ein wenig ungelenk und würde dazu neigen, sich in sich selbst zu verfangen. Das ist aber keineswegs der Fall. Die Montage hat ganz im Gegenteil sogar sehr gute Flugeigenschaften und zeigt keine Tendenzen, sich zu verheddern. Die Erklärung ist reine Physik: Das schwere und stromlinienförmige Blei fliegt nämlich voran durch die Luft und zieht den Köder hinter sich her. Beim Auftreffen aufs Wasser und Abtauchen passiert genau dasselbe. Das Blei strebt voran, und der Köder folgt. Um sicher zu gehen, dass alles die richtige Reihenfolge behält, lässt man die Montage an leicht gespannter Schnur absinken.

Bewegung auf der Stelle

Sobald man den Kontakt zum Jig-Rig am Boden aufgenommen hat, merkt man den Unterschied zu einem Jig oder einem Köder am Jighaken. Ein fester Köder befindet sich nämlich entweder ganz am Boden oder ganz im Wasser. Mit dem Jig-Rig gibt es nicht nur Entweder-oder, sondern auch noch einiges dazwischen, und das macht die Montage spannend. Die Montage setzt mit dem unteren Ende des länglichen Bleis auf, damit hat sie zwar den Boden erreicht, aber der

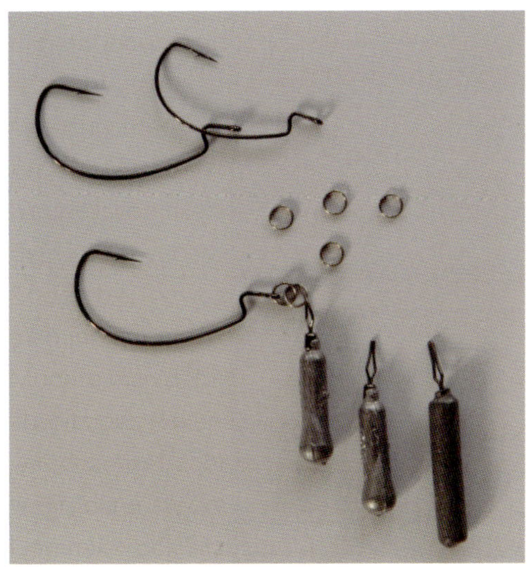

Das Jig-Rig lässt sich aus Wide-Gap-Haken, Sprengringen und langen Dropshot-Bleien ganz einfach selber machen.

Köder befindet sich noch teilweise oder ganz darüber. Nun kann man das Blei langsam absinken oder kippeln lassen, man kann den Köder also bewegen, ohne ihn vom Boden abzuheben. Das führt zu ganz neuen, unwiderstehlichen Formen der Köderpräsentation.

Das, was das Jig-Rig vom Jig bzw. Jiggen unterscheidet, sollte man beim Einsatz der Montage voll ausnutzen. Natürlich wird der Köder auch in diesem Fall durch einen Ruck vom Boden abgehoben und damit um ein Stückchen versetzt, wenn er sich jedoch am Boden befindet, dann lässt man ihn spielen. Erfühlen Sie, wie Sie das Blei kippeln lassen können und wie damit der Köder auf- und abwackelt. Stellen Sie sich vor, wie ein Raubfisch diesen Köder beobachtet, der vor seinen Augen herumwackelt und zuckt. Das hat eine enorme Wirkung auf seinen

Jagdinstinkt. Vielleicht packt er noch nicht gleich dabei zu, aber wenn der Köder dann wieder vom Boden abhebt, um scheinbar zu flüchten, dann ist es um ihn geschehen – den Köder, aber auch den Räuber.

Köder mit Gliedmaßen

Um welchen Köder genau es geschehen sein soll, da hat der Angler viele Möglichkeiten. Aber schauen wir uns das Bewegungsschema einmal genauer an, dann bekommen wir eine Ahnung, welche Köderformen sich am besten eignen. Die besondere Qualität des Rigs liegt in der wackelnden Bewegung des Köders am oder dicht über dem Boden. Damit erzielt man die besten Ergebnisse bei Gummiködern mit Gliedmaßen, die dabei zittern und vibrieren. Weniger effektiv sind Köder ohne Gliedmaßen wie Gummifische und -würmer. Die idealen Gebilde fürs Jig-Rig sind also Creature Baits, Gummis mit Fransen und auch Krebse machen eine gute Figur an dem Rig.

Die Grenzen zwischen realistischer Präsentation eines Gummikrebses und phantastischer Darbietung eines Creature Baits sind beim Jig-Rig fließend. Die Köderführung lässt sich eigentlich genauso wenig fest einordnen wie das Rig, das ja ein Zwischending zwischen fester und beweglicher Montage ist. Das Jig-Rig und die Köderführung damit sind eben etwas anderes, und das macht die Sache interessant an viel beangelten Gewässern und auf erfahrene Fische.

Obwohl das Jig-Rig sehr gute Flugeigenschaften hat, sollte man es eher auf kurze bis mittlere Distanzen einsetzen, um ein wirklich gutes Gefühl für die Bewegung der Montage zu haben. Das Auf und Ab des frei eingehängten Bleies ist schließlich der Clous des Rigs, und den sollte man so gut wie möglich ausspielen.

JIG-RIG: Das Jig-Rig sieht nicht gerade aus wie ein Bewegungswunder, aber es meistert die Fortbewegung ausgezeichnet. Weil das hängende Blei immer den vorderen und unteren Schwerpunkt bildet, lässt sich die Montage gut bewegen und versetzen.

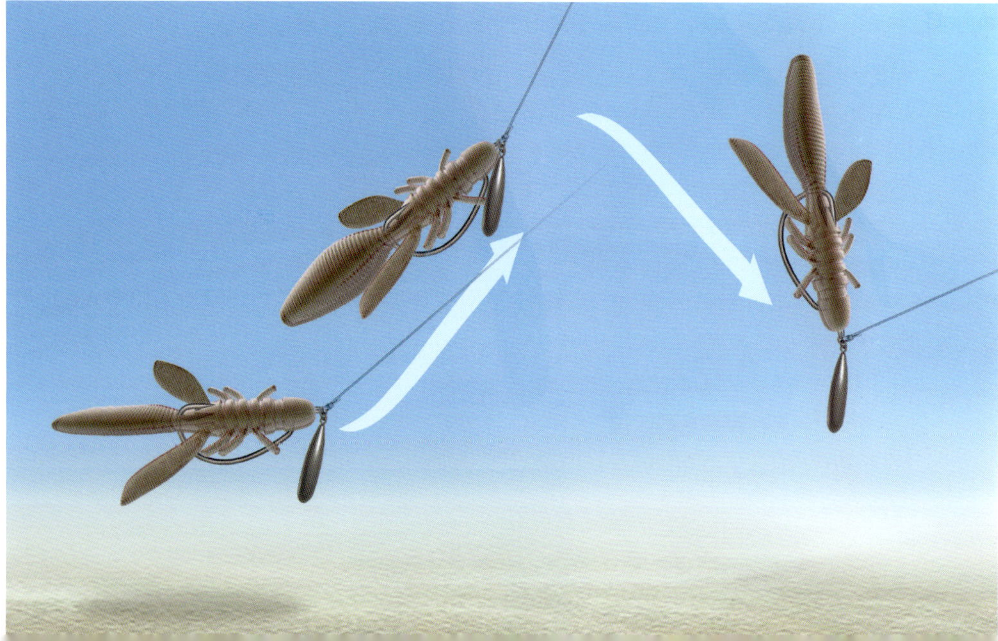

DROPSHOT – SCHWEBENDE GUMMIS

Gummiköder und Bleigewicht werden voneinander getrennt, damit der Köder im Wasser frei vor den Mäulern der Fische schweben kann. Dropshot bietet eine ganz andere Form der Köderpräsentation als alle herkömmlichen Techniken.

Wer der Überzeugung ist, ein Kunstköder gehört unbedingt ans Ende der Angelschnur, muss mit der Dropshot-Montage umdenken lernen. Bei ihr sitzt das Blei am Ende der Schnur und der Köder darüber. Für traditionelle Spinnfischer auf den ersten Blick eine unverständliche Anordnung, denn sie sind es gewohnt, den Köder auszuwerfen und durchs Wasser zu ziehen. Mit der Dropshot-Montage macht man etwas anderes, man stellt den Köder eher im Wasser ab.

Schauen wir uns aber zunächst die Dropshot-Montage näher an: Die Montage wird entweder mit durchgehender Fluorocarbonschnur oder mir geflochtener Hauptschnur und Fluorocarbonvorfach eingesetzt. Der Haken wird, wie angedeutet, nicht ans Ende der Schnur gebunden, sondern mit dem Palomar-Knoten praktisch mitten auf das Vorfach gebunden. Hält man dieses senkrecht, soll der Haken rechtwinklig von der Schnur abstehen. Unterhalb des Hakens verbleiben noch 20 bis 40 Zentimeter Schnur, je nachdem, wie dicht über Grund man den Köder anbieten möchte.

In das Schnurende wird das Blei eingehängt. Richtige Dropshotbleie haben keine runde Öse, sondern eine längliche Spange, in die man die Schnur nur einklemmen und nicht unbedingt festknoten muss. Wenn die Schnur nur eingeklemmt wird, kann man den Abstand zwischen Köder und Blei leicht verändern. Wer Angst um sein Blei hat oder ein Blei mit Öse verwendet, sichert es doch mit einem Knoten. Das schadet der Montage schließlich nicht.

Für den Spot

Der Montage sieht man sofort an, dass mit ihr etwas anderes geschieht als beim konventionellen Spinnfischen. Die Dropshot-Montage wird nicht ausgeworfen und eingekurbelt, vielmehr lässt man das Blei auf den Grund absinken und hält die Montage

Rute in der 10-Uhr-Stellung und Kontakt zum Boden halten. So hat man die Dropshot-Montage in der Grundhaltung.

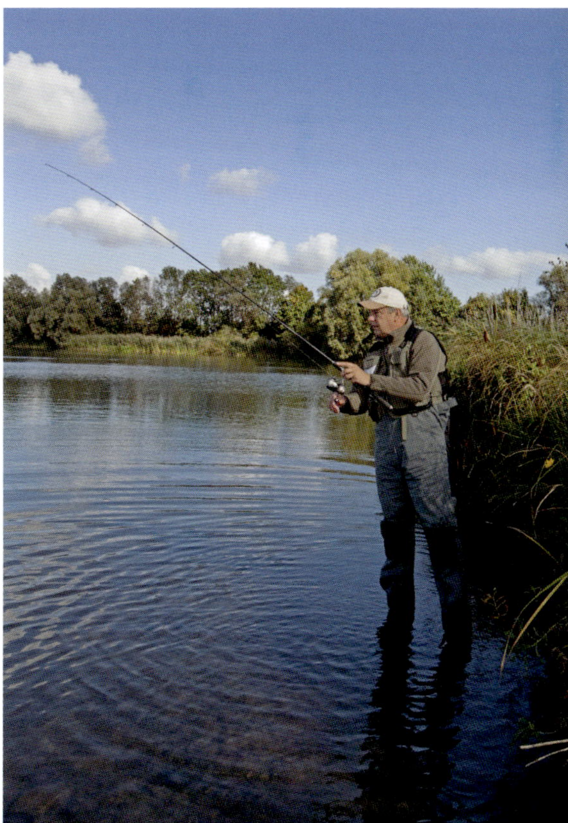

auf der Stelle. Dazu hebt man die Rute in die 10- bis 11-Uhr-Position und spannt die Schnur so straff, dass sie eine gerade Linie vom Blei am Gewässergrund bis zur Rutenspitze bildet. Nun steht der Gummiköder in dem zuvor bestimmten Abstand zum Boden waagerecht im Wasser und bewegt sich nicht. Wem das zu wenig Bewegung ist, der mag sich vor Augen halten, dass die meisten Fische die meiste Zeit des Tages kaum etwas anderes tun als auf der Stelle zu stehen und sich nicht zu bewegen.

Wenn man dann die ersten Bisse bekommt und Fische fängt, hat man den endgültigen Beweis dafür, dass man einen Gummifisch nicht unbedingt bewegen muss. Es reicht vollkommen, ihn unbewegt auf der Stelle stehen zu lassen. So ganz und gar unbewegt steht er dort aber ja doch nie. Denn im Wasser gibt es immer etwas Strömung, die Rute hält man auch nicht ganz ruhig, und wenn man vom Boot aus angelt, bewegt sich dieses sicherlich auch noch. Irgendwie ist also immer für leichte Bewegung des Köders gesorgt und damit für den Eindruck, er würde leben.

Schließlich wird die Dropshot-Montage aber nicht für den Rest des Angeltages an einer Stelle abgestellt. Sie wird Stück für Stück eingeholt, immer wieder lässt man sie für einige Zeit, also für mehrere Sekunden, auf einer Stelle stehen, dann holt man sie mit einer zupfenden Rutenbewegung ein Stück zu sich heran und lässt sie wieder auf der Stelle stehen. Auf diese Weise angelt man einen eng begrenzten Bereich oder eine kurze Strecke sehr langsam und sehr systematisch ab.

Heikle Fische

Dropshot sieht also nicht nur besonders aus, es wird auch besonders eingesetzt. Aber wann genau ist Zeit fürs Dropshotting? Da die Methode nicht für große Wasserflächen geeignet ist, sondern für die eng begrenzte und klar definierte Stelle, ist schon einmal klar: Diese Methode ist für den Spot bestimmt, um nicht zu sagen für den Hotspot. Mit Dropshot wird nicht nach Fischen gesucht, damit werden Fische beangelt, von denen man weiß oder zumindest begründet annehmen darf, dass sie da sind.

Kennzeichnend für Dropshot: Der Köder steht am Haken rechtwinklig zur Vorfachschnur, das Blei befindet sich darunter.

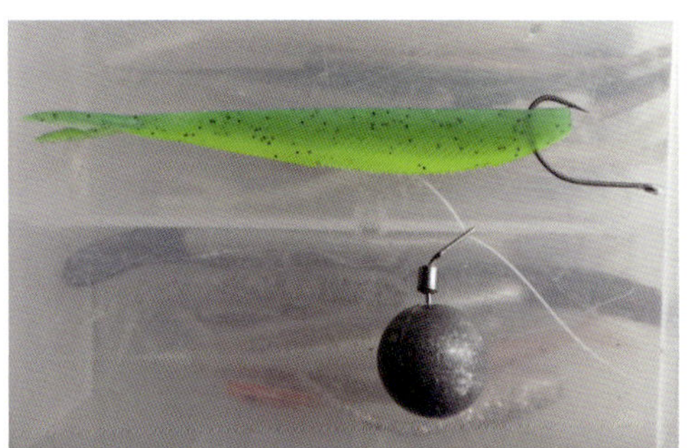

Auf passive Zander kann der Köder an der Drosphot-Montage extrem wirkungsvoll sein.

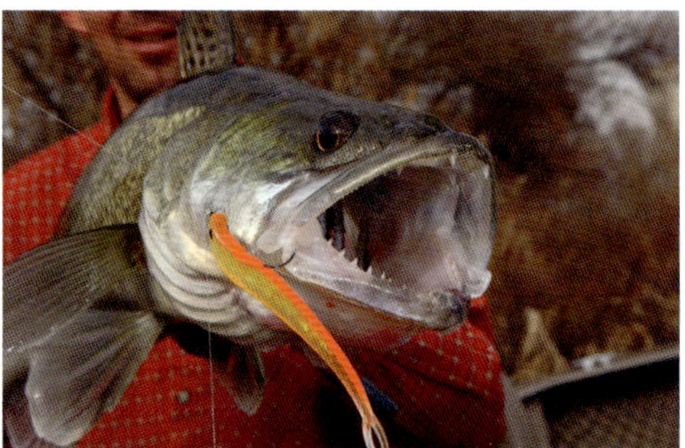

Dropshot ist die Kunst, Fische zum Zubeißen zu überreden, insbesondere solche Fische, die alle üblichen Spinnköder an sich vorüberziehen lassen. Es geht also um heikle Fische, die schon viele Köder gesehen haben und nicht mehr so leicht auf sie hereinfallen, und um Fische, die gar nicht unbedingt auf Beutejagd sind und nicht übermäßig viel Energie investieren würden, um eine Beute packen zu können.

Dass die schwierigen Fische dann doch auf den Dropshot-Köder hereinfallen, hat seine Gründe. Nun wird ihnen nämlich auf einmal eine vermeintlich leichte Beute angeboten, eine Beute, die nicht eilig durchs Wasser schwimmt, sondern auf der Stelle steht. Das ist zudem noch eine Provokation, seelenruhig vor dem Fressfeind auf der Stelle zu stehen, statt die Flucht zu ergreifen. Wenn der Köder dann auch noch ins Beuteschema passt, gibt es eigentlich keine Zurückhaltung mehr: Entweder aus Hunger oder aus Wut muss da hineingebissen werden.

Dropshot ist eine Methode für enge Räume und für heikle Fische, aber auch für besonders schwierig zu beangelnde Stellen. Es ist sogar oft die einzige Methode für problematische Stellen. Wie wollte man sonst einen Köder vor einer unterspülten Baumwurzel platzieren oder zwischen dem Geäst eines im Wasser liegenden Baumes? Solche Stellen, an denen immer gern ein Räuber auf der Lauer liegt, der sich aber nicht weit hinauswagt und der nur darauf wartet, dass ihm ein Beutetier zu nahe kommt, sind das Terrain für die Dropshot-Montage.

DROPSHOT: Die Dropshot-Montage steht die meiste Zeit auf der Stelle. Das Blei bleibt am Boden, der Köder wird durch leichte Schnurzupfer bewegt. Wenn sich auf der Stelle nichts tut, wird die Montage durch einen Ruck mit der Rute ein Stück versetzt.

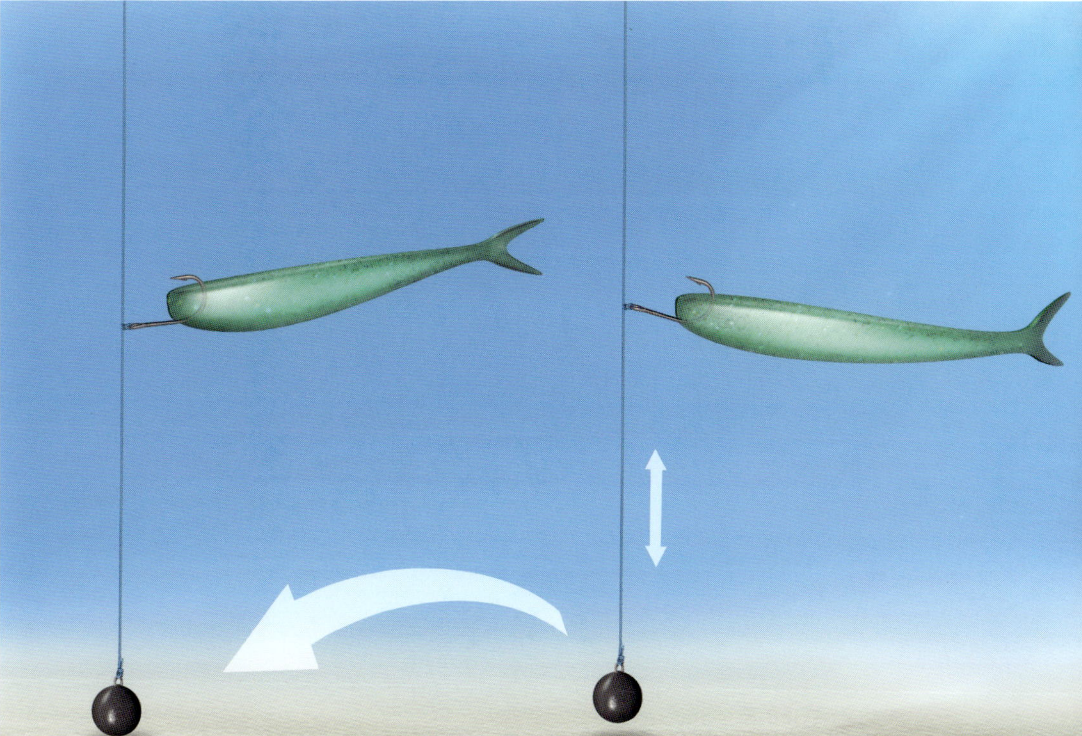

Dropshot-Haken

Der Öhrhaken zum Dropshotting wird klassisch mit dem Palomar-Knoten angebunden. Da dieser Knoten und die Positionierung des Hakens einigen Anglern Probleme bereiten, wurden verschiedene Hakenformen entwickelt, die das Befestigen und Ausrichten erleichtern sollen. Es gelingt mit all diesen Haken auch eine gute Positionierung an der Schnur, aber alle haben sie auch Hilfskonstruktionen, die den Haken größer und schwerfälliger machen. Diese Haken bieten also auf der einen Seite eine Erleichterung, auf der anderen Seite nehmen sie der Montage etwas von ihrer charakteristischen Leichtigkeit. Am besten ist deshalb immer noch der einfache Öhrhaken.

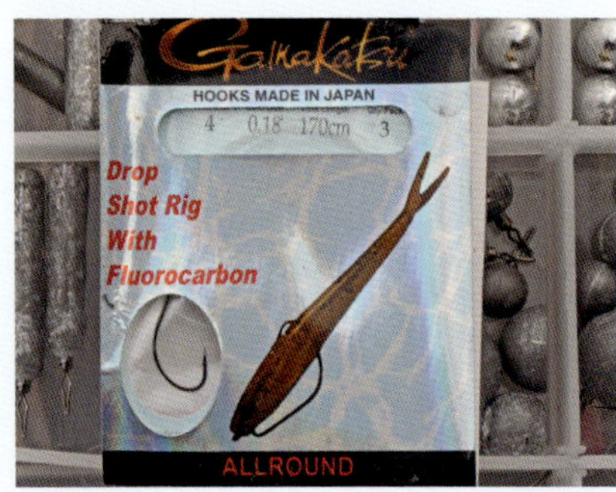

Schlanke Köder

Der Dropshot-Köder wird schwebend über dem Gewässerboden angeboten. Nun gibt es nicht allzu viele unterschiedliche Wasserbewohner, die in dieser Position anzutreffen sind, und deshalb kommen auch nicht sehr viele Gummiformen in Frage, die bei der Imitation authentisch wirken. Nur Fische stehen

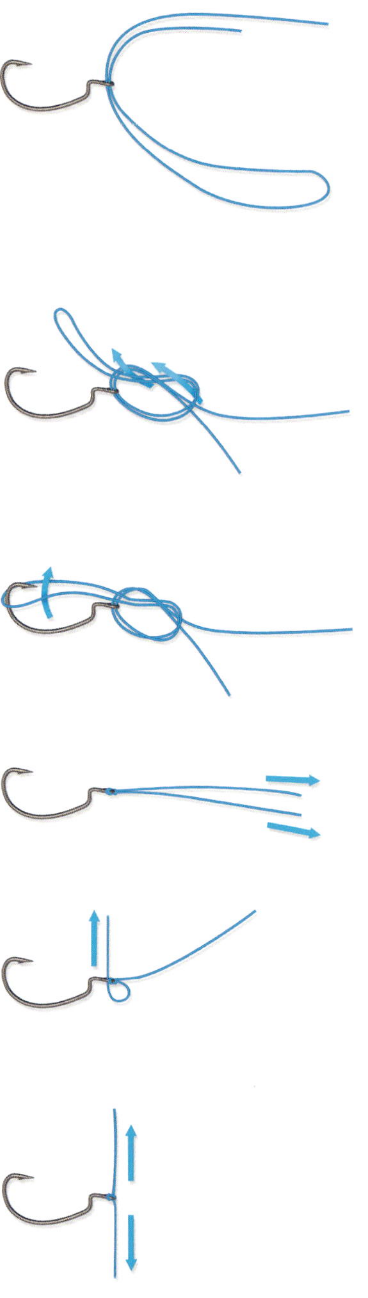

PALOMAR-KNOTEN
Zum Dropshotting braucht man den Palomar-Knoten. Er stellt die beste Verbindung des Hakens mit dem Vorfach her.

Dropshot-Bleie

Kennzeichen der Dropshotbleie ist die spangenartige Öse, in die man die Schnur einklemmt, ohne sie knoten zu müssen. Die Bleie sind kugel- oder stabförmig. Die runden Bleie lassen sich besser werfen und kontrollierter am Gewässerboden halten. Längliche Bleie nimmt man eher, wenn man den Köder in der Strömung driften lassen will. Ein längliches Blei setzt sich nicht so leicht am Boden fest. Wer in harter Strömung dropshotten will, kann sich auch schwerer Birnen- und anderer Grundbleie mit Öse bedienen. Aus Tungsten gefertigte Gewichte sind bei gleichem Volumen schwerer als solche aus Blei.

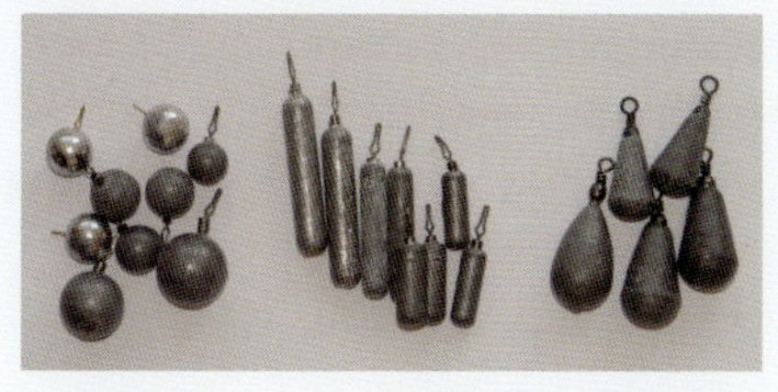

im Wasser auf der Stelle, alle anderen Lebewesen im Wasser stehen nicht reglos auf der Stelle. Deshalb ist damit auch die erste Wahl des Gummiköders recht einfach, es ist unbestritten der Gummifisch.

Welche Gummifische sich fürs Dropshotting eignen, liegt auf der Hand, es sind schlanke Formen mit gegabeltem oder spitz zulaufendem Schwanz, sogenannte Pintails. Es sind Gummifische der Kategorie No-Action-Shad, die keine oder nur eine geringe Eigenbewegung aufbringen, dabei aber gut waagerecht im Wasser stehen. Da der Gummifisch an der Montage kaum bewegt wird, braucht er auch keine Attribute wie einen Tellerschwanz oder Rippen, die auf starke Bewegung abzielen.

Der schlanke Gummifisch ist also die unbestrittene Nummer 1 unter den Dropshot-Ködern. Danach kommt lange Zeit gar nichts, dann darf man aber auch Gummiwürmer, Sticks, Creature Baits oder Tuben am Dropshothaken anbieten. Allerdings sollte man sich immer die Frage stellen: Wie wirkt dieser Köder unbewegt auf der Stelle im Wasser? Im Zweifelsfall schaut man sich ihn im klaren Wasser einmal an. Hängt der Köder schlaff herunter, dann wird er keinen besonders verführerischen Eindruck auf die Fische machen. Denn auf diese Weise imitiert er nichts und er reizt auch nicht. Wenn am Dropshot ein Köder angeboten wird, der Bewegung braucht, um zu wirken, dann muss er diese auch bekommen. Das heißt, er wird in einem Fließgewässer angeboten, in dem die Strömung den Köder streckt und spielen lässt, oder er muss vom Angler mit intensiverer Rutenbewegung lebhaft gehalten werden.

Durch die Nase

Wenn es um den Haken und das Anhaken des Köders geht, gibt es viele Missverständnisse bezüglich der Dropshot-Montage. Denn allzu oft werden exorbitante Hakenmodelle, große Offset- und Wide-Gap-Haken mit der Montage in Verbindung gebracht. Dabei sind eigentlich viel zierlichere Haken für das Dropshotting vorgesehen, recht einfache und verhältnismäßig kleine Rundhaken nämlich. An diesen Haken wird der Köder klassisch nose-hooked angehakt, das heißt, der Haken wird nur durch die Nase, also die vordere Spitze gezogen. Auch wenn sich der Haken manchmal im Verhältnis zum Köder recht klein ausnimmt, besteht kein Grund zur Sorge, der Fische könnte nicht gehakt werden. Barsch und Zander saugen den Köder förmlich ein, und dabei besteht meistens keine Gefahr, dass sie den Köder verpassen. Andere, größere Haken kommen nur in begründeten Ausnahmefällen an die Dropshot-Montage, wenn beispielsweise mit wirklich außergewöhnlich großen oder bauchigen Ködern geangelt wird. Auch beim gezielten Dropshotting auf Hecht, wenn also die Dimensionen etwas anders sind, kann ein größeres Hakenmodell sinnvoll sein. Bei den üblichen Dropshot-Gummiködern beeinträchtigt ein zu großer Haken aber die Präsentation.

Der Köder wird beim Dropshotting nose-hooked angeboten, also vorne durch die „Nase“ angehakt.

Dropshot-Varianten

Die klassische Dropshot-Montage wurde inzwischen schon auf vielfältige Weise variiert. Alle experimentierfreudigen Angler finden in der Montage ein reiches Betätigungsfeld für Veränderungen und Verfeinerungen. Hier wollen wir nur einige der wichtigsten erwähnen. Ein Dropshot-Vorfach kann selbstverständlich nicht nur mit einem,

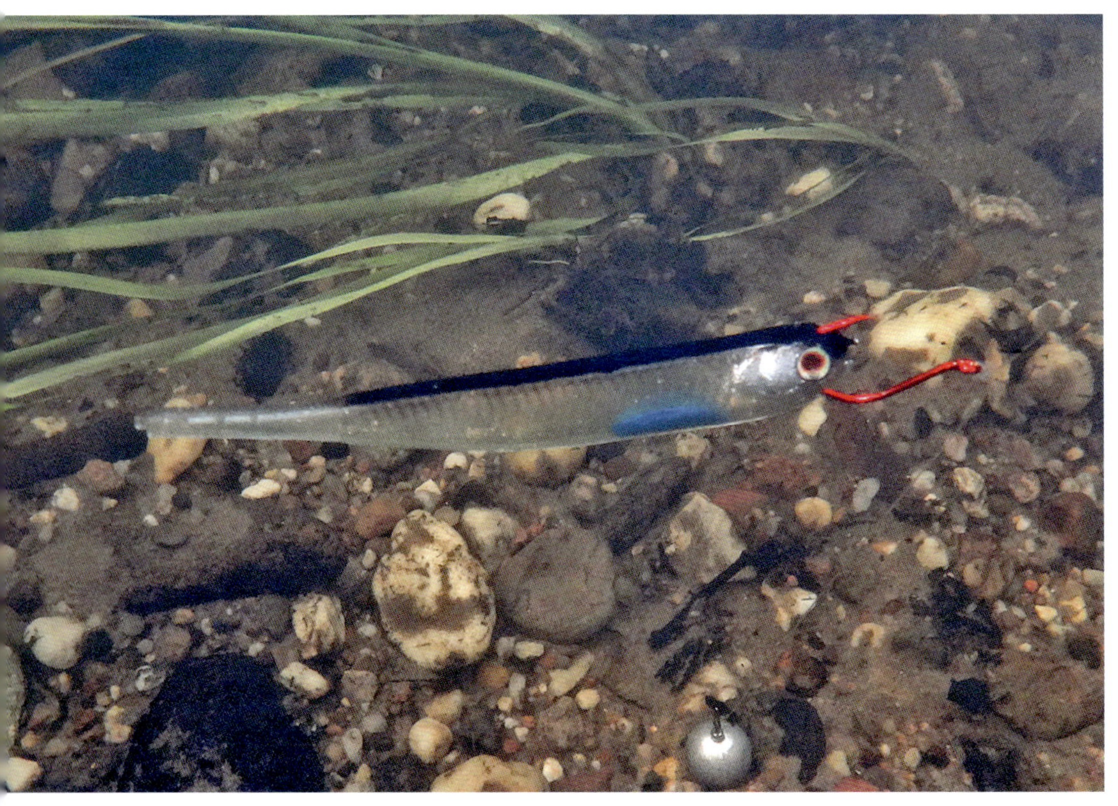

sondern auch mit zwei Haken versehen werden. Mit zwei Haken im Abstand von 20 Zentimeter haben Sie nicht nur doppelte Chancen, die Aufenthaltstiefe der Fische herauszufinden. Sie können auch stets mit zwei unterschiedlichen Ködern gleichzeitig experimentieren. So finden Sie schnell heraus, welche Köderform und -farbe am besten ankommt.

Statt den Haken direkt ans Vorfach zu binden, kann man ihn auch an einen Seitenarm knoten. Die Dropshot-Montage mit Seitenarm erlaubt dem Köder mehr Beweglichkeit und dem Fisch ein leichteres Einsaugen. In der Strömung verleiht der Seitenarm dem Köder ein besonderes Spiel. Allerdings muss man die Montage mit höchster Aufmerksamkeit führen, denn durch den Seitenarm hat man nicht mehr den ganz direkten Kontakt.

Um die Montage gegen Hechtzähne sicher zu machen, wird das Vorfach aus Stahldraht gefertigt. Der Öhrhaken wird daran zwischen zwei Quetschhülsen fixiert. Der Draht wird wie eine Schnur in die Spange am Blei eingezogen. Ist der Draht zu dick, wird am Ende ein Karabiner angebracht, in den das Blei eingehängt werden kann.

Die Dropshot-Montage kann (wenn erlaubt) auch mit zwei Haken gefischt werden, das bringt im Idealfall gleich zwei Fische.

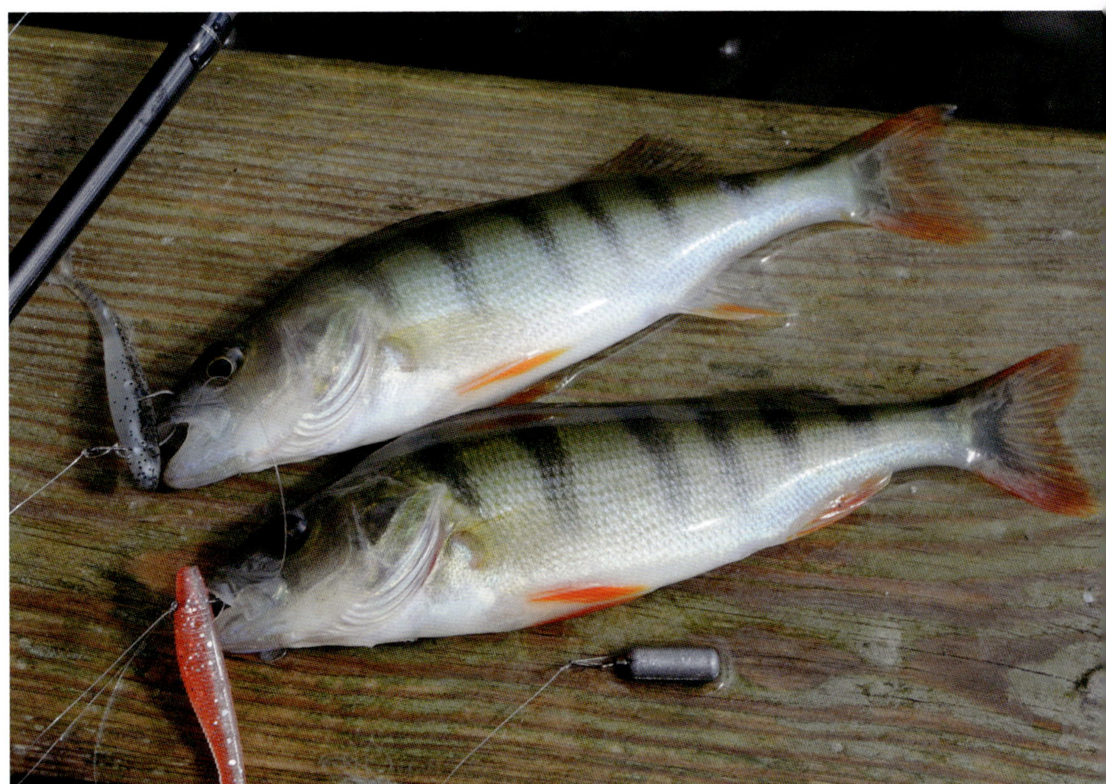

Fluorocarbon

Fluorocarbon gilt als das Nonplusultra bei der Schnurwahl fürs Dropshotting und andere Finesse-Techniken. Den Hauptgrund bildet die geringe Sichtbarkeit der Schnur unter Wasser. Fürs menschliche Auge ist sie in der Tat fast unsichtbar. Ob das auch für Fische zutrifft, ist ungeklärt. In Vergleichsversuchen haben die Fische genauso gut auf Köder an herkömmlichen Monofilschnüren gebissen. Für Fluorocarbon sprechen aber die Abriebfestigkeit und die Haltbarkeit des Materials. Auch bei einem außerplanmäßigen Hechtbiss hat man mit Fluorocarbon bessere Chancen, den Fisch zu landen. Fluorocarbon soll also gerne die erste Wahl sein bei den modernen Spinntechniken. In den meisten Fällen schneidet man mit einem Vorfach aus anderer Monofilschnur aber nicht schlechter ab.

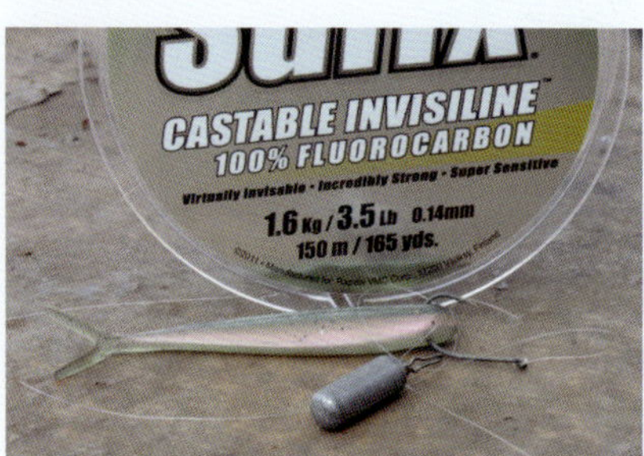

Dropshot-Rute

Dropshotting ist eine Methode für viel Feingefühl. Dazu braucht man auch eine feinfühlige Rute mit einer sensiblen Spitze. Sehr nützlich sind spezielle Ruten mit mehrteiligem Griff, die einem einen direkten Kontakt zum Blank erlauben. Dadurch hat man einfach mehr Gefühl für Köder und Montage. Vom Boot und auf kurze Distanz ist eine kurze Rute von 2,10 Meter ideal, vom Ufer und auf größere Distanz darf es schon eine 2,70 Meter lange Rute sein. Das Wurfgewicht der Rute sollte sehr genau mit dem tatsächlichen Gewicht der Montage harmonieren. Da man in der Regel nicht mehr als 5 bis 15 Gramm wirft, hat man damit eine gute Vorgabe fürs Wurfgewicht. Nur für harte Strömung muss man zu schwererem Blei und damit einer Rute mit höherem Wurfgewicht greifen.

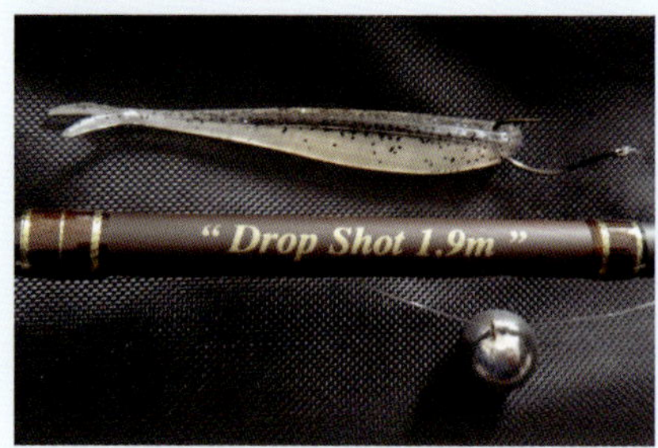

TEXAS-RIG – LEICHTIGKEIT TROTZ BLEIGEWICHT

Das Blei befindet sich vor dem Köder wie bei einem Jig, aber beim Texas-Rig ist es nicht fest montiert, sondern beweglich auf der Schnur. Diese kleine geniale Veränderung macht den Köder leicht und lässt den Fisch beim Biss keinen Widerstand spüren.

Auf den ersten flüchtigen Blick sieht ein Gummiköder am Texas-Rig so ähnlich aus wie ein Köder am Bleikopf. Im Prinzip kann er am Texas-Rig auch ganz ähnlich behandelt werden wie am Jighaken. Der große Unterschied besteht jedoch darin, dass das Blei und der Haken beim Texas-Rig voneinander getrennt sind und das Blei zudem beweglich auf der Schnur angebracht ist.

So sieht das Ganze genau aus: Die Montage wird direkt an die Hauptschnur oder an ein Vorfach montiert. Meistens wird Fluorocarbon für die Montage bevorzugt, was sich besonders in hindernisreichen Gewässern durch die hohe Abriebfestigkeit bezahlt macht. Zunächst wird ein Geschossblei auf die Schnur gezogen (Schnur durch das spitze Ende einfädeln), anschließend wird eine Glasperle aufgefädelt. Die Glasperle sollte so groß sein, dass sie das konkave Ende des Bleis gut füllt. Und schließlich wird der Haken angeknotet. In aller Regel wird die Montage mit einem Offset-Haken geangelt.

Barsch am Texas-Rig. So sieht die Montage ziemlich grob aus, sie sorgt jedoch für eine schwerelose Köderbewegung.

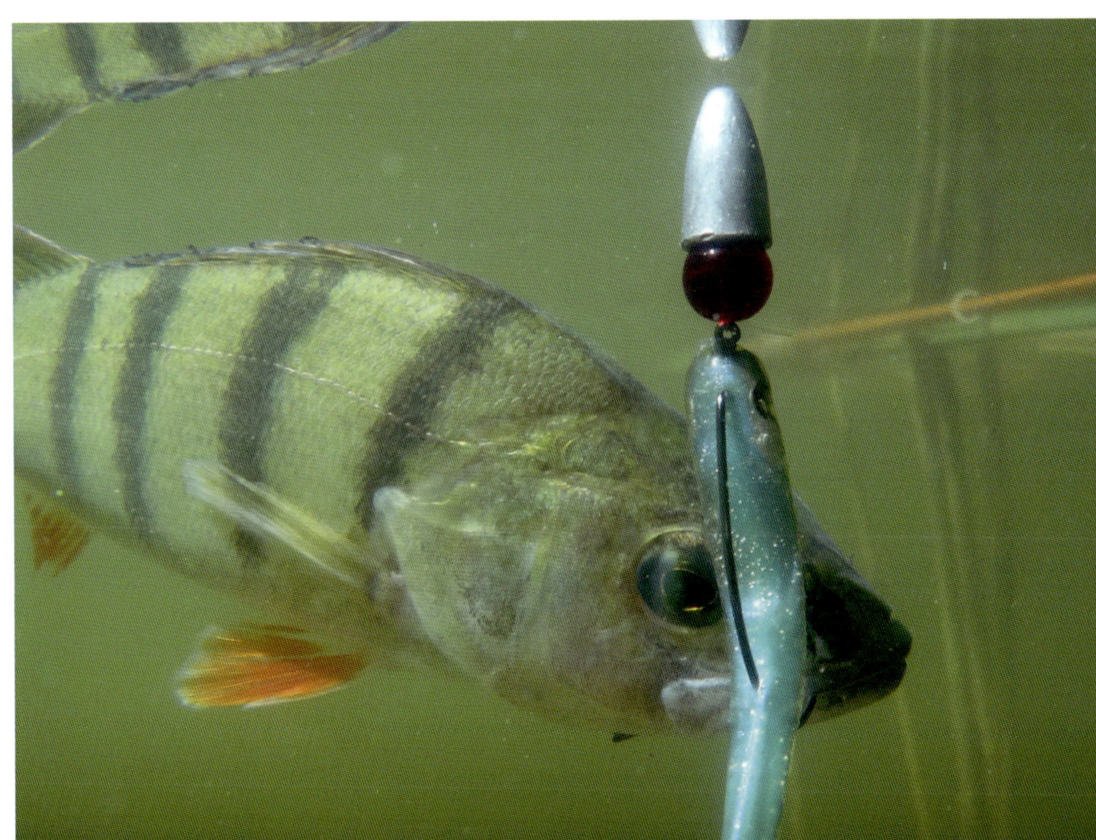

Vorteil der Beweglichkeit

Das auf der Schnur gleitende Blei macht den Unterschied zur Jig-Montage aus, und es verleiht dem Texas-Rig seine besonderen Eigenschaften und Vorzüge. Mit dem frei beweglichen Blei erzeugt die Montage beim Jiggen eine ganz andere Köderbewegung, denn das Blei zieht den Köder nicht wie ein Jighaken herunter. Das Blei löst sich in der Abwärtsbewegung vom Köder und sinkt eigenständig ab. Der leichtere Köder kommt im Schwebflug langsam hinterher. Dieses langsame Absinken erzeugt eine ganz besondere Reizwirkung, weil der Köder ähnlich wie ein sterbendes Fischchen zum Grund sinkt und dem Räuber wie eine leichte Beute erscheint.

Diesen Eindruck hat der Fisch auch noch, wenn er zugepackt hat. Denn nun macht sich ein weiterer Vorteil der Montage bemerkbar. Der Fisch muss kein schweres Blei anheben wie mit dem Köder am Jigkopf, denn die Schnur läuft beim Texas-Rig schließlich durch das Blei, und damit spürt der Fisch beim Biss keinen Gewichtswiderstand. Leichtigkeit im Absinken und Leichtigkeit, wenn der Köder genommen wird, das sind die beiden großen Vorzüge des Texas-Rigs.

Das sind aber noch nicht alle Besonderheiten des Texas-Rigs. Da wäre nämlich noch die kleine aber bedeutende Komponente der Glasperle zwischen Köder und Blei. Sie soll nicht nur den Aufprall des Metalls auf den Schnurknoten am Öhrhaken verhindern. Die

TEXAS-RIG

Die Trennung von Köder und Blei sorgt beim Texas-Rig für die buchstäblich unbeschwerte Beweglichkeit des Köders – und für den Knalleffekt, wenn Blei und Perle aufeinander treffen.

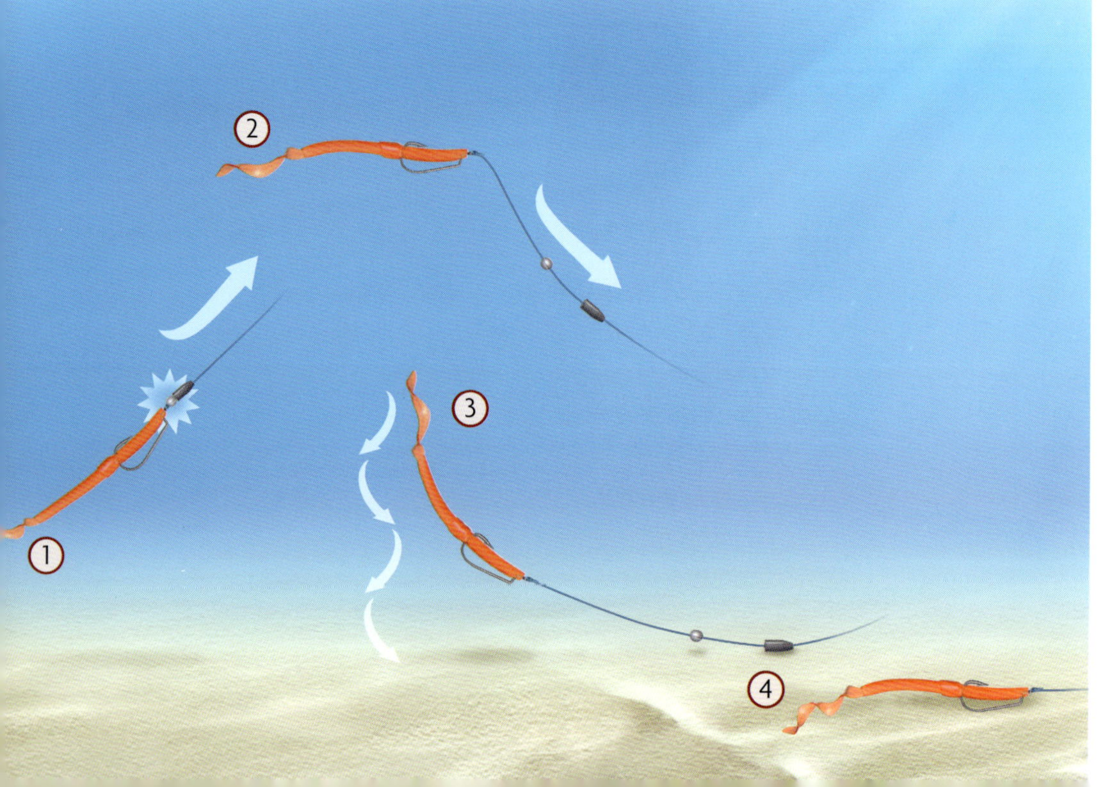

Schwere Geschosse

Das frei auf der Schnur gleitende Bullet- oder Geschossblei bildet einen charakteristischen Bestandteil des Texas-Rigs. Das Gewicht richtet sich nach der Gewässertiefe und dem Strömungswiderstand. Mit der Ausführung aus Tungsten kann man das Geschoss bei gleichem Gewicht wie Blei kleiner wählen. Und mit einem farbigen Geschossblei lässt sich noch ein optischer Akzent setzen.

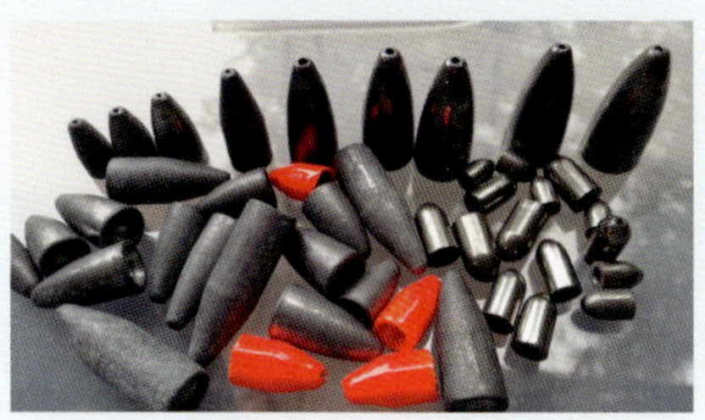

Perlen vor die Fische

Die Glasperle zwischen Köder und Blei stellt ein kleines aber wichtiges Detail der Montage dar. Sie sorgt für den akustischen Reiz beim Zusammenprall mit dem Blei. Dafür sollte sie hart genug sein, um einen Klang zu erzeugen. Facettierte, bunte Perlen bringen zudem noch eine interessante farbliche Note ins Spiel.

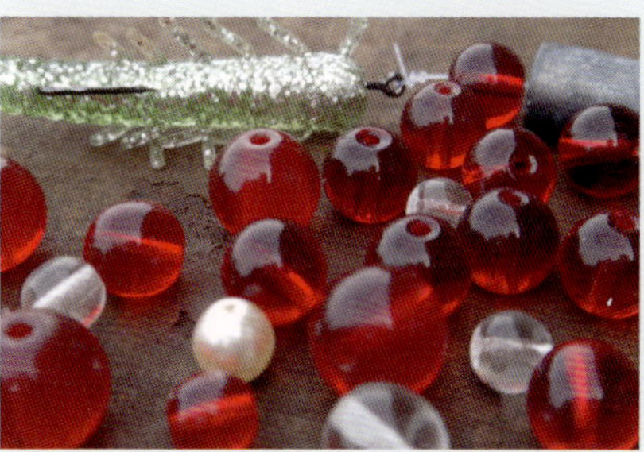

Glasperle sorgt auch für einen akustischen Reiz der Montage, denn jedes Mal, wenn die Montage mit Schwung vom Boden abgehoben wird, knallen Blei und Perle zusammen und erzeugen ein klackendes Geräusch, das die Aufmerksamkeit der neugierigen Fische auf den Köder lenkt.

Und noch etwas spricht für das Texas-Rig: Weil die Montage von der Spitze des Geschossbleies angefangen schlank und stromlinienförmig aufgebaut ist und keine Ecken und Kanten hat, die mit Hindernissen in Konflikt kommen, eignet sie sich hervorragend für schwierige Gewässer mit Hängergefahren. Die Montage schlängelt sich geradezu über Hindernisse hinweg und zwischen ihnen hindurch. Wenn die Hakenspitze leicht im Gummiköder verborgen ist, kann das Rig durch Gewässerstrecken geführt werden, in denen die meisten anderen Köder hängenbleiben würden.

Gefahrenlos im Hindernis

Wer seinen Gummiköder durch Gewässer voller Hindernisse jiggen will, der ist mit dem Texas-Rig gut beraten. Aber dieses Rig wurde nicht allein für schwierige Gewässersituationen entwickelt. Wann also soll man zum Texas-Rig statt zu irgendeiner anderen Montage greifen?

Zunächst einmal muss man sich darüber im Klaren sein, dass dieses Rig wie auch die Dropshot-Montage zu den Finesse-Techniken gehört. Mit anderen Worten, diese

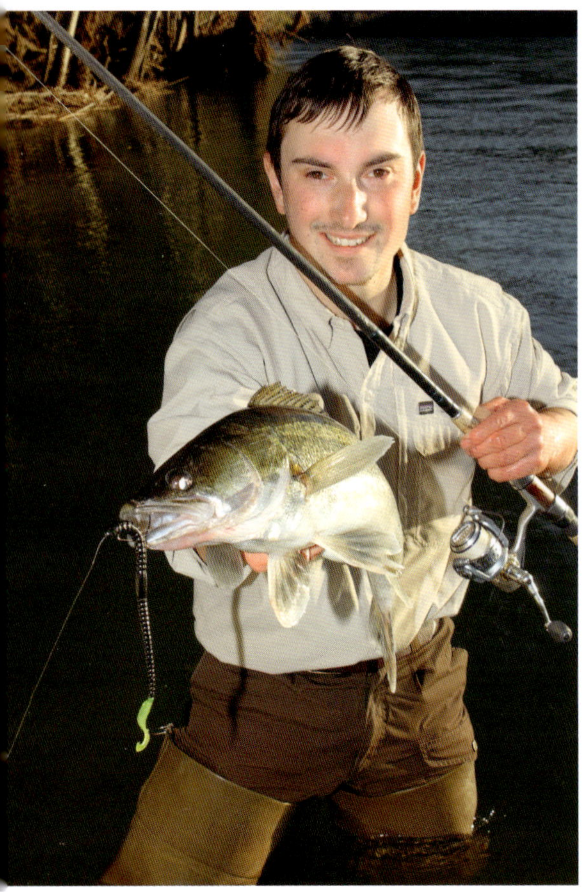

Wenn dem Zander der gejiggte Köder zu schnell und schwer ist, dann hilft das Texas-Rig.

Montage dient dazu, einen definierten Spot zu beangeln. Mit dem Texas-Rig geht man nicht auf die Suche, man macht damit keine großen Strecken. Dafür wäre die Führung der Montage viel zu langsam.

Das Texas-Rig ist eine Montage für den Hotspot, für die Stelle, an der sicher oder mit großer Wahrscheinlichkeit Fische stehen. Weil die Stelle und die Fische dort sensibel sind, sind die herkömmlichen Techniken des Spinnfischens zu grob und zu schnell.

Verborgene Spitze

Um das Texas-Rig absolut hindernistauglich zu machen, wird die Hakenspitze ganz leicht in den Rücken des Gummiköders eingestochen. So kann der Haken kein Kraut aufspießen und sich nicht an Gehölz festsetzen. Da die Spitze aber nur minimal unters Gummi geschoben wird, löst sie sich bei einem Biss ganz mühelos und kann im Maul des Räubers fassen.

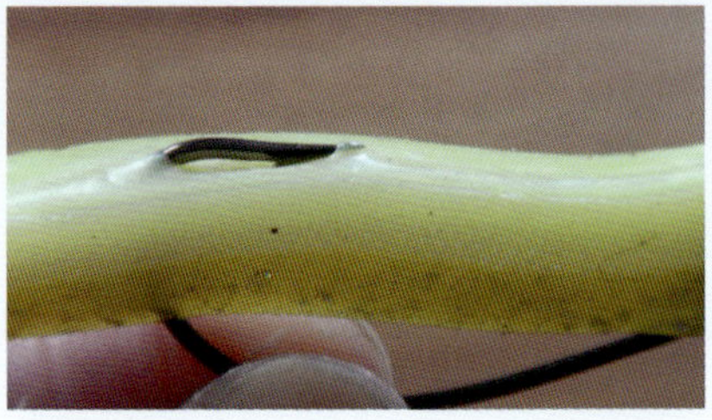

Große Haken

Das Texas-Rig wird gewöhnlich mit einem Wide-Gap-Haken gefischt. Der ist jedoch nur dann zwingend nötig, wenn mit einem bauchigen Köder geangelt wird. Ansonsten kann man auch einen Offset-Haken mit einem geraden Schenkel einsetzen.

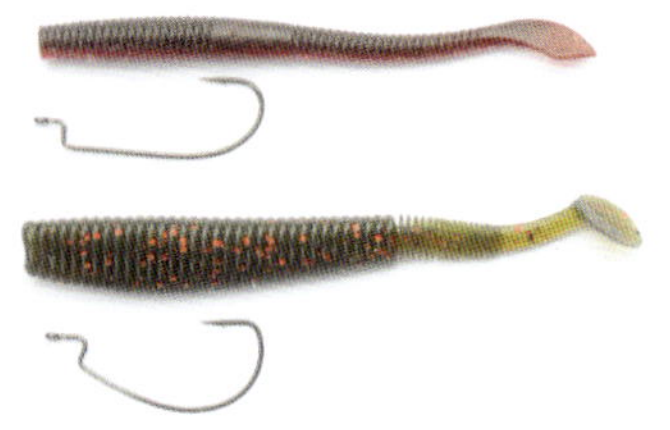

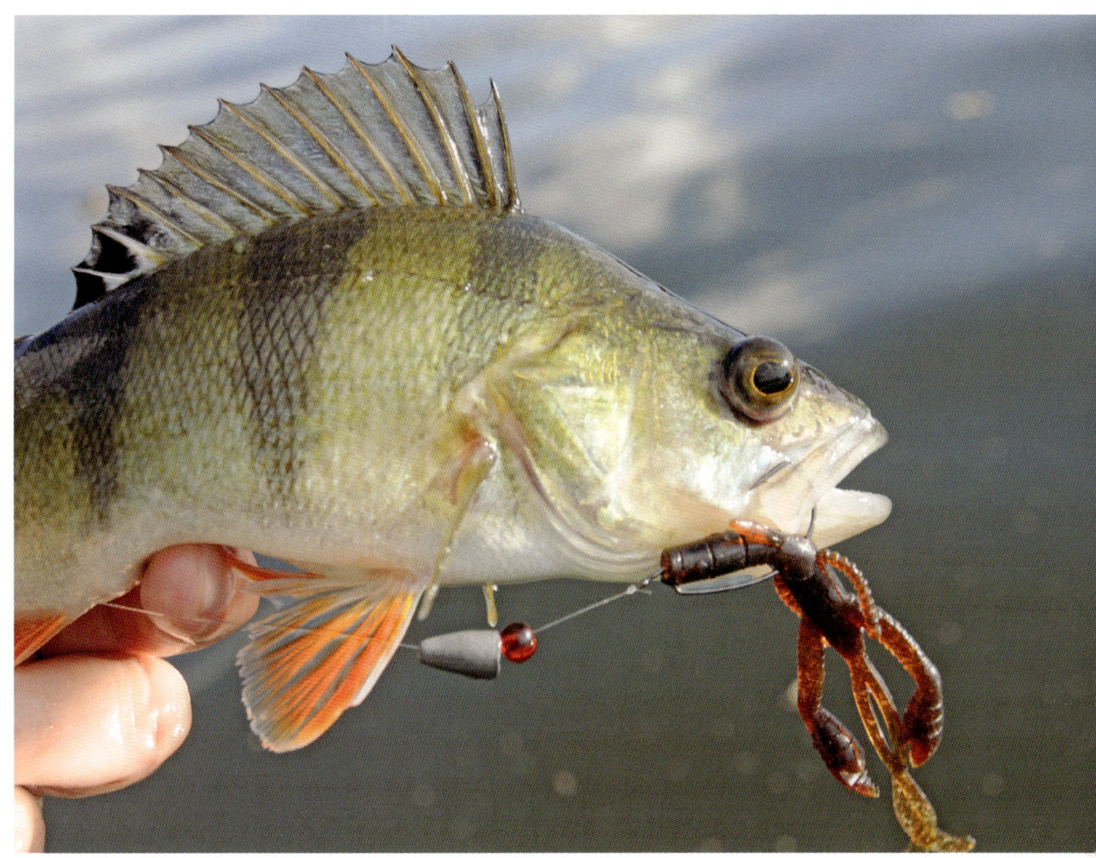

Nicht alle Gummikrebse sind Texas-tauglich, dieser aber offensichtlich schon.

Der Köder wird mit dem Texas-Rig in einem eng begrenzten Bereich angeboten und dabei in längeren Intervallen und mit längeren Pausen geführt als am Jigkopf. Allein schon die Bewegungsphasen des unbeschwerten Köders, der nach dem Aufprall des Bleies auf den Boden langsam niederschweben, bestimmt das gedrosselte Tempo bei der Köderführung.

Wie intensiv die Sprünge des Köders am Texas-Rig ausfallen, darüber bestimmt auch die Rutenführung durch den Angler. Von einem gleichmäßigen Einholen ohne nennenswerte Aufwärtsbewegungen über dezentes Hüpfen bis hin zu intensiven Sprüngen ist praktisch alles möglich. Wie aktiv und wie aggressiv der Köder präsentiert wird, richtet sich ganz nach der Aktivität der Fische und ein bisschen auch nach den Sichtverhältnissen. Denn in trübem Wasser hilft es den Fischen, wenn man sie mit erhöhter Aktivität auf den Köder aufmerksam macht.

Das Texas-Rig ist jedoch immer eine Methode der Überredungskunst. Mit der Montage werden schwierige Fische beangelt, die nicht auf den erstbesten Köder hereinfallen. Und da sie oft auch nicht auf die erstbeste Führung des Texas-Rigs hereinfallen, gilt es immer wieder Tempo und Intervalle zu variieren, bis man damit den richtigen Reiz gefunden hat, der die Fische zum Zubeißen bewegt.

Köder mit Schwanz

Damit der Biss kommt, muss nicht nur die Führung stimmen, sondern auch der Köder. Was aus dem reichen Gummisortiment soll also am Texas-Rig angeboten werden? Der ursprüngliche und klassische Köder für die Montage ist der Gummiwurm. Er ist auch weiterhin eine gute, um nicht zu sagen die erste Wahl. Dabei sollte man sich nicht für eine realistische Wurmimitation entscheiden, sondern für eine Form mit Twisterschwanz oder Schwanzflosse. Damit kann dieser Wurm nämlich noch eine attraktive Bewegung erzeugen.

Genauso wirkungsvoll sind schlanke Gummifische. Von ihrer Form her bieten sich besonders die verschiedenen No-Action-Shads an, aber wie bei den Würmern erzielt man oft die bessere Wirkung, wenn ein beweglicher Schwanz noch einen kleinen zusätzlichen Reiz bietet.

Bei der Präsentation von Gummikrebsen am Texas-Rig muss man darauf achten, dass man Modelle findet, die eine sichere Position im Wasser haben. Ansonsten verdrehen sie sich leicht und finden nicht ihre charakteristische Haltung. Deshalb erscheinen nur gute Gummikrebse am Texas-Rig überzeugend, die anderen verpuffen wirkungslos.

Creature Baits funktionieren in den meisten Fällen sehr gut an dieser Montage. Zum einen stellt sich bei ihnen häufig nicht so sehr wie bei den Krebsen die Frage nach der richtigen Positionierung, zum anderen können die Sprünge und das langsame Absinken die Körperteile der Creatures oftmals gut zur Geltung bringen.

Eine Ködergruppe, die sich ebenfalls noch sehr gut am Texas-Rig macht, sind die Tuben und alle tubenartigen Formen mit einem fransigen Hinterteil. Im langsamen Absinken und Aufsetzen entfalten die Fransen ihre unwiderstehliche Wirkung am Texas-Rig noch besser als am Jighaken.

CAROLINA-RIG – MIT ABSTAND MEHR MÖGLICHKEITEN

Mit einem Vorfach zwischen Blei und Köder wird aus dem Texas-Rig das Carolina-Rig. Diese kleine Veränderung hat große Wirkung und bietet ganz neue Möglichkeiten bei der Köderführung.

Mit den Bestandteilen Geschossblei, Glasperle und Offset-Haken zeigt das Carolina-Rig offensichtlich enge Verwandtschaft mit dem Texas-Rig. Allerdings kommt beim Carolina-Rig noch ein kleiner Tönnchenwirbel hinzu, und der macht den entscheidenden Unterschied aus. Denn der Wirbel stellt eine Unterbrechung zwischen Blei und Vorfach dar. Anders als beim Texas-Rig kann das gleitende Geschossblei also nicht direkt auf den Köder treffen. Der Aufbau des Carolina-Rigs sieht also folgendermaßen aus: Zuerst wird das Blei und anschließend die Glasperle auf die Hauptschnur gezogen. Dann wird die Hauptschnur an den Tönnchenwirbel geknotet. Am Tönnchenwirbel wird schließlich das Vorfach mit dem Haken befestigt.

Die Distanz zwischen Gewicht und Köder bewirkt zwangsläufig ein anderes Verhalten des Köders als beim Texas-Rig, bei dem der Köder direkt am Blei dynamisch vom Boden abgehoben wird. Beim Carolina-Rig folgt der Köder dem Blei mit einer gewissen Verzögerung. Der Köder ist damit schon in der Aufwärtsbewegung, aber danach auch beim Absinken langsamer und behäbiger.

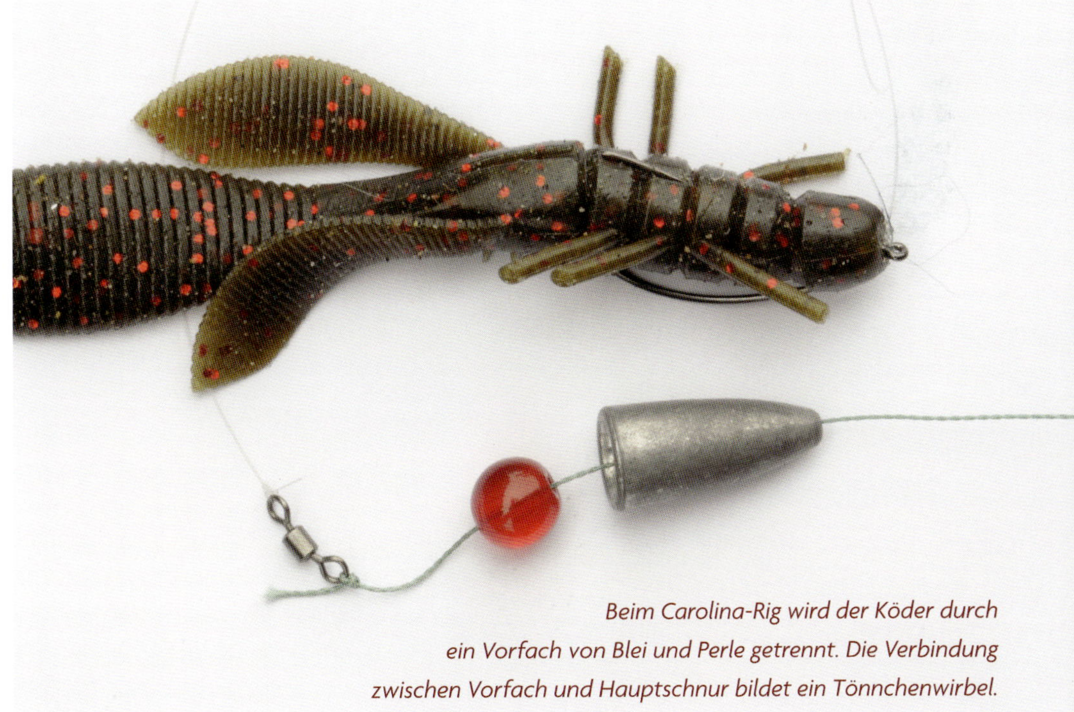

Beim Carolina-Rig wird der Köder durch ein Vorfach von Blei und Perle getrennt. Die Verbindung zwischen Vorfach und Hauptschnur bildet ein Tönnchenwirbel.

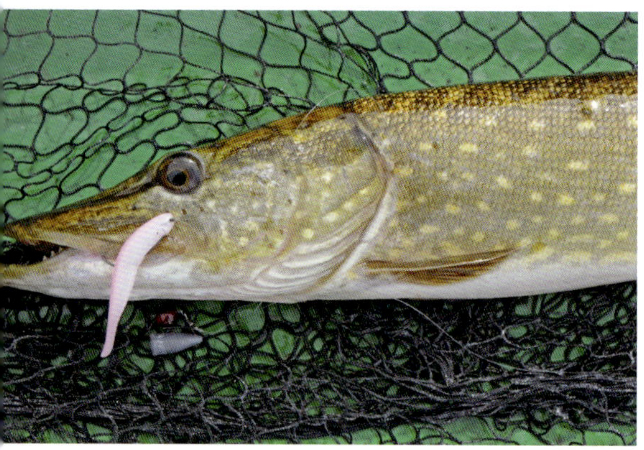

Wer beim Barschangeln mit Hechten rechnen muss, sollte das Carolina-Rig mit einem bissfesten Vorfach ausstatten.

Besser mit Vorfach

Welchen Vorteil bietet es nun, ein Vorfach zwischen Blei und Köder zu schalten? Zunächst einmal kann man den Köder mit dem fixen Abstand zum Blei noch leichter und geschmeidiger anbieten. Er führt praktisch sein schwereloses Eigenleben und kann damit noch natürlicher wirken.

Das Vorfach bietet außerdem die Möglichkeit, die Montage variabel einzustellen. Denn je nachdem, wie lang man das Vorfach wählt, wirkt sich das auf den Lauf des Köders aus. Ein kurzes Vorfach lässt ihn sehr dynamisch-aggressiv laufen, ein langes Vorfach dagegen

CAROLINA-RIG

Am Carolina-Rig kann der Köder von aggressiven Bewegungen in großen Sprüngen über mittlere Sprungintervalle bis hin zu langsamen flachen Hüpfern in allen Nuancen präsentiert werden.

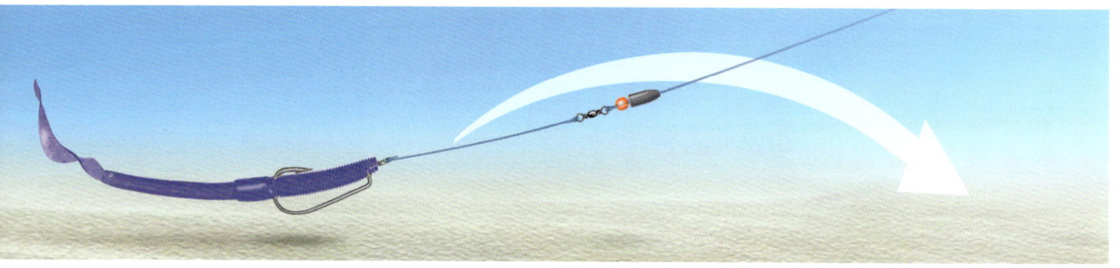

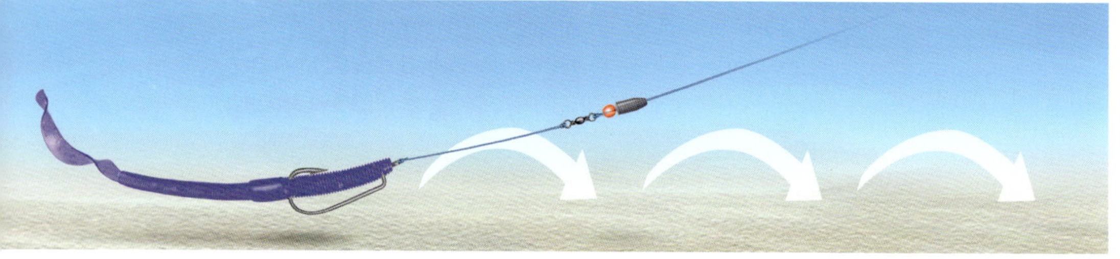

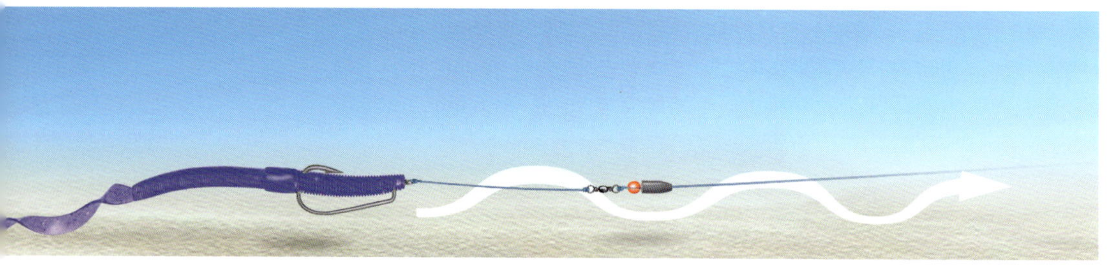

träge und gemächlich. Auf diese Weise kann man sich allein mit der Länge des Vorfachs auf das jeweilige Beißverhalten der Fische einstellen.

Schließlich hat der Angler auch mit der Rute noch Einfluss auf das Laufverhalten und kann es damit noch weiter variieren. Er kann den Köder weite und hohe Sprünge absolvieren lassen oder kurze und niedrige. Indem er die Rute betont schwach bewegt, kann er den Köder sogar mit nur gelegentlichen kleinen Hüpfern über den Boden kriechen lassen.

Vorfachlänge

Das Vorfach aus Fluorocarbon sollte eine Länge zwischen 15 und 50 Zentimeter haben. Je nachdem, wie schnell und aggressiv man den Köder anbieten will. Eine allgemein verträgliche Länge für den Anfang in allen Situationen liegt zwischen 30 und 40 Zentimeter. Wer die Montage mit einem kleinen Snap fischt, kann fertig vorbereitete Vorfächer einhängen und erspart sich das Knoten.

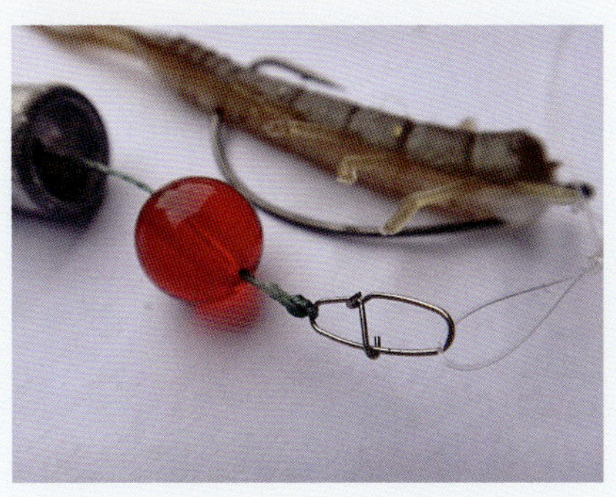

Köder für Gleitflug

Am Carolina-Rig werden praktisch dieselben Ködertypen angeboten wie am Texas-Rig. Klassiker sind wiederum Würmer mit ausgeprägten, beweglichen Schwanzformen. Auch schlanke Fischchen gehören zu den wirkungsvollen Formen an diesem Rig.

Besser als am Texas-Rig präsentieren sich Sticks und alle anderen im Wesentlichen nur stabförmigen Gummis am Carolina-Rig, weil sie am Vorfach eine wirkungsvollere Gleit- und Sinkphase zeigen. Wer sich einmal die Köderbewegung unter Wasser anschaut, erkennt, dass die Gummis an dem Vorfach gleiten und absinken wie ein Wasserbewohner, der eine Bauchlandung macht. Deshalb eignen sich für diese Präsentation auch sehr gut die Gummiformen, bei denen genau diese Bewegung und Bauchlandung sehr authentisch wirken. Dazu gehören verschiedene Creature Baits, die an große Insektenlarven oder an vierbeinige Wasserbewohner erinnern. Und auch Lizards finden im Carolina-Rig die Montage für ihre überzeugendste Präsentation.

Texas oder Carolina

Da sich Texas- und Carolina-Rig recht ähnlich sind, stellt sich für viele oft die Frage, welches von beiden sie nehmen sollen. Wie bereits dargestellt, hat man mit dem Carolina-Rig die variablere Montage. Wenn die Fische also sehr erfahren und sehr empfindlich sind, bestehen mit dem Carolina-Rig mehr Möglichkeiten, sie mit dem richtigen Köderverhalten anzusprechen. In schwierigen Momenten liegt man also oft mit einem Vorfach zwischen Köder und Blei vorne.

Das Vorfach verschafft einem auch einen gewissen Vorteil, wenn man in tiefem und strömendem Wasser angelt. Unter den Umständen muss man das Bleigewicht zwangläufig erhöhen und ist zugleich gezwungen, mit straffer Schnur spürbar den Grundkontakt zu halten. Damit erhöht man aber wiederum den Widerstand des Köders. Ein Vorfach bietet dabei einen gewissen Spielraum und sorgt dafür, dass der Fisch beim Antesten des Köders nicht augenblicklich Widerstand spürt.

Mit dem Vorfach ist das Carolina-Rig wiederum nicht so geschmeidig durch Hindernisse zu führen wie ein Texas-Rig. Wenn ein Gewässer viele Unebenheiten und Hängergefahren aufweist, ist man deshalb mit einer vorfachlosen Verbindung besser beraten.

Andere Verbindungen

Die klassische Verbindung zwischen Hauptschnur und Vorfach besteht in dem Tönnchenwirbel. Aber es gibt natürlich noch andere Möglichkeiten der Verbindung oder Unterbrechung, die einem praktischer erscheinen können. Statt des Wirbels kann man auch einen Snap einsetzen, in dem man das Vorfach mit Schlaufe schnell und unkompliziert austauschen kann. Snap und Schlaufe bieten bei Hindernissen allerdings etwas mehr Angriffspunkte.

Variable Vorfachlänge

Das Carolina-Rig kann auch mit einer durchgehenden monofilen Hauptschnur gefischt werden. In dem Fall wird kein Vorfach durch einen Wirbel abgetrennt. Die Distanz zwischen Blei und Köder wird mit Hilfe von Schnurstoppern hergestellt, die in der gewünschten Entfernung zum Köder festgesetzt werden.

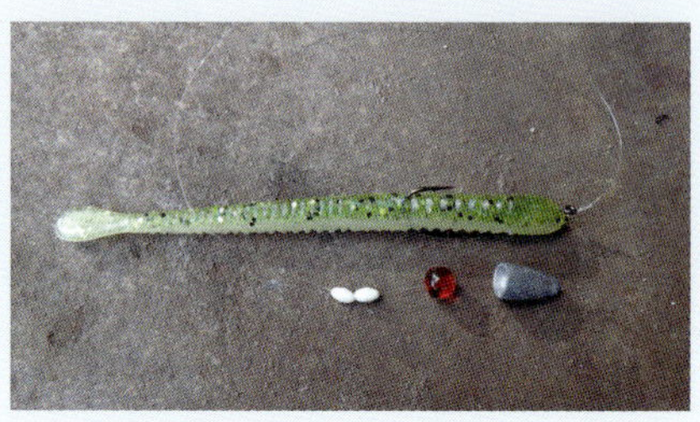

Eine sehr praktische Lösung für den Fall, dass man intensiv mit der Vorfachlänge experimentieren möchte, besteht darin, Perle und Blei nicht mit einem Wirbel, sondern mit einem oder zwei Schnurstoppern abzubremsen. Das Gewicht wird damit auf die gewünschte Distanz zum Köder gehalten, kann aber jederzeit dichter dran oder weiter entfernt abgestoppt werden.

FLORIDA-RIG – DAGEGEN IST KEIN KRAUT GEWACHSEN

Während beim Texas-Rig die Beweglichkeit das Plus ist, gilt beim Florida-Rig gerade die Unbeweglichkeit der einzelnen Bestandteile als Vorteil. Denn dadurch wird es in kraut- und hindernisreichen Gewässern unangreifbar.

Eine Variante des Texas-Rigs ist bei uns weitgehend unbekannt, ein entscheidender Bestandteil der Montage ist kaum erhältlich, und dementsprechend sieht man es so gut wie nie im Einsatz. Die Rede ist von dem Florida-Rig, und der entscheidende Teil ist das Geschossblei mit einem Drahtgewinde.

Das Gewinde an dem Blei hat natürlich eine bestimmte Aufgabe, und zwar die, das Blei fest mit dem Gummiköder zu verschrauben. Das Blei bewegt sich also nicht wie beim Texas-Rig auf der Schnur, sondern sitzt fest vor dem Köder. Dass das Blei vorne am Köder angeschraubt wird, bedeutet zugleich, dass sich das Öhr des Hakens nicht dort befinden kann. Der Haken wird dementsprechend weiter nach hinten versetzt, und das ist ein weiteres Merkmal des Florida-Rigs.

Haken weiter hinten

Der Haken kann sogar deutlich weiter nach hinten versetzt werden. Das hat zum einen den Vorteil, dass auch Fische hängen bleiben, die den Köder nur vorsichtig im hinteren Bereich fassen. Zum anderen lässt sich der Haken noch besser im Köder verbergen.

Blei festsetzen

Wie schon angedeutet, wird man es nicht leicht haben, Geschossbleie mit Gewinde aufzutreiben. Deshalb zwei Tipps, wie man sich auch mit den normalen Geschossbleien behelfen kann. Eine Möglichkeit besteht darin, das Geschossblei an den Köder heranzuschieben, einen Zahnstocher ins Loch des Bleis zu schieben und abzubrechen. Damit sitzt das Blei wie gewünscht vor dem Köder. Die andere Möglichkeit ist noch etwas eleganter: Dabei zieht man einen Schnurstopper auf die Schnur und schiebt diesen so dicht vor das Blei, bis es sich fest vor dem Köder befindet.

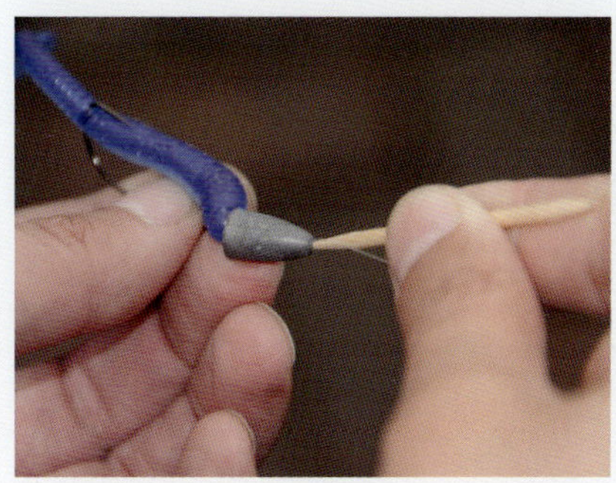

Der Haken wird dafür zunächst ganz normal von vorne in den Köder eingeführt, dann wird dieser aber deutlich weiter über das Öhr bis aufs Vorfach geschoben. Der Haken wird an der gewünschten Position unten aus dem Köder herausgeführt und schließlich nach oben durch ihn hindurch gestochen. Das Öhr des Hakens bleibt dabei im Gummikörper verborgen. Was mit dem Zusammenschrauben und Verstecken beabsichtigt

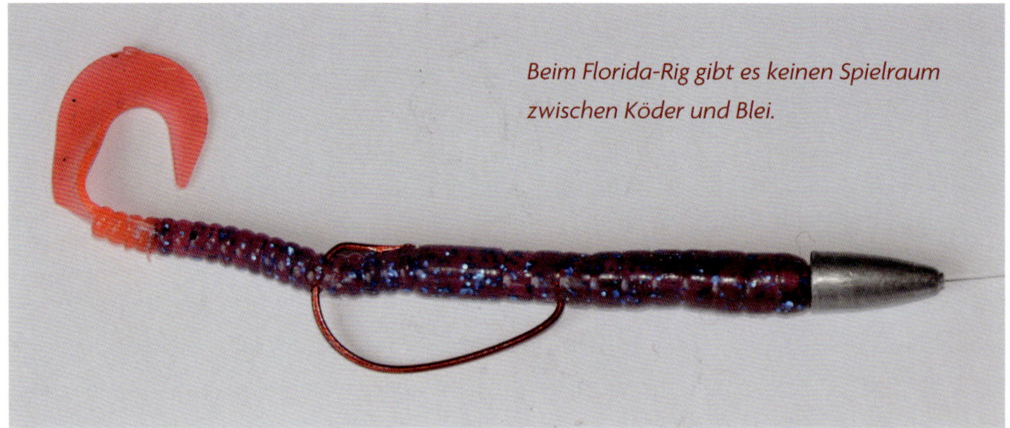

Beim Florida-Rig gibt es keinen Spielraum zwischen Köder und Blei.

ist, liegt auf der Hand: Die Montage wird damit absolut hindernistauglich gebaut. Keine Zwischenräume mehr, kein Öhr, kein Knoten, nichts, was noch an einem Hindernis hängenbleiben oder Kraut einsammeln könnte.

Das Blei wird beim Florida-Rig mit einem Drahtgewinde in den Köder eingeschraubt.

Diese Montage stellt damit die ultimative Variante der Geschossblei-Rigs dar, wenn es darum geht, sehr schwierige Gewässer mit vielen Hindernissen und Fallen für die Montage zu beangeln. Bei den Ködern steht einem dazu das ganze Repertoire zur Verfügung, das man auch fürs Texas- und Carolina-Rig nutzt.

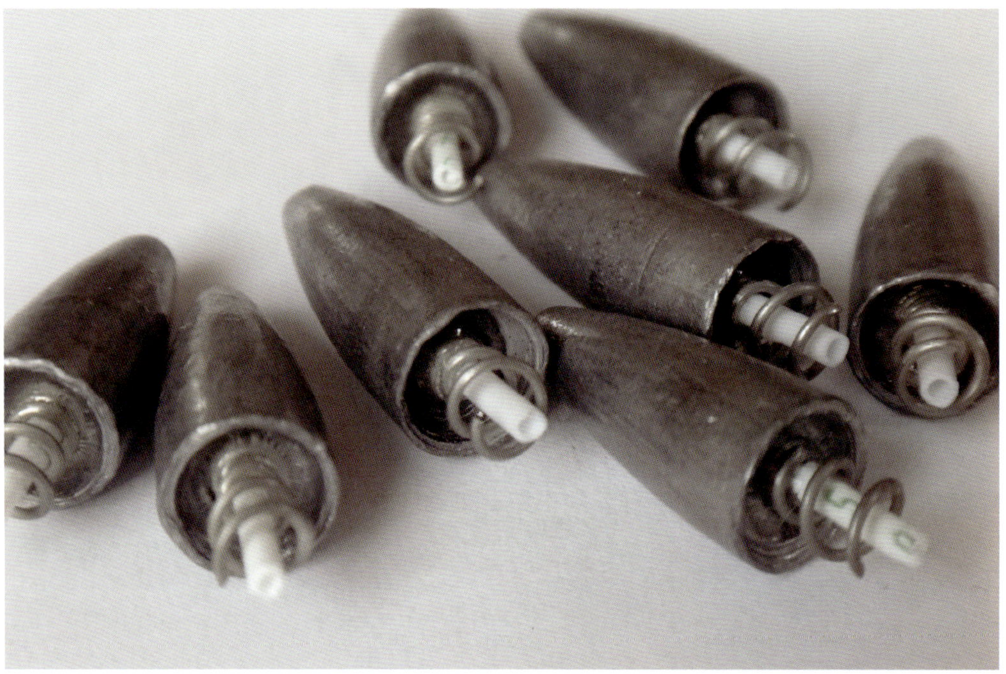

SPLITSHOT-RIG – SCHNELL UND LEICHT MONTIERT

Schrotblei benutzen die meisten Angler dazu, ihre Posenmontage auszutarieren. Die kleine Bleikugel eignet sich aber auch hervorragend zur Fertigung einer schnell einsatzbereiten Montage fürs sensible Spinnfischen.

Wir nennen es Bleischrot oder Schrotblei, die Engländer sagen Splitshot, und die Amerikaner haben damit das Splitshot-Rig kreiert, das seinen Namen natürlich von dem kleinen gespaltenen Blei erhalten hat. Das Splitshot-Rig reiht sich ein in die modernen Techniken, mit denen das Blei vom Köder getrennt wird, um diesem ein leichteres und verführerisches Spiel verleihen zu können.
Da das Schrotblei auf die Schnur geklemmt und nicht die Schnur durchs Blei gefädelt wird wie beim Texas-Rig, wird auch der Unterschied zwischen diesen Montagen klar. Beim Splitshot-Rig sind alle Bestandteile fix. Der Fisch kann also keine Schnur durchs Blei ziehen. Wenn er zieht, dann wird er zwangsläufig das Blei bewegen. Das bedeutet, dass man bei dieser Montage das Gewicht so gering wie möglich halten sollte. Gewichte wie beim Texas- oder Carolina-Rig verbieten sich damit selbstverständlich.

Einfacher Aufbau

Der Aufbau des Splitshot-Rigs ist schnell beschrieben. Wie bei den anderen Montagen verwendet man entweder eine durchgehende monofile Hauptschnur oder eine geflochtene Hauptschnur mit Mono-Vorfach. Der Köder wird in der Regel an einem Offset-Haken angeboten. Das namengebende Schrotblei wird in einem Abstand von 10 bis 50 Zentimetern vor dem Köder auf die Schnur geklemmt. Welche Distanz zwischen Köder und Blei gewählt wird, entscheidet sich danach, wie dynamisch die Bewegung des Köders sein soll – je größer der Abstand, desto träger – und danach, wie vorsichtig die Fische beißen – je vorsichtiger, desto größer der Abstand.
Die Montage wird grundsätzlich sehr leicht gehalten mit einem Blei der Gewichtsklasse von 1 bis 2 Gramm. Das klingt zunächst noch leichter als es tatsächlich ist. Schaut man sich nämlich die Formate einer Dose Schrotbleie an, dann stellt man fest, dass es doch bereits die größten der enthaltenen Bleie sind.
Man wirft mit Köder und Blei also kaum einmal mehr als 5 Gramm. Entsprechend leicht muss die Gerätezusammenstellung sein. Wenn alles fein aufeinander abgestimmt ist, gelingen einem aber selbst mit diesem Leichtgewicht gute Wurfweiten.

Die Splitshot-Montage wird ganz einfach mit einem Schrotblei auf dem Vorfach beschwert.

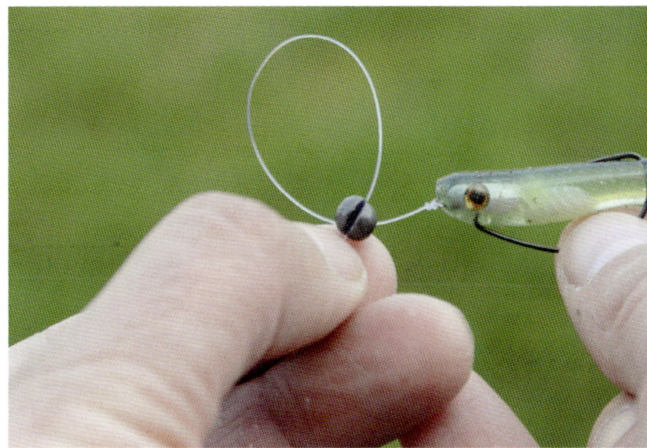

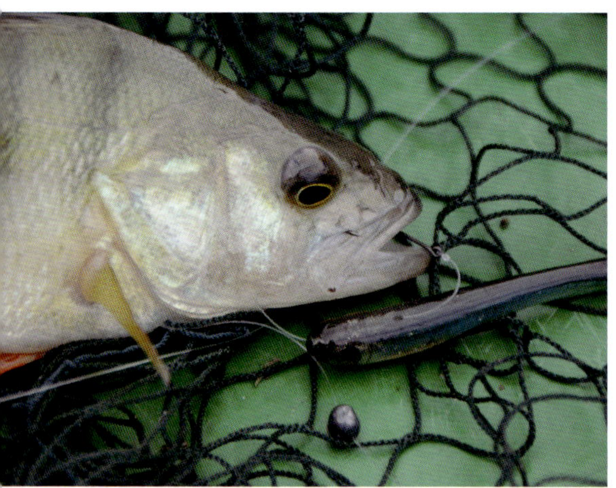

Da der Köder nicht direkt beschwert wird, besitzt er eine verführerische Leichtigkeit.

Schrotbleie

Im Vergleich zu den kleinen Bleischroten wirkt ein 1-Gramm-Blei riesig. Verglichen mit anderen Bleien fürs moderne Raubfischangeln sind es Winzlinge. Ein Gewicht von nur einem Gramm reicht aber aus, um das Splitshot-Rig gut werfen und in ruhigen Gewässern kontrolliert führen zu können.

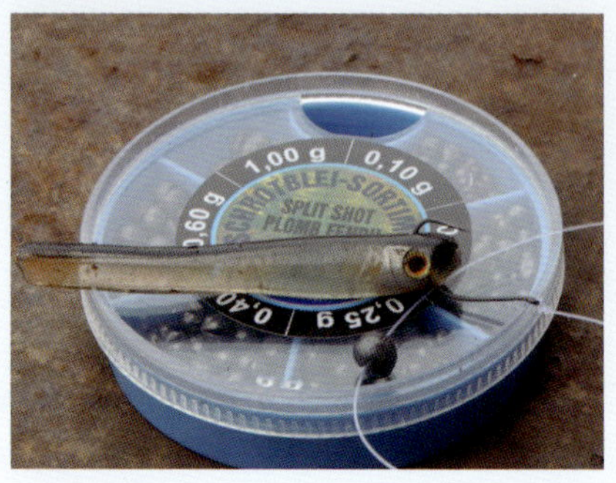

Kurz und flach

Die Leichtigkeit des Splitshot-Rigs und die feste Anbringung des Bleis bestimmen den Einsatzbereich dieser Montage. Eine gute Kontrolle über Montage und Köder besitzt man nur auf begrenzte Distanz und Tiefe, deshalb handelt es sich definitiv um eine Montage für den Nahbereich. Damit sind Entfernungen um 20 Meter gemeint – viel weiter wird man mit der leichten Montage auch kaum werfen – und Tiefen bis 2 Meter. Bei allem, was darüber hinausgeht, wird es schwierig, das notwendige Feingefühl für die Köderbewegung aufzubringen. Und vor allem wird es schwierig, eine gute Erkennung vorsichtiger Bisse zu behalten.

Die Bisserkennung ist ein wichtiges Thema bei dieser Montage, denn weil das Blei fest auf der Schnur sitzt, geht es darum, wer zuerst etwas spürt, der Angler den Fisch oder der Fisch das Blei. Natürlich gilt es, dem Fisch zuvorzukommen, ihn zu spüren und den Anhieb zu setzen, ehe er Verdacht schöpft.

Das feste Schrotblei mag man als kleinen Nachteil der Montage betrachten. Aber die Montage hat genauso ihre Vorteile. Einer besteht darin, dass sie spielend leicht anzufertigen ist und jeder Angler die paar erforderlichen Bestandteile dafür in seiner Box hat.

Genauso wie am Carolina-Rig kann man den Köder am Splitshot-Rig über den Boden schleifen, hüpfen oder springen lassen. Beim Absinken des Köders ist es wiederum sein leichtes Herabschweben, das ihm den besonderen Reiz verleiht. Das kleine runde Schrotblei ist bei den Bewegungen so geschmeidig, dass es sich auch problemlos über unebenem Boden und kleinere Hindernis hinweg führen lässt.

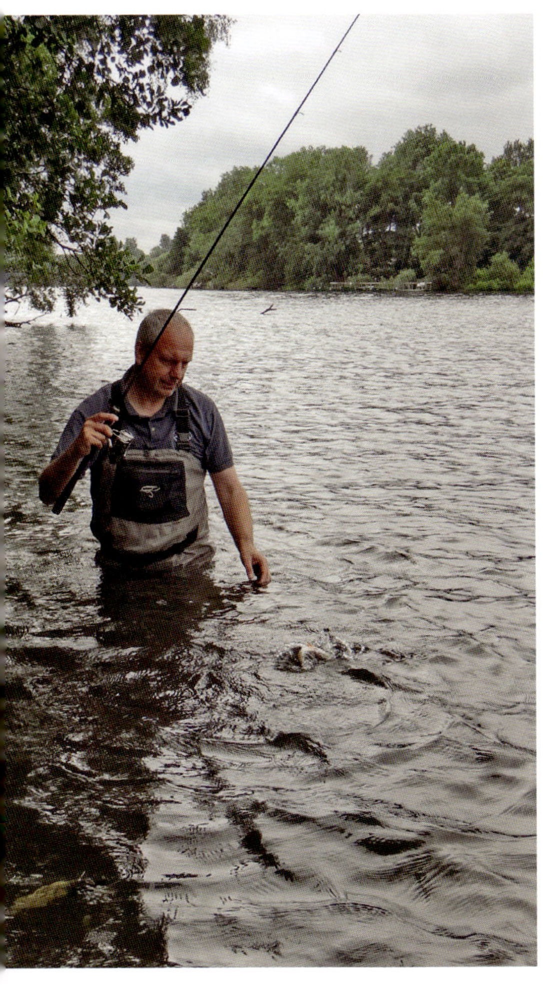

Mit seiner Leichtigkeit bietet sich das Splitshot-Rig besonders für den Nahbereich und flaches Wasser an.

Lochblei

Das Schrotblei ist rund, das Geschossblei hat ein Loch, ein Zwischending von beiden ist das Lochblei – rund und durchlocht. Und wenn eine Montage mit den beiden erstgenannten Bleien möglich ist, dann natürlich ebenso mit dem Lochblei. Das frei auf der Schnur gleitende Lochblei führt tatsächlich zu einer sensiblen Kombination von Carolina- und Splitshot-Rig. Den Abstand zum Köder legt man am besten mit Schnurstoppern fest.

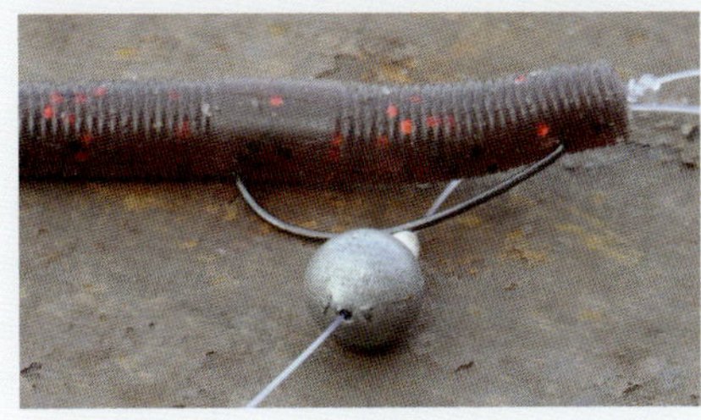

Leichte Köder

Die Köder für das Splitshot-Rig sind im Prinzip dieselben wie fürs Texas- und Carolina-Rig. Allerdings sollte man immer bedenken, dass man es mit einer sehr leichten Montage zu tun hat. Dem sollte auch der Köder entsprechen. Prädestiniert für die Montage sind kleine Gummifische und –würmer sowie Stickbaits bis 10 Zentimeter Länge. Da die gesamte Montage und Technik auf Leichtigkeit ausgelegt ist, eignet sie sich hauptsächlich für das feine Spinnfischen auf Barsche. Das Splitshot-Rig ist eine ausgezeichnete einfache Montage, um das Prinzip der modernen Techniken kennenzulernen. Dabei bietet die simple Montage viele Möglichkeiten, das Köderangebot zu variieren. Allein durch die Veränderung des Abstands zwischen Blei und Haken hat man einen starken Einfluss auf das Verhalten des Köders. Hinzu kommen die Möglichkeiten, die einem die Rutenbewegungen bieten. Lange Züge, kurzes Zupfen, starkes Rucken, je nachdem, wie man die Rute führt, bewegt sich der Köder.

KICKBACK-RIG – DER SEITENARM MIT RÜCKSCHLAG

Eigentlich ist es nur eine Montage mit Seitenarm. Aber der kleine Anbau ans Vorfach erzeugt einen bemerkenswerten Effekt, mit dem der eine oder andere Fisch mehr an den Haken geht.

Bei vielen modernen Montagen zum Raubfischangeln geht es darum, den Köder leicht und natürlich anzubieten. Dafür wird er vom Blei befreit, das nicht ganz verschwindet, sondern an einer anderen Stelle der Montage angebracht wird. Auch mit dem Kickback-Rig verfolgt man das Ziel, den Köder durch Befreiung vom Blei leichter und natürlicher anzubieten. Die technische Lösung besteht in diesem Fall aus einem Seitenarm am Vorfach, an dem das Blei angebracht wird. Die Montage lässt sich ganz einfach binden. Man knotet an das Vorfach aus Fluorocarbon einfach einen kurzen Seitenarm. Dazu legt man die Schnur für den Seitenarm parallel zur Vorfachschnur, bindet einen Chirurgenknoten und nutzt das Schnurstück der angeknoteten Schnur, das zur Hauptschnur weist, als Seitenarm. Das andere Schnurende wird abgeschnitten. Nun steht vom Vorfach also ein kurzer Seitenarm ab, an dem man ein Grundblei befestigt. Der Köder kann sich damit unbeschwert bewegen, ganz gleich, wie schwer das Blei gewählt wird.

Den Seitenarm bindet man mit einer deutlich dünneren Schnur an. Er ist im Drill schließlich keiner Belastung ausgesetzt, und die dünne Schnur garantiert, dass man bei einem Hänger nur das Blei verliert und nicht die ganze Montage.

Nun stellt sich noch die Frage, in welchem Abstand zum Köder man den Seitenarm an-

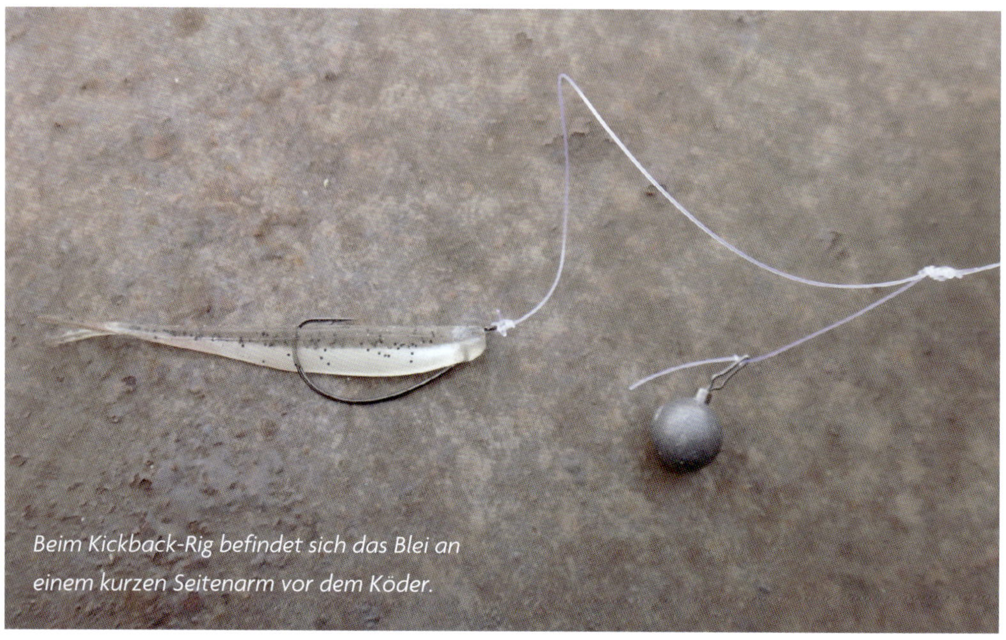

Beim Kickback-Rig befindet sich das Blei an einem kurzen Seitenarm vor dem Köder.

bindet und wie lang der Seitenarm sein soll. Grundsätzlich steht es einem natürlich frei, wie groß man den Abstand und wie lang man den Seitenarm wählt. Je länger man beides nimmt, desto weniger Gefühl hat man jedoch für den Köder.

Den Seitenarm nimmt man am besten mit 3 bis 5 Zentimetern sehr kurz. Auch den Abstand zum Köder hält man eher kurz, das heißt 10 bis 20 Zentimeter. Als Blei verwendet man ein Drophshot-Blei, wenn die Umstände es erfordern, darf es auch ein schwereres Birnenblei sein.

Auftreibende Köder

Am Kickback-Rig können verschiedene Köder angeboten werden, grundsätzlich auch sinkende. Aber der eigentliche, reizvolle Effekt der Montage kommt nur mit auftreibenden Gummiködern zustande. Bei der Führung soll der Köder nämlich durch Anziehen der Montage in Bodennähe gezogen werden und beim Abstoppen nach oben auftreiben. Beim ruckartigen Anziehen der Montage kommt schließlich auch der Kickback-Effekt zustande. Der nach vorne gezupfte Köder gleitet dann nämlich leicht nach hinten.

Die sensible Montage bedarf keiner kräftigen Rutenschläge, ganz im Gegenteil, wird sie nur mit sehr feinen Zupfern der Rute oder nur über die Kurbel der Rolle bewegt. Das Blei soll dabei gar nicht den Boden verlassen, es soll keine Sprünge machen, sondern lediglich ein kleines Stück über den Boden gezogen werden. Dabei zieht es den Köder leicht nach unten, so dass er in der nächsten Pause wieder auftreiben und einen leichten Satz nach hinten vollführen kann. Genau das macht die Montage aus, und genau das finden die Fische so verführerisch an dem leichten Kickback-Köder.

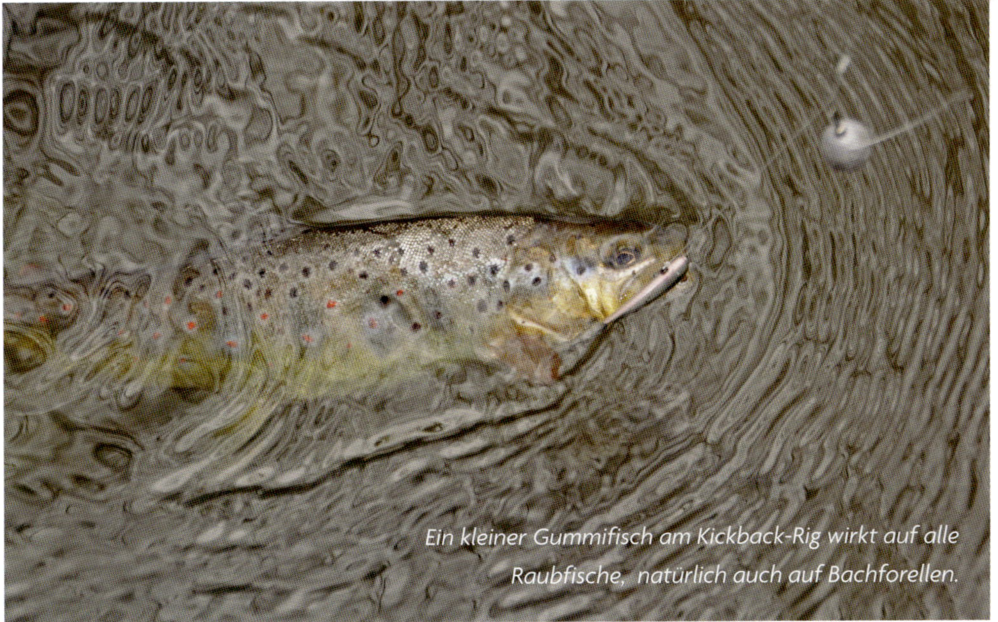

Ein kleiner Gummifisch am Kickback-Rig wirkt auf alle Raubfische, natürlich auch auf Bachforellen.

PLOMB PALETTE – IMMER WIEDER ANDERS

Einige Gummi-Techniken setzen auf geringe und gleichmäßige Bewegung. Ganz anders Plomb Palette, die Montage für starke und immer wieder andere Köderbewegungen.

Die Technik des Plomb Palette kommt nicht wie die vielen anderen Gummiköder-Techniken aus Amerika oder Asien, sondern – wie der Name vermuten lässt – aus Frankreich. Die Bezeichnung lässt sich mit Palettenblei oder Plättchenblei übersetzen. Gemeint ist damit ein ungewöhnlich geformtes flaches Blei. Den entscheidenden Bestandteil der Montage bildet nämlich ein flaches, unregelmäßig langdreieckiges Blei, durch dessen spitz zulaufendes Ende die Schnur gefädelt wird. Das breitere Ende ist oft mit einem Auge verziert – obwohl der Fisch nicht das Blei selbst für die Beute halten soll. Hinter dem Blei folgt nämlich noch der Gummiköder.

Das frei auf der Schnur bewegliche Blei vor dem Gummiköder und die meistens zwischen beiden befindliche Perle erinnern durchaus an das Texas-Rig, das ganz ähnlich aufgebaut ist. Allerdings ist beim Texas-Rig alles auf Symmetrie ausgerichtet, während Plomb Palette gezielt auf den asymmetrischen Aufbau setzt.

Plomb Palette ist eine französische Erfindung, einige nennen die Montage auch Vertical Power Jig.

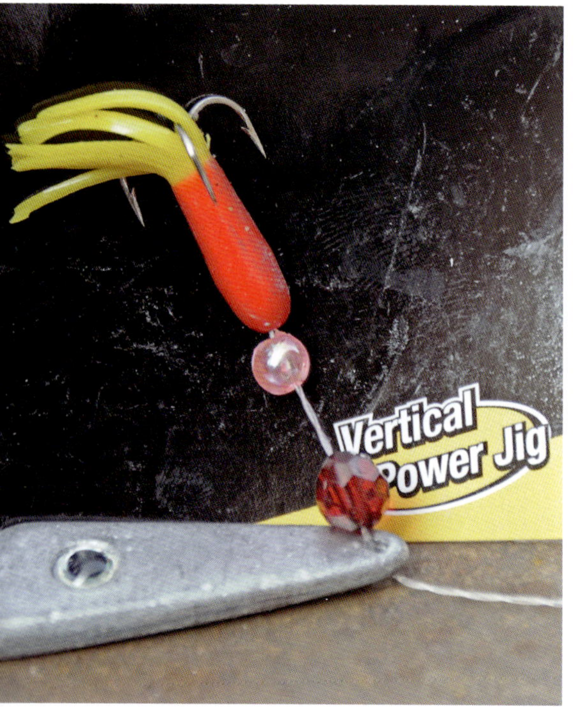

Unregelmäßiger Lauf

Das Bleiplättchen hat seine asymmetrische Form bekommen, damit es dem Köder einen unregelmäßigen Lauf verleiht. Damit soll eine eintönige und vom Fisch durchschaubare Bewegung vermieden werden. Eine immer wieder andere und unberechenbare Bewegung kommt dem natürlichen Verhalten einer flüchtigen Beute näher als eine gleichmäßige Fortbewegung.

Wer die Montage langsam einholt, wird feststellen, dass das Bleiplättchen nur wie ein Schlitten durchs Wasser gleitet und keine besonderen Bewegungen vollführt. Das ist natürlich nicht der Effekt, den man erreichen möchte. Dazu muss man die Montage nämlich ruckartig bewegen. Wenn die Montage mit einem entschlossenen Ruck vom Boden hochgerissen wird, verkantet sich das Blei so in der Aufwärtsbewegung, dass eine dynamische, unregelmäßige Bewegung ent-

Stehen lassen

Eine Tube wedelt am Boden mit ihren Fransen wie eine Seeanemone. Für manch einen Fisch stellt das eine unwiderstehliche Aufforderung zum Zubeißen dar. Lassen Sie die Montage deshalb auch immer wieder mal einen Moment am Boden liegen.

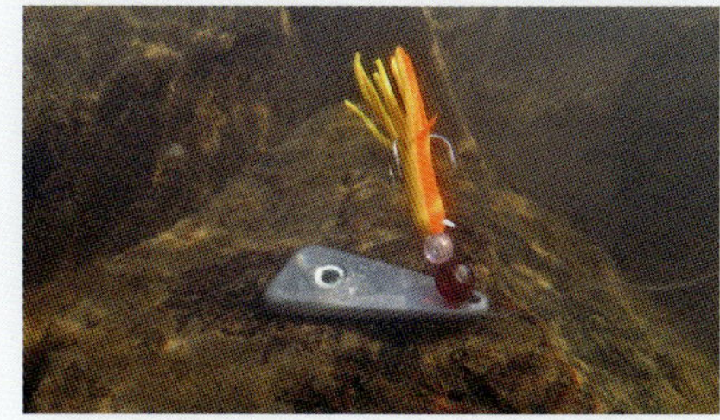

steht. Dasselbe gilt für die Absinkphase der Montage.

Ein aggressiv-dynamisches Jiggen ist die übliche und gewöhnlich wirkungsvollste Methode, Plomb Palette zu präsentieren. Diese schnelle Präsentation ist aber nicht die einzig mögliche, und sie sagt auch nicht immer jedem Fisch zu. Oft lohnt es sich, zwischendurch einmal einen Gang zurückzuschalten, und die Montage langsamer zu bewegen und sie sogar für einige Sekunden am Boden liegen zu lassen. Besonders beim Einsatz von Tuben wirkt die kurze Verweilphase am Boden extrem verführerisch.

Ein gut angebotener Plomb Palette-Köder kann sehr tief im Barschmaul verschwinden.

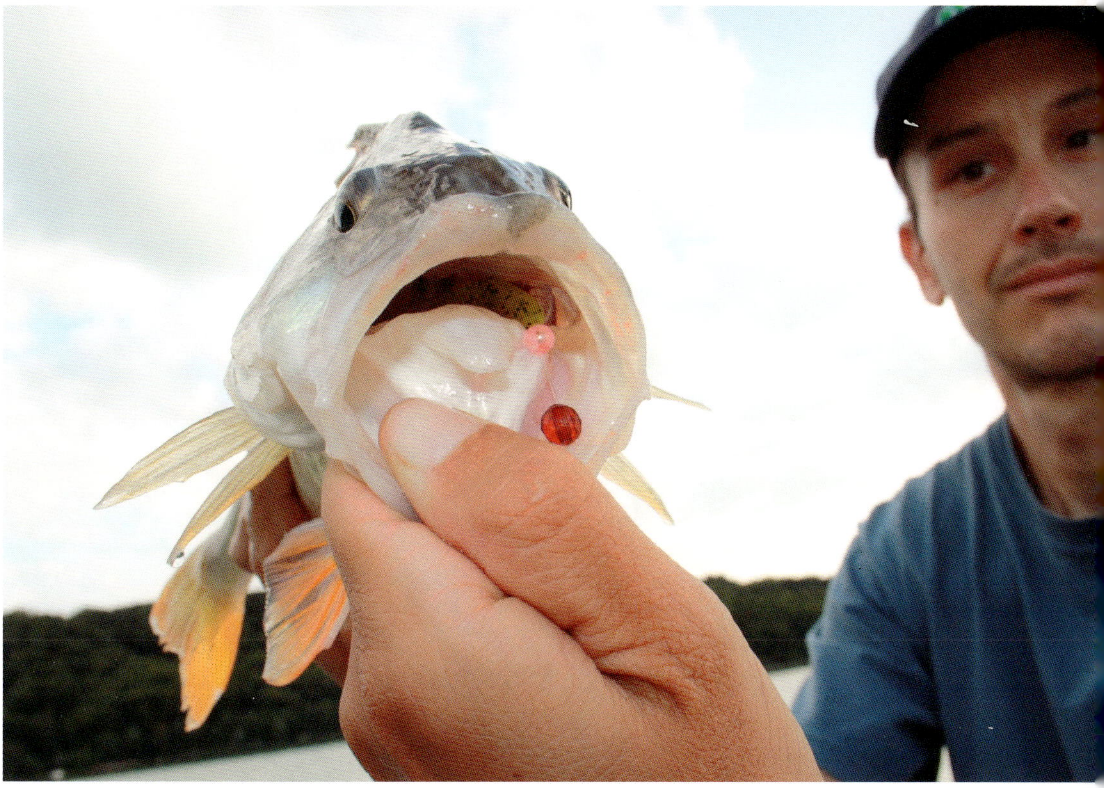

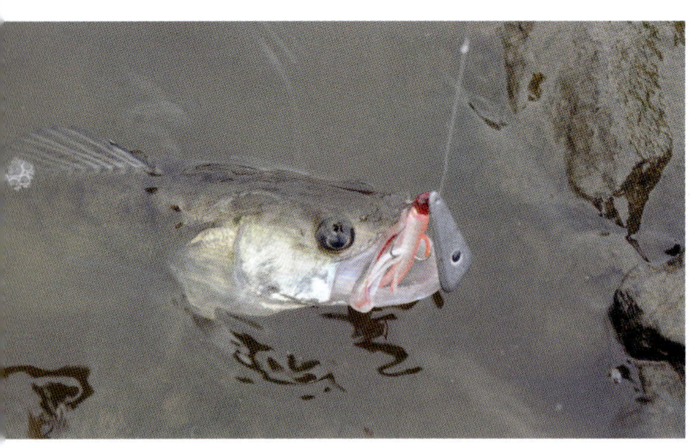

Wo die Zander regelmäßig mit gejiggten Ködern beangelt werden, kann Plomb Palette zu überraschenden Fängen führen.

Auffällige Köder

Mit der Tube haben wir schon den häufigsten Köder an der Plomb Palette-Montage genannt. Hinter dem großen, flachen Blei lassen sich am besten auffällige Reizköder anbieten. Natürliche Fisch- oder Krebsimitationen verfehlen ihre Wirkung hinter dem Bleiplättchen oftmals. Neben Tuben erweisen sich Fransenköder und auch Twister als gute Plomb Palette-Köder.

Bei der Köderwahl für Plomb Palette muss man immer bedenken, dass der Köder mit dieser Montage recht aggressiv präsentiert wird. Es wird also nicht darauf abgezielt, eine echte Beute möglichst täuschend zu imitieren, sondern darauf, mit dem Köder zu reizen und zu provozieren.

Varianten mit Abstand

Die Plomb Palette-Montage wird immer wieder ein bisschen anders aufgebaut, das betrifft insbesondere den Bereich zwischen Blei und Köder. In der einfachsten Ausführung befindet sich lediglich eine Perle zwischen

PLOMB PALETTE: Die unberechenbaren Bewegungen zeichnen Plomb Palette aus. Das asymmetrische Blei fällt immer ein bisschen anders. Den Köder immer noch einmal einen kleinen Moment am Boden liegen lassen.

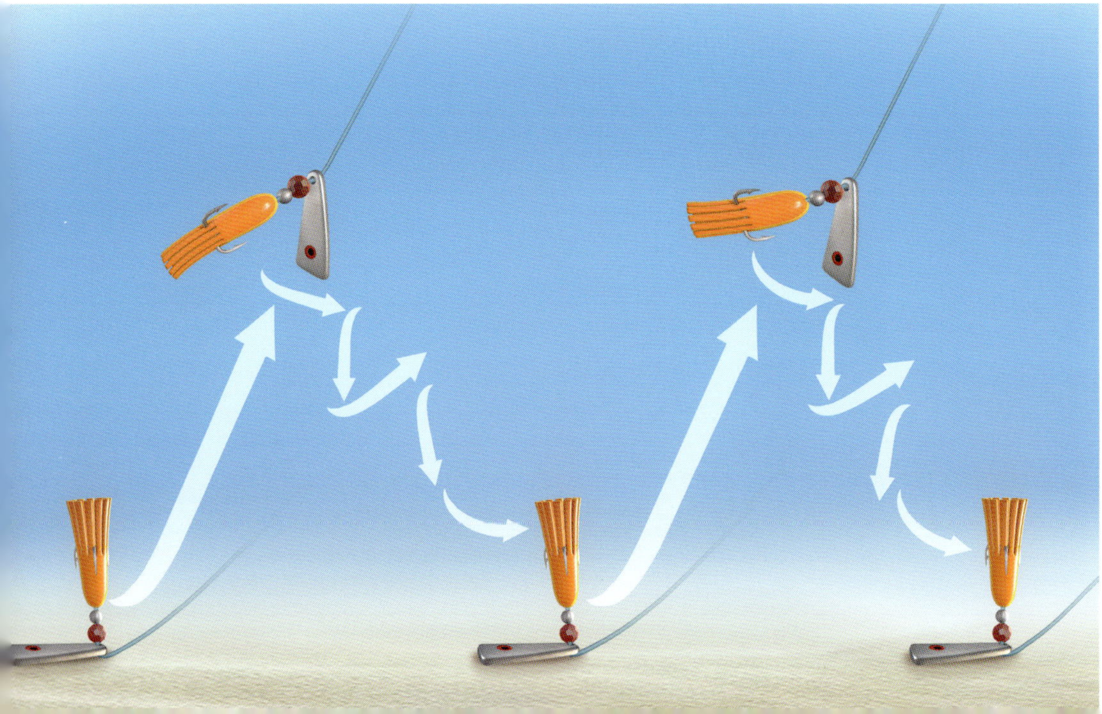

Blei und Köder. Da das recht große Blei den Köder zu sehr zu dominieren scheint, gehen viele Angler aber dazu über, einen deutlicheren Abstand vom Blei zum Köder einzurichten. Das geschieht beispielsweise, indem man ein Stück Gummischlauch als Abstandshalter nach dem Köder aufs Vorfach zieht. Ein zu langer Schlauch macht den Köder allerdings zu steif. Eine andere Variante besteht darin, nur ein kurzes Stück Schlauch über den Knoten der Schlaufe zu ziehen, mit der der Köder befestigt wurde. Danach folgt noch eine Perle zwischen Schlauchstück und Blei. Wahlweise kann man noch ein weiteres kurzes Schlauchstück und noch eine Perle aufziehen. Sinn und Zweck des Ganzen ist es, den Köder weiter vom Blei zu entfernen, damit dieses nicht die Wirkung des Köders beeinträchtigt.

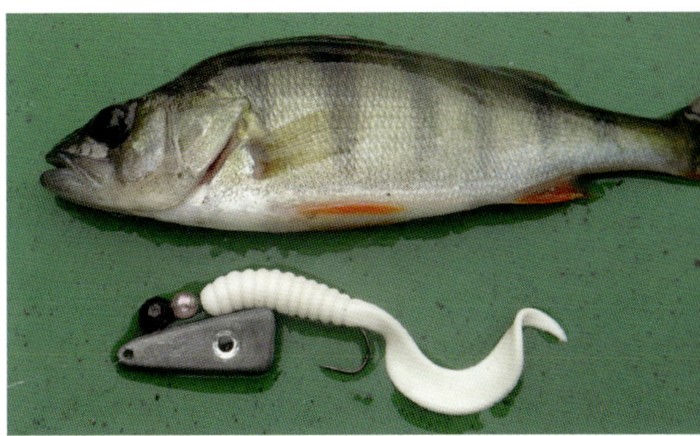

Neben Tuben bilden Twister eine gute Köderform für Plomb Palette.

Abstand halten

Blei und Köder müssen bei Plomb Palette im richtigen Verhältnis stehen, das heißt, das Blei darf nicht über den Köder dominieren. Oft kommt der Köder besser zur Geltung und lässt sich auch besser vom Fisch nehmen, wenn mit einem Schlauch ein gewisser Abstand zwischen Blei und Köder hergestellt wurde.

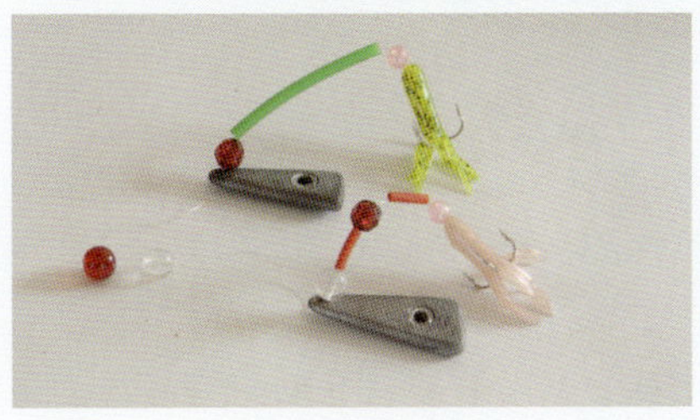

Bei den Fischen unbekannt

In Frankreich, wo die Montage entwickelt wurde, hat man immer wieder die Feststellung gemacht, dass stark beangelte Fische, die mit den üblichen Köderführungen vertraut sind, auf die noch unbekannten Bewegungen von Plomb Palette reagieren. Was in Frankreich funktioniert, solle bei uns nicht anders sein. Das bedeutet Plomb Palette ist eine dringende Empfehlung für Gewässer mit hohem Befischungsdruck, an denen die Fische die üblichen Köder und Techniken schon gut kennen und zu vermeiden verstehen.

Da die Methode sehr aktiv und aggressiv ist, bietet sie sich nur für die Zeiten an, in denen man dasselbe von den Raubfischen behaupten kann. Ansonsten würden sie kaum auf das rasante Angebot reagieren. Schließlich sei noch erwähnt, dass die Montage einen relativ ebenen Untergrund erfordert, ansonsten würde sie sich allzu leicht an einem Hindernis festsetzen.

WACKY – DIE VERRÜCKTESTE ALLER TECHNIKEN

Wacky ist die irreste Erfindung, seit es Gummiköder gibt. Die Methode wirkt so verblüffend, dass jeder Spinnfischer sie in sein Repertoire aufnehmen muss, um noch ein paar Fische extra zu fangen.

Das Wacky-Rig sieht verrückt aus und es macht die Fische verrückt – wie zutreffend, dass wacky das englische Wort für verrückt ist. Dabei könnte man beim Anblick des Wacky-Rigs zunächst einmal denken, da wäre ein Angler verrückt geworden, denn die Montage macht den Eindruck, als wäre sie nicht ganz fertig geworden oder jemand hätte da etwas falsch verstanden.

Auf den Wacky-Wurm gehen die Barsche eigentlich immer, sogar wenn sie eigentlich träge und unwillig sind.

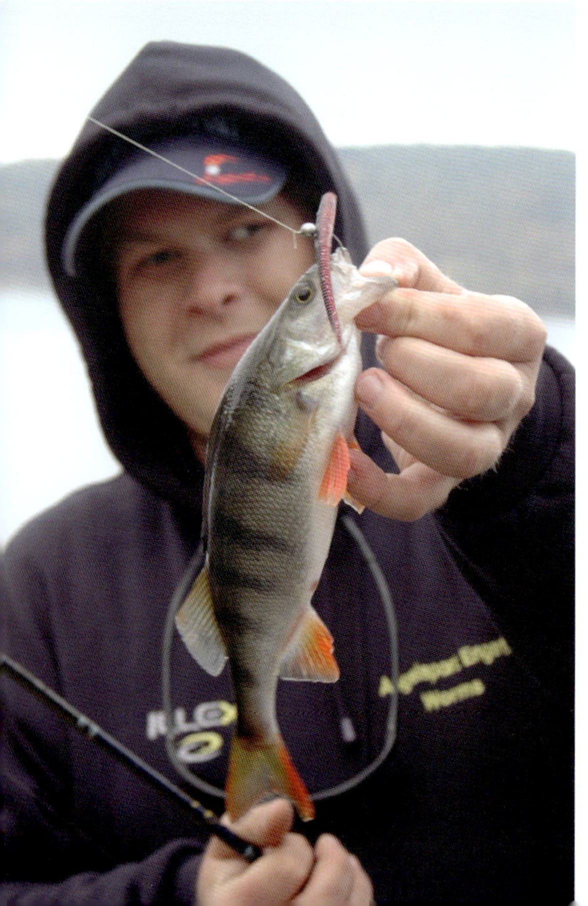

Bei der klassischen Wacky-Montage wird ein Gummiwurm mittig auf einen Haken gezogen. Und das war's auch schon. Der Haken wird nicht einmal versteckt, er wird einfach nur einmal durch den Gummiwurm gestochen. Für alle, die meinen, man müsse den Haken im Köder verbergen, sieht das vollkommen falsch aus, aber es ist vollkommen richtig so. Denn der Wurm soll zu beiden Seiten des Hakens herunterhängen und sobald die Schnur zuckt, mit seinen Enden anfangen zu wackeln. Sobald der Gummiwurm herumwackelt, kann schließlich kein Fisch erkennen, ob sich da irgendwo ein Haken befindet.

Einfach montiert

Die einfachste Wacky-Montage besteht tatsächlich aus nicht mehr als einem Vorfach und einem Haken. Mehr braucht man schließlich nicht, um einen Gummiwurm verführerisch wackeln zu lassen. Allerdings hat man damit noch kein Gewicht, außer das des Köders. Wenn man weiter werfen, den Köder schneller in die Tiefe bringen und ihn dort kontrollierter halten möchte, braucht man aber ein paar Gramm Metall. Die befinden sich bei speziellem Wacky-Zubehör entweder am Haken oder sie werden separat am Köder befestigt. Die beschwerten Haken sehen im Grunde ganz ähnlich aus wie Jighaken – nur kleiner. Für die separate Beschwerung hat man die Wahl zwischen Gewichten,

Wacky-Haken

Die einfachsten Wacky-Haken sind schlichte Rundbogenhaken. Wer das Gewicht am Haken haben möchte, nimmt einen beschwerten Wacky-Haken, der wie ein kleiner Jighaken aussieht. Einen besonderen Zusatzreiz bieten die Haken mit Fransenzier. Und natürlich gibt es auch die Hakenvariante mit Krautschutz.

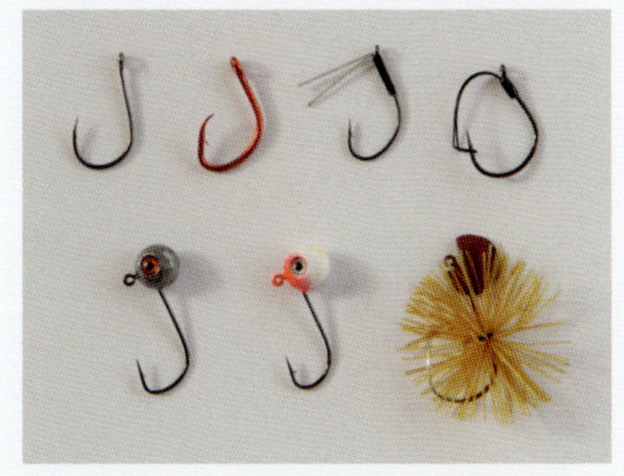

die mit einer Drahtspirale in den Köder geschraubt werden oder Metallstiften, die man einfach in den Köder steckt.

Welche Art der Beschwerung man wählt, hängt davon ab, welche Beweglichkeit man dem Köder geben möchte. Möchte man den Köder frei beweglich halten, dann steckt man ihn auf einen Haken mit Beschwerung. Möchte man dem Köder einen Schwerpunkt abseits des Hakens geben, damit er sich etwas dezenter, aber auch unregelmäßiger bewegt, dann steckt man ein Gewicht in den Gummikörper. Manchmal kann die eine Variante der Bebleiung deutlich besser fangen als die andere, deshalb kann es sich lohnen, mit beiden Formen der Beschwerung zu experimentieren. Welche Form der Bebleiung gewählt wird, hängt aber auch von der Wahl des Köders ab und davon, welche Beschwerung dieser zulässt.

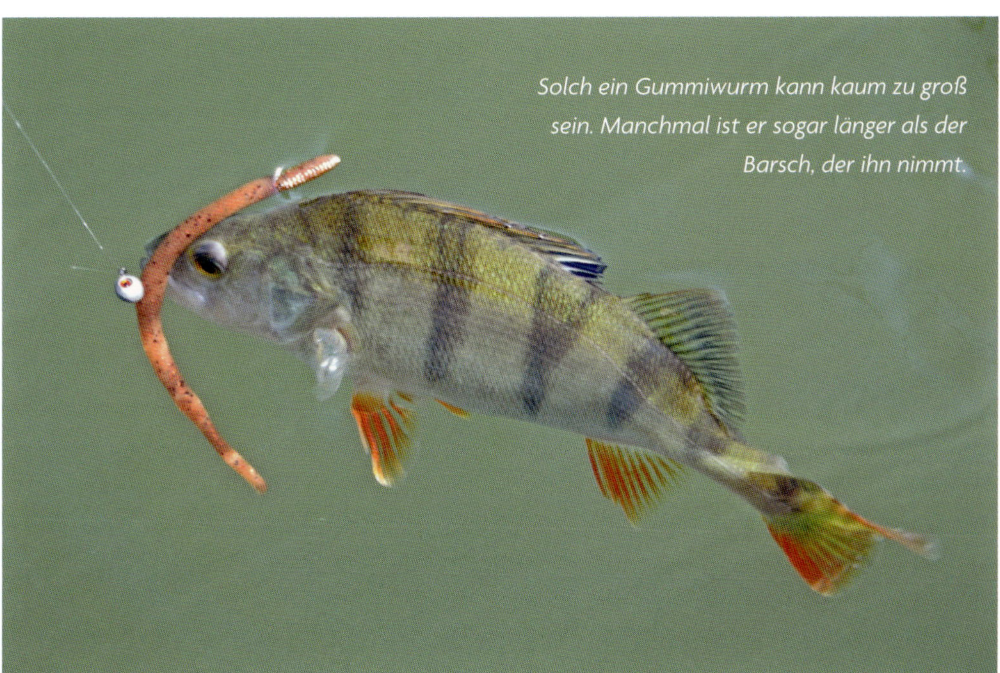

Solch ein Gummiwurm kann kaum zu groß sein. Manchmal ist er sogar länger als der Barsch, der ihn nimmt.

Wackelköder

Mit der Wacky-Technik können nahezu alle Köder angeboten werden. Aber es gibt natürlich einige Formen, die besser für die Technik geeignet sind als andere. Der Klassiker am Wacky-Haken ist der Gummiwurm, den es in allen möglichen Varianten gibt, und der auch in allen Ausführungen wackytauglich ist. Im direkten Vergleich haben sich oft die Modelle durchgesetzt, die sich nach Form und Farbe sehr eng an das Vorbild des Tauwurms anlehnen. Die Köderbox sollte deshalb nicht nur voller Phantasiewürmer sein, sondern auch ein paar gute Wurmkopien enthalten.

Bebleiung

Sofern man mit einem unbeschwerten Wacky-Haken angelt, muss der Köder separat bebleit werden. Dazu wird ein Metallstift in ein Ende des Köders eingeschoben oder ein Gewicht mit einem Drahtgewinde eingeschraubt. Diese einseitige Gewichtung kann dem Köder eine ganz besondere Bewegungsnote geben.

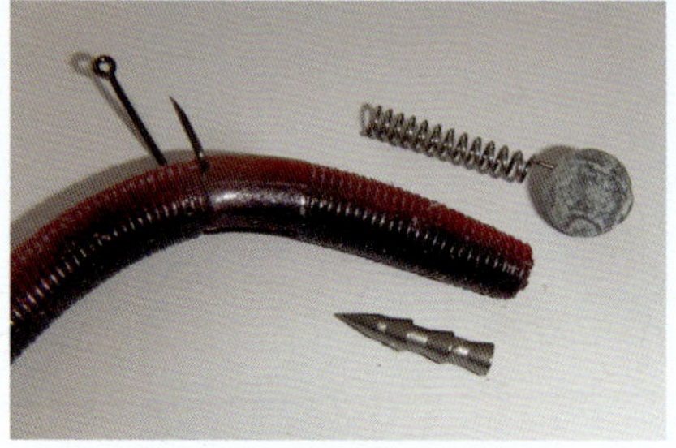

Einen Wacky-Wurm durchsticht man etwa in der Mitte, einen schlanken Gummifisch dagegen im vorderen Drittel.

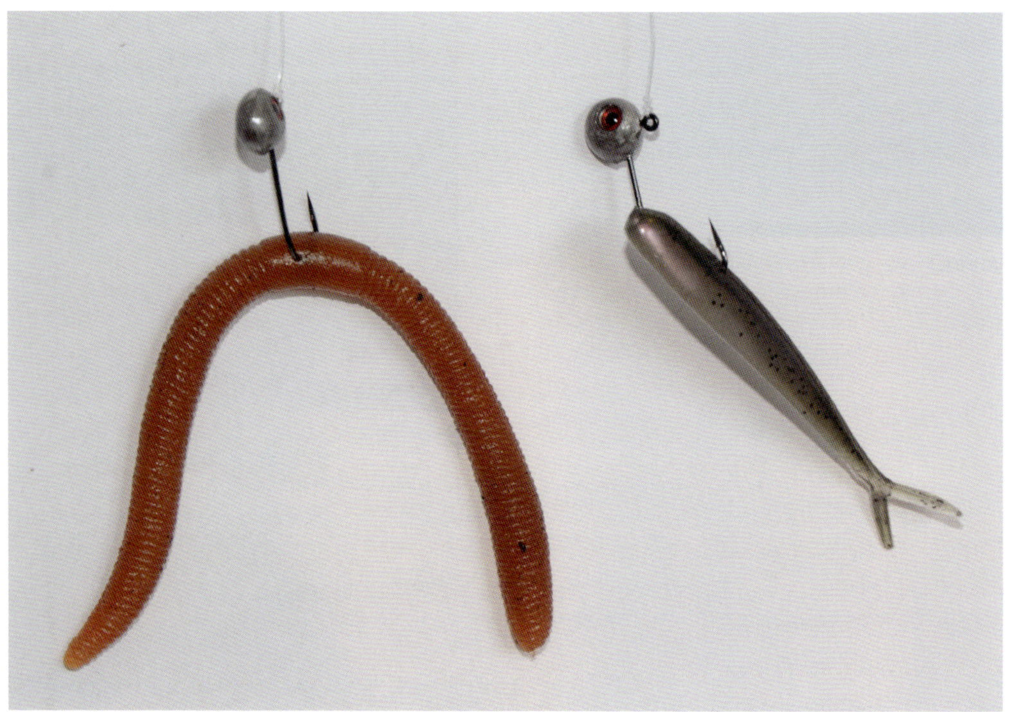

Keine gute Kopie irgendeiner Beute sind die Stickbaits, und doch machen sie eine gute Figur am Wacky-Haken. Sie bewegen sich dezenter als ein längerer und weicherer Gummiwurm, aber genau das scheint oft bei den Fischen gefragt zu sein. Deshalb haben sich die Sticks einen sicheren Platz unter den besten Wacky-Ködern gesichert.

Mit Würmern und Sticks hätten wir die beiden Köderformen genannt, die der wackeligen Wackybewegung am meisten entgegenkommen und die deshalb auch die Hauptköder für diese Technik sind. Dennoch sollte man andere Formen nicht unterschätzen am Wacky-Haken.

Ein unterschätzter, aber absolut wirkungsvoller Kandidat für den Wacky-Haken ist der schlanke Gummifisch vom Typ No-Action-Shad. Er besitzt nicht annähernd die Wackelqualität eines Gummiwurmes, aber das erwartet vielleicht auch keiner von einem kleinen Fisch, und deshalb überzeugt der Gummifisch ohne viele Gewackel als Wacky-Köder.

Schließlich dürfen Creature Baits und Fransen-Köder nicht unerwähnt bleiben. Sie funktionieren wiederum ganz anders als ein No-Action-Shad. Aber auch sie sind auf ihre Art sehr verführerisch an der Wacky-Montage. Bei ihnen kommt es wiederum darauf an, für viel Bewegung zu sorgen, denn darin liegt die Stärke dieser Köder. Nun müssen wir uns aber noch einmal genauer anschauen, wie die Wacky-Technik überhaupt funktioniert.

Aufhängung

Die Stelle, an der der Wacky-Haken durch den Köder gezogen wird, ist durch die ständige Bewegung des Köders einer starken Belastung ausgesetzt. Zerren dann auch noch Fische am Köder, reißt er schnell vom Haken ab. Ein längeres Leben hat der Köder an einem Gummiring – vorausgesetzt, dieser sitzt fest und ist sehr stabil.

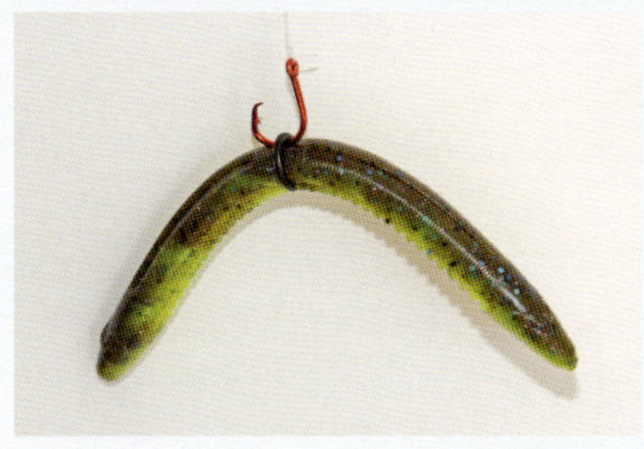

Auf der Stelle wackeln

Beim Wacky-Angeln geht es vor allem darum, einen Köder auf der Stelle wackeln und spielen zu lassen. Nach dem Auswerfen lässt man den Köder in die gewünschte Tiefe absinken und fängt dann an, die Rutenspitze vibrieren zu lassen. Das Zittern der Rutenspitze überträgt sich auf den Köder und lässt diesen auf der Stelle wackeln. Die erforderliche Bewegung erzeugt man nur aus dem Handgelenk. Der Unterarm bleibt dabei in unveränderter Position.

Reagiert an der einen Stelle kein Fisch auf das Wackeln, dann nimmt man etwas Schnur auf, holt damit den Köder dichter heran und fängt wieder an zu wackeln. Wackeln und Schnur einholen kann auch eine gleichzeitige und gleichmäßige Bewegung sein. Auf diese Weise lässt man den Köder streckenweise durchs Wasser wackeln.

Neugierige Fische, die sich um den wackelnden Köder scharen, kann man oft auch dadurch zum Zubeißen bringen, dass man den Köder kurz abstoppt und absinken lässt, ehe man ihn wieder zittern lässt. Dem Wechselspiel von Wackeln, Abstoppen, Absinken und Einholen sind keine Grenzen gesetzt. Man kann und sollte tatsächlich immer wieder neue Bewegungsmuster und –rhythmen in die Köderpräsentation einbauen. Das überrascht die Fische immer wieder und jede Überraschung ist für einen Biss gut.

Eine ganz andere Methode

Wacky ist eine Methode wie keine andere, die Köderbewegung erfolgt ganz anders und bietet dem Fisch einen Reiz, wie er von keinem anderen Köder ausgeht. Das macht Wacky so stark in Momenten, in denen die üblichen Köder und Techniken nicht den gewünschten Erfolg bringen. Tatsächlich kann man immer wieder beobachten, dass mit der Wacky-Technik in Situationen gefangen wird, in denen die Fische auf nichts anderes reagieren, oft nicht einmal auf einen Köderfisch oder einen echten Wurm. Wacky ist also eine Montage für schwierige Momente, in denen die Fische nach einem ganz besonderen Reiz verlangen.

Auch in anderer Hinsicht ist Wacky etwas für schwierige Situationen. Der Wacky-Köder kann schließlich problemlos überall im Mittelwasser angeboten werden. Mit all den Methoden, bei denen das Blei der Montage den Köder zum Grund zieht, ist das nicht möglich. Rauben die Fische im Mittelwasser, gehört Wacky zu den Methoden, mit denen man einen Gummiköder gezielt in der jeweiligen Tiefe anbieten kann.

Und eine weitere schwierige Situation lässt sich mit Wacky meistern. Stehen die Fische im versunkenen Geäst und zwischen anderen Hindernissen, kann der Wacky-Köder auch dort angeboten werden. Zur Sicherheit nimmt man dann einen Haken mit Krautschutz, damit kann auch im schwierigen Unterwasserterrain nichts anderes am Wacky-Köder hängen bleiben als ein Fisch.

NEKO-RIG – EINE NEUE BEWEGUNG

Das asiatische Neko-Rig bringt nicht nur neue Montage-Elemente, sondern auch neue Bewegungsformen in das Spinnfischen mit Gummiködern. Für die allermeisten Gewässer darf man behaupten: Das kennt dort kein Fisch.

Das Wort Neko soll sich von dem japanischen Wort nekosogi ableiten, das so viel bedeutet wie „vollständiges Ausreißen von Wurzeln". Darunter kann man sich noch nicht sofort eine Angeltechnik vorstellen. Aber wir nähern uns der Sache jetzt an.

Mit dem Neko-Rig wurde nicht nur das Technik-Repertoire der ambitionierten Gummiköder-Angler erweitert, auch ihre Zubehörbox wurde um zwei kleine Bestandteile ergänzt. Die Teile heißen Neko-Punch und Neko-Master und sind im Wesentlichen kleine Drahtgewinde, die eine wichtige Aufgabe haben.

Der Neko-Punch bildet ein Drahtgewinde für die Anbringung eines Gewichts am unteren Ende des Köders. Das Gewicht mit Öse wird zunächst in das Gewinde eingedreht, ehe dieses dann in den Gummiköper geschraubt wird. Statt dieser Gewindekonstruktion kann man auch einfach einen Metallstift als Gewicht in den Körper schieben. Die Möglichkeiten der Beschwerung sind damit allerdings begrenzt.

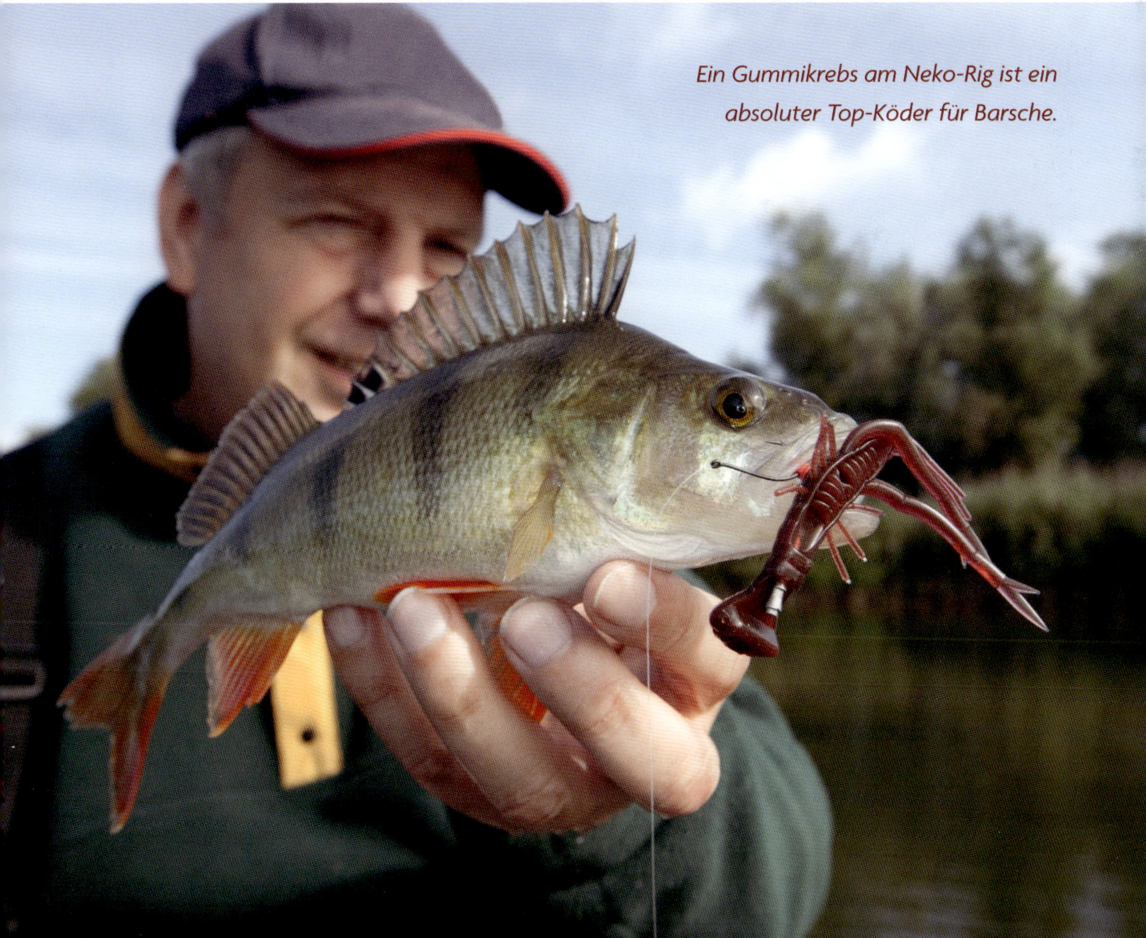

Ein Gummikrebs am Neko-Rig ist ein absoluter Top-Köder für Barsche.

Der Neko-Master zeichnet sich durch einen kleinen Hartgummiknauf auf dem Gewinde aus. Dieses Gewinde wird an der Stelle (meistens die Mitte) in den Köder geschraubt, an der man den Haken aufhängen möchte. Diesen zieht man durch den Gummiknauf. Am besten zieht man ihn zuerst durch und schraubt dann das Gewinde ein.

Mehr Stabilität

Wieso diese zwei Gewinde? Der Köder wird am Neko-Rig sehr intensiv geführt und damit werden die beiden Befestigungsstellen für Haken und Gewicht stark beansprucht. Durch das Gewinde wird die Belastung auf einen größeren Bereich des Gummikörpers verteilt. Dadurch sind die Verbindungen stabiler.

Haken und Blei sind beim Neko-Rig anders als bei allen anderen modernen Techniken angeordnet. Der Haken wird in der Mitte des Köders angebracht und das Blei darunter, aber auch direkt am Köder. Das kann der Schwanz, aber auch das Kopfteil des Köders sein. Diese Trennung und Befestigung bedeutet, dass der Köder an der Körpermitte nach oben gezogen wird, während das Gewicht ihn nach unten zieht. Aus diesem Gegenspiel der Zugrichtungen gewinnt der Köder sein einzigartiges Bewegungsmuster. Bei jeder anderen Montage geht die Schnur, wenn der Köder am Boden ist, ebenfalls vom Boden aus. Mit dem Neko-Rig kann man den Köder auf dem Boden abstellen und ihn dort halten und aufrichten, weil die Schnur von der Körpermitte des Köders ausgeht.

NEKO-RIG: Beim Neko-Rig ist der Köder mit der Körpermittel am Haken befestigt, so kann man ihn am Boden stehen lassen und ihm Bewegungsmuster verleihen, die mit keiner anderen Montage zu erreichen sind.

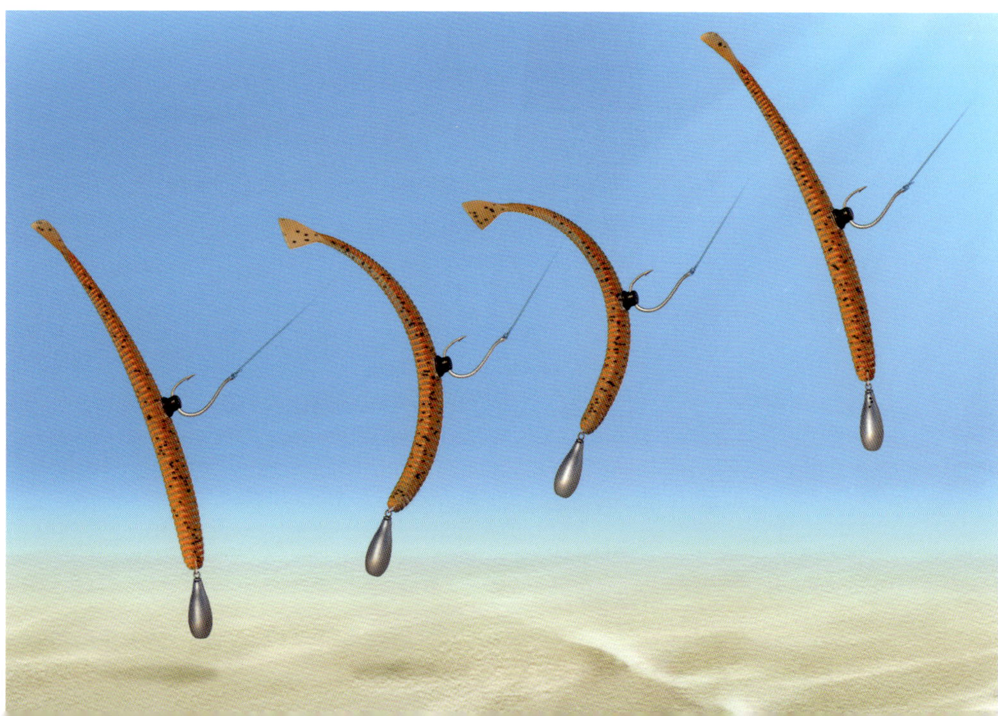

Neko-Punch

Mit dem Neko-Punsch wird ein Gewinde zur Halterung des Bleigewichts in das Unterteil des Köders eingeschraubt. Vor dem Einschrauben wird das Gewicht mit dem Öhr in das Gewinde eingehängt. Alternativ zu dieser Form der Bebleiung kann man auch einen Metallstift in den Köder einschieben. Auf diese Weise erreicht man allerdings nur eine geringere Beschwerung als mit einem eingehängten Gewicht.

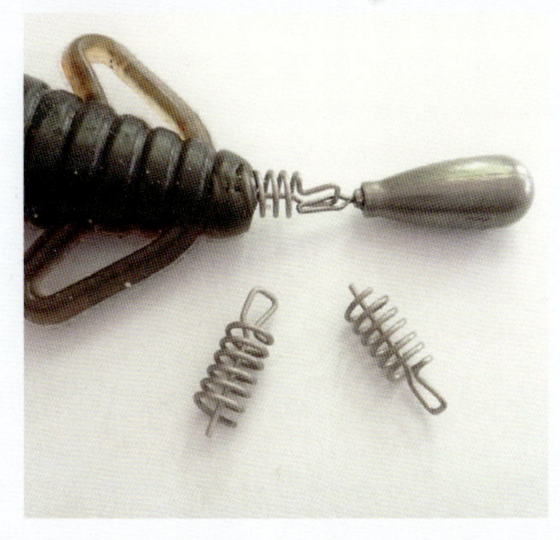

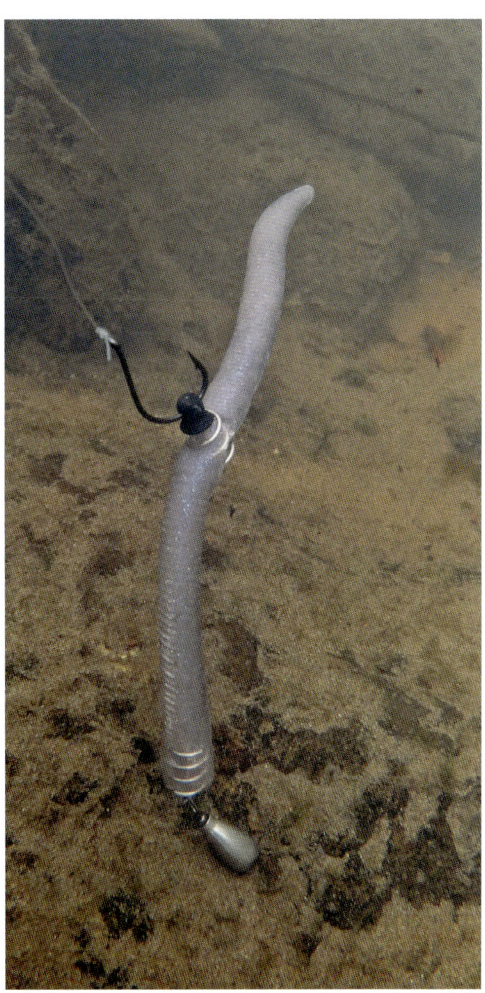

Der Gummiwurm einmal ganz anders: Am Neko-Rig hüpft er wie irre über den Grund.

Die Konstruktion mit dem Neko-Master sorgt nicht nur für sicheren Halt, sondern auch für einen freien Haken, der ungehindert ins Fischmaul eindringen kann. Bei der Anbringung von Neko-Master und Haken gilt zu beachten, wie sich der Köder bewegen wird. Ein Gummikrebs wird praktisch am Haken nach hinten gezogen. Der Haken sollte dabei so ausgerichtet sein, dass er mit der Spitze schräg nach oben zeigt. So bietet er die besten Aussichten auf einen erfolgreichen Anhieb.

Möglichkeiten nutzen

Der Köder am Neko-Rig steht ganz anders am Gewässerboden als ein Köder an irgendeinem anderen Rig. Die Montage bietet neue, ganz andere Möglichkeiten. Wer mit diesem Rig einen Gummiwurm anbietet, sollte die Stärken der Montage konsequent nutzen. Das heißt, er sollte den Wurm mit dem Bleigewicht am Boden aufrecht stehen

Neko-Master

Der Neko-Master ist ein kleines, aber dringend erforderliches Zubehörteil des Neko-Rigs. Würde man den Haken direkt in den Gummiköder einstechen, wäre die Belastung bei der Bewegung so stark, dass der Haken schnell ausreißen würde. Bei einigen Köderformen hätte man alternativ noch die Möglichkeit, den Haken mit einem Gummiband am Köder zu befestigen, um die Belastung für den Köder zu reduzieren. Um die besten Aussichten auf einen erfolgreichen Anhieb zu haben, wird der Haken so ausgerichtet, dass die Spitze schräg nach oben weist.

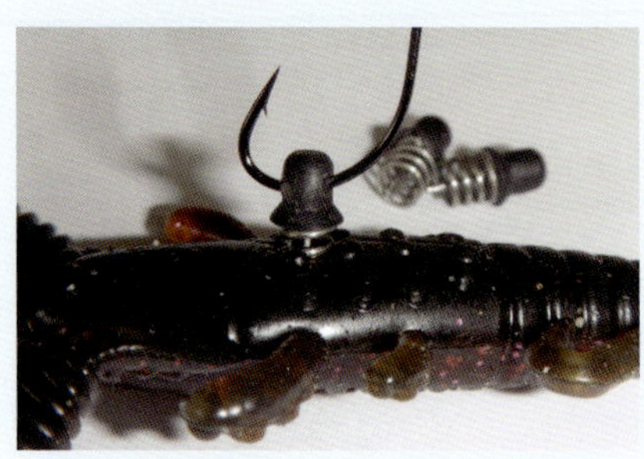

und wackeln lassen und ihn dann mit einem Ruck vom Boden lösen, damit er wackelnd und zappeln einen Satz vollführt und wieder auf dem Boden landet. Schauen Sie sich die Bewegung des Wurmes, wenn man ihn vom Boden abhebt, einmal in klarem Wasser an. Dann verstehen Sie, was Neko mit „vollständigem Ausreißen von Wurzeln" zu tun hat. Es sieht nämlich tatsächlich ein bisschen so aus, als würde man eine kleine Pflanze mitsamt Wurzel aus dem Boden reißen.

Mit einem Gummiwurm oder einem anderen langen schlanken Köder lässt sich hervorragend ein Fischchen imitieren, das im Boden wühlt oder sich darin zu verbergen versucht. Neben den Sprüngen des Köders gehört es deshalb immer dazu, ihn für einen Moment auf der Stelle stehen und durch Zittern der Rutenspitze Staub aufwirbeln zu lassen. Wurmartige Köder lassen sich schon extrem verlockend mit dem Neko-Rig präsentieren, aber für einen anderen Gummiköder ist es geradezu die Ideal-Montage.

Ideal für Gummikrebse

Einen Gummikrebs kann man praktisch gar nicht besser anbieten als mit dem Neko-Rig. Das Bleigewicht am Schwanz, den Haken am Rücken, lässt sich der Krebs mit ein wenig Zug aufrichten, so dass er auf dem Schwanz steht und seine Scheren nach oben reckt. Mit keiner anderen Methode lässt sich der Krebs so authentisch in Position bringen. Man kann ihn dann sogar noch langsam rückwärts laufen lassen, wie einen echten Krebs in Abwehrhaltung. Dann einen kurzen Ruck, und der Krebs hebt zu einem kleinen Satz rückwärts ab und landet wieder auf seinem Hinterteil. Das ist vielleicht eine Kleinigkeit mehr, als es der lebendige Krebs vollbringen würde, aber solch ein Hüpfer ist enorm wirkungsvoll.

Mit einem Wechsel aus Aufrichten des Köders, ihn auf der Stelle wackeln zu lassen und in schließlich mit einem kleinen Satz von Boden abheben zu lassen, schafft man ein Bewegungsrepertoire, aus dem man eine absolut Aufsehen erregende Performance machen kann. Gerade weil man damit den

Krebs zu naturgetreuem und leicht übertriebenem Leben erwecken kann und nicht nur einen Köder im Zickzacklauf monoton über den Boden hüpfen lässt, entwickelt er eine unwiderstehliche Darbietung.

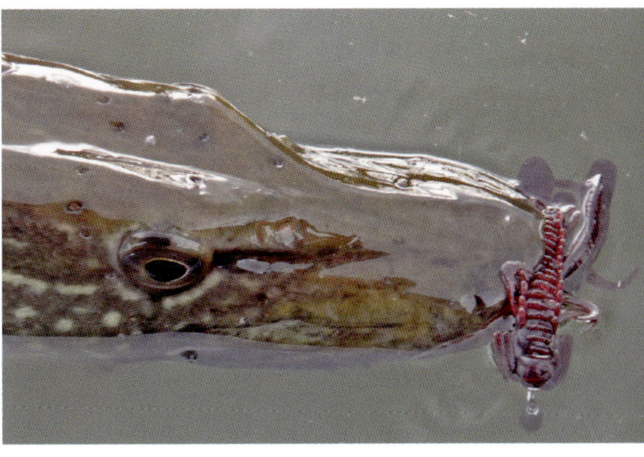

Extrem verführerisch! Gummikrebse am Neko-Rig wirken unwiderstehlich auf alle Räuber.

Eigener Stil

Mit dem Neko-Rig entwickelt der Köder seinen ganz eigenen Stil, der sich von allem unterscheidet, was man mit anderen Techniken bewerkstelligt. Die Methode ist klar auf eine Präsentation am Boden ausgerichtet, je nach Beschwerung kann der Köder auf kurze bis mittlere Entfernungen angeboten werden. Die Feinbewegung eines Gummikrebses lässt sich dabei allerdings nur auf recht kurze Distanz realisieren.

Auch das Neko-Rig wird man weniger zum Suchen von Fischen einsetzen als viel mehr zu einer gezielten Befischung am Spot. Die Stärke des Rigs besteht dabei in der Möglichkeit vieler Bewegungs- und Tempowechsel. Durch diese Flexibilität gelingt es mit der Montage, immer noch einmal Reize zu schaffen, die mit anderen Techniken nicht zu kreieren sind und mit denen man deshalb noch ein paar heikle Fische an den Haken bringen kann, die nicht mehr auf die üblichen Gummipräsentationen hereinfallen.

Gummikrebse lassen sich an keiner Montage so gut präsentieren wie am Neko-Rig.

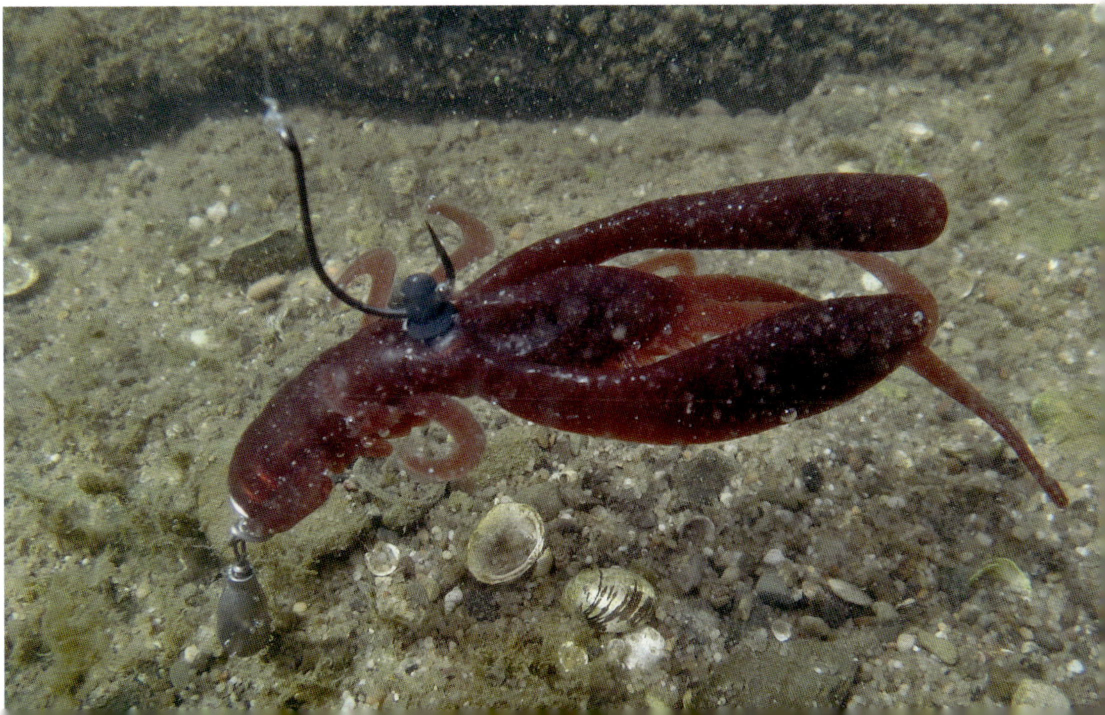

SOFTJERKEN – HARTE SCHLÄGE MIT WEICHEN KÖDERN

Nach dem Jerkbait kam der Softjerk, die weiche Ausführung eines eigentlich harten Köders. Mit dem weichen Material entstanden dabei ganz neue Möglichkeiten für den Einsatz an zuvor nicht beangelbaren Gewässern.

Jerkbaits machten schon vor einigen Jahrzehnten in den Kreisen der Raubfischangler von sich Reden. Mit ihnen kamen nicht nur neue Köder, sondern auch eine neue Technik auf, das Jerken. Darunter versteht man das ruckartige Bewegen (engl. to jerk = rucken) des Köders, das durch kurze Schläge mit der Rute erzeugt wird. Jerkbaits sind allerdings harte wobblerartige Köder aus Holz oder Kunststoff.

Die Technik des Jerkens, also der ruckartigen Köderführung wurde von den harten auf die weichen Köder übertragen. So entstanden die Softjerks und das Softjerking, das allerdings mehr ist als eine weiche Variante einer harten Technik. Denn mit der soften Ausführung des Jerkens ist noch etwas anderes verbunden. Die weichen Jerks sind nämlich speziell für hindernisreiche, verkrautete Gewässer entwickelt worden. Bei den Softjerks macht man sich die Eigenschaften des

Mit Softjerks kann man sich auch an die Hechte mitten zwischen den Wasserpflanzen trauen.

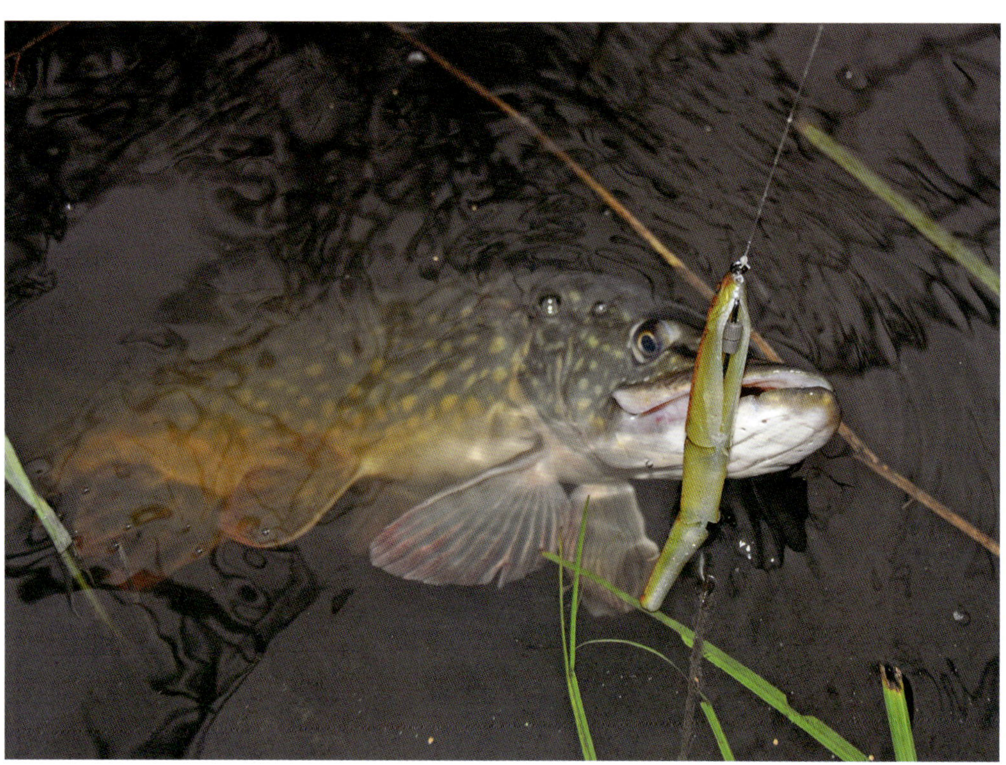

weichen Materials zunutze, um darin Haken und Gewicht so zu verbergen, dass der Köder problemlos durch hindernisreiches Wasser laufen kann, ohne sich irgendwo festzusetzen.

Spezielle Formen

Prinzipiell kann man selbstverständlich jeden Gummiköder zum Softjerk machen, indem man ihn kaum oder gar nicht beschwert am Einzelhaken durchs Oberflächen- oder Mittelwasser jerkt. Damit trifft man aber noch nicht das Wesentliche des Softjerkens, die Köderführung eines krautresistent angehakten Softbaits durch hindernisreiches Wasser. Genau dafür sind nämlich die speziellen Softjerks eigens geformt und präpariert.

Ein richtiger Softjerk soll widersprüchlich erscheinende Eigenschaften in sich vereinen, er soll keine Spitze haben, aber zustechen können. Der Haken soll sich so gut in seinem Körper verbergen, dass er an keinem Grashalm hängen bleibt und sich keine Alge an ihm verfängt. In einem Fischmaul soll sich der Haken aber natürlich sehr wohl festsetzen, wenn er dort hineingeraten ist.

Der scheinbare Widerspruch wird gelöst, indem man den Haken im Köder so installiert, dass er zunächst verborgen ist, sich aber leicht aus seinem Versteck löst, sobald (durch ein zubeißendes Maul) Druck auf den Köder ausgeübt wird. Die Installation sieht wie folgt aus: Der Gummiköder hat einen aufgeschlitzten Bauchbereich und einen eingeschlitzten Rücken. Der Haken – ein Wide-Gap-Haken – wird so angebracht, dass sich sein weiter Schenkel direkt unter dem aufgeschlitzten Bauch befindet und seine Spitze

Eigentlich kann man jeden Gummiköder zum Softjerk machen, am besten sind jedoch die eigens als Softjerk hergestellten Gummis.

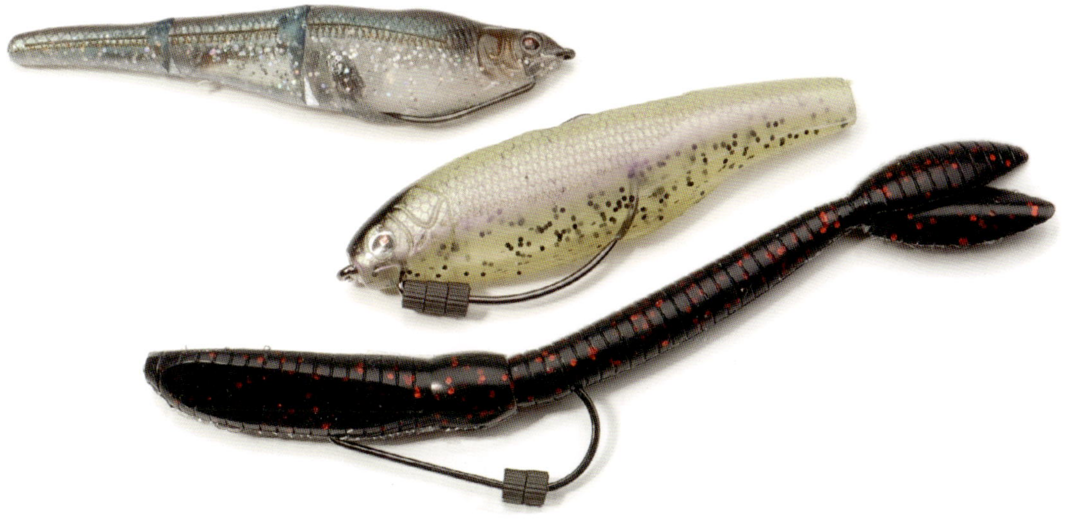

in dem eingeschlitzten Rücken. Auf diese Weise verschwindet der Haken nahezu. Bei einem Biss kann der Bogen jedoch ungehindert in den offenen Bauchraum eindringen und damit die Hakenspitze aus dem Rücken herausdrücken, damit diese ungehindert greifen kann.

Gewichtige Schenkel

Gewöhnlich reguliert man das Gewicht von Gummifischen durch den Bleikopf. Da Softjerks auf einen Wide-Gap-Haken gezogen werden, entfällt diese Möglichkeit bei ihnen. Da der Softjerk waagerecht durchs Wasser gleiten soll, kommt eine Beschwerung am Hakenöhr, also am Kopf des Köders nicht in Frage. Die würde ihn nämlich schräg nach unten ziehen. Die Beschwerung kann deshalb nur auf dem weiten Schenkel des Hakens angebracht werden. Dazu bedient man sich zwei verschiedener Techniken.

Zum einen gibt es fertig und unveränderlich beschwerte Softjerk-Haken. Bei ihnen ist das Blei auf den Schenkel gegossen und bildet so den definierten Schwerpunkt von Haken und Köder. Zum anderen gibt es die Möglichkeit, einen einfachen Widegap-Haken mit kleinen Gewichten variabel zu beschweren. Zu diesem Zweck gibt es extra Hartgummigewichte, die über die Spitze auf den Haken geschoben werden. Mit Softjerks angelt man in der Regel in flachen Gewäs-

SOFTJERK AUFZIEHEN

Der Wide-Gap-Haken wird an der vorderen Spitze des Köders von oben nach unten durchgeführt. Haken bis zum Öhr durchziehen und um 180 Grad drehen. Gewichte aufziehen, Haken im hohlen Bauchraum ein und durch den Rücken herausführen. Hakenspitze in dem Schlitz im Rücken verbergen.

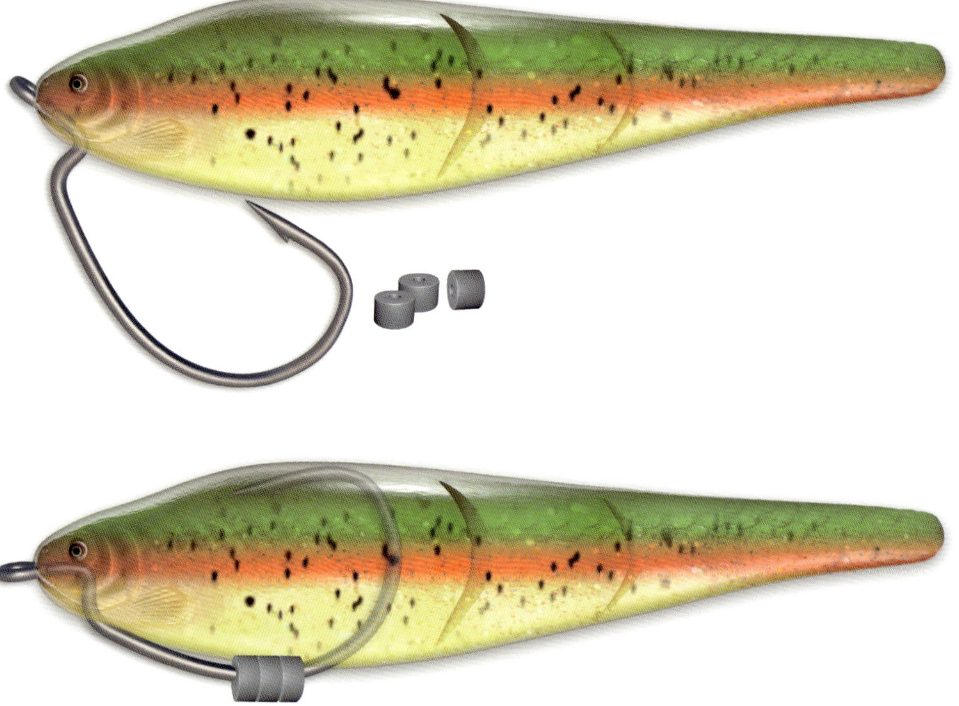

sern oder in den oberen Wasserschichten. Deshalb wird man diesen Köder gewöhnlich nur gering beschweren, damit er nicht unter die Schicht sinkt, in der er angeboten werden soll.

Über die Rute

Da Softjerks frei sind von allen Attributen wie Tauchschaufel oder Flossen, die für ein bestimmtes Bewegungsmuster sorgen, wird die Köderbewegung allein über die Rute bestimmt. Damit hat man aber immer noch reichlich Möglichkeiten, den Köder schnell, intensiv und aggressiv zu führen oder langsam und passiv. Was man mit dem Köder macht, hängt vom Gewässer und dem Temperament der Fische ab.

In einem stark verkrauteten, sehr hindernisreichen Gewässer wird man den Köder hoch halten und damit schneller führen müssen. Mehr Tempo bietet sich auch an, wenn die Fische sehr aggressiv sind. Hat man in einem Gewässer stellenweise Spielraum nach unten, spricht nichts dagegen, den Köder zwischendurch einmal tiefer absinken zu lassen. Dann führt man ihn also etwas gemächlicher. Sobald Hindernisse im Weg liegen, kann man ihn mit stärkeren Rutenschlägen wieder nach oben treiben. Mit etwas Übung wird man sich eine große Variationsbreite von Bewegungen mit dem Softjerk erschließen. Was er tut und wie er's tut, hat man buchstäblich selbst in der Hand.

Schwierige Bereiche

Softjerken ist in allen Gewässern möglich, aber es wurde schon wiederholt betont, dass es sich um eine Technik für schwierige

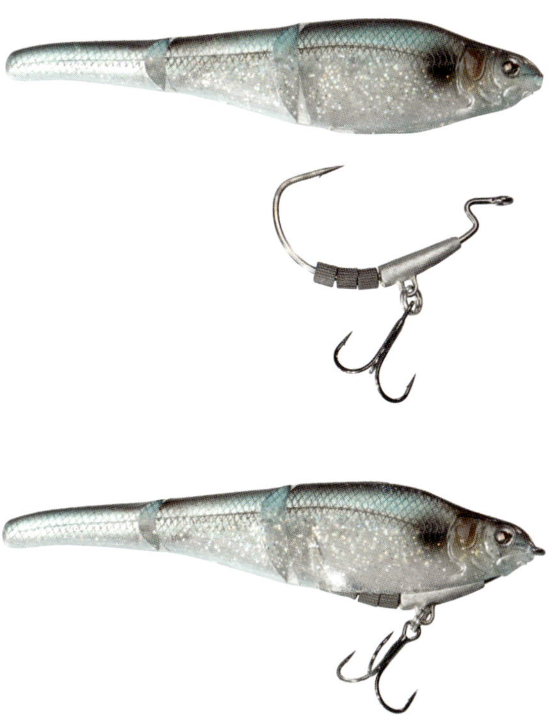

Wenn nicht zu viel Gestrüpp im Wasser ist, verbessert ein Drilling am Einzelhaken die Aussichten, einen Fisch am Softjerk zu haken.

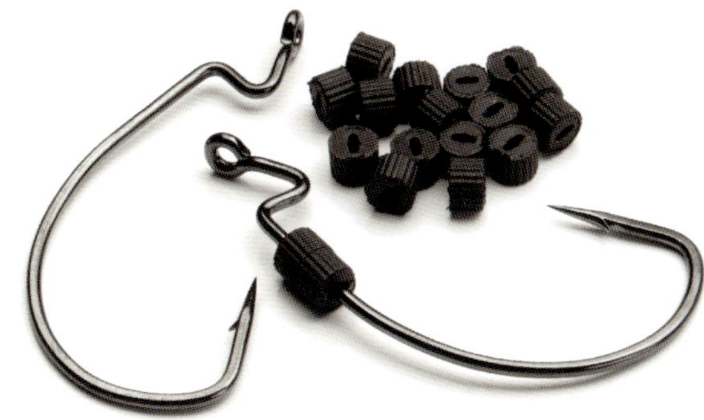

Kleine Gummigewichte verleihen dem Softjerk die gewünschte Sinkeigenschaft.

Gewässer mit viel Wasserpflanzen und versunkenem Gehölz handelt. Dort bringt die Technik unverkennbar Vorteile, unter anderen Umständen bringt sie eher Nachteile. Denn wir wollen nicht verschweigen, dass das System mit dem verborgenen Haken zwar durchaus ausgeklügelt ist, aber nicht alle Raubfische beißen schließlich so auf den Köder, wie es das ausgeklügelte System gerne hätte. Viele beißen anders, und dann funktioniert die Technik nicht unbedingt so, wie sie soll. Mit anderen Worten: Es kommt zum Fehlbiss.

Mit seinem verborgenen Haken gleitet der Softjerk selbst durch dichtes Gestrüpp.

Es lässt sich nicht verschweigen: Die Fehlbissquote bei den Softjerks kann recht hoch ausfallen. Der Köder hat schließlich nur eine einzige Hakenspitze, und die muss erst einmal aus dem Gummi herauskommen und dann noch an einer geeigneten Stelle fassen. Das klappt nicht immer.

An nahezu unbeangelbaren Gewässern kann man sich entscheiden: Entweder man angelt dort gar nicht und fängt dementsprechend auch gar nichts. Oder man angelt mit Softjerk, riskiert damit Fehlbisse, bekommt aber auch die Chance, den einen oder anderen Fisch zu fangen, den man sonst nicht bekommen würde. Da fällt die Entscheidung doch leicht, oder?

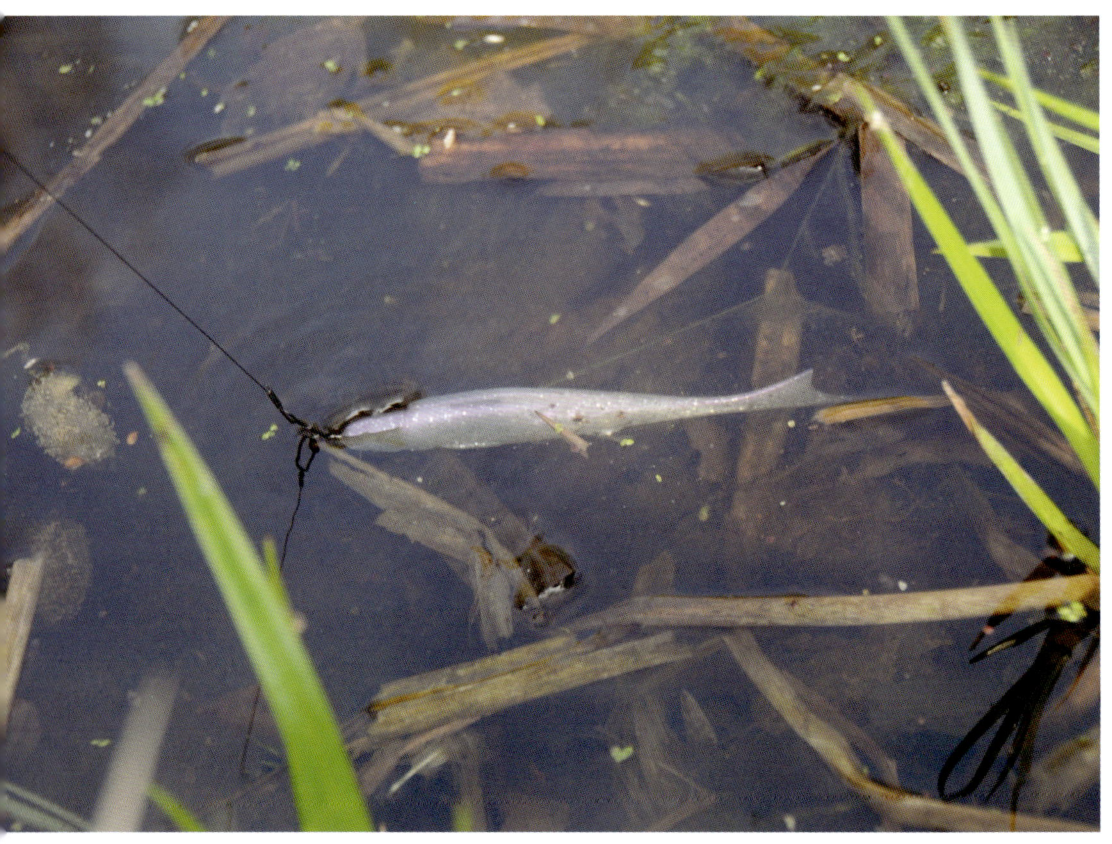

TOPWATER – DIE HOHE KUNST DES FANGENS

Mit Gummiködern einen Biss an der Wasseroberfläche zu provozieren, gehört zu den besonderen Herausforderungen des Spinnfischens. Topwater-Köder fangen dabei sicher nicht die meisten Fische, aber sie sorgen für spektakuläre Attacken.

Mit den Softjerks haben wir bereits eine Ködergruppe kennengelernt, die eine weiche Variante eigentlich harter Köder darstellen. Ähnlich verhält es sich mit den Topwater-Ködern. Darunter versteht man nämlich zunächst Wobblertypen wie Popper oder Stickbaits. Aber inzwischen gibt es auch Topwater-Köder aus Weichplastik. Unter Topwater versteht man Oberflächenköder. Anders als Softjerks, die hoch, aber doch unter der Oberfläche geführt werden, schwimmen Topwater-Köder auf dem Wasser und gehen auch bei starkem Schnurzug nicht unter.

Bei den soften Topwater-Ködern gibt es keine so große Formenvielfalt und solchen Einfallsreichtum wie bei ihren harten Verwandten. Die weichen Köder sind in der Regel den

In manchen Gewässern scheint es aussichtslos, einen Köder auswerfen zu wollen. Mit einem Topwater-Köder kann man aber scheinbar unmögliche Fänge möglich machen.

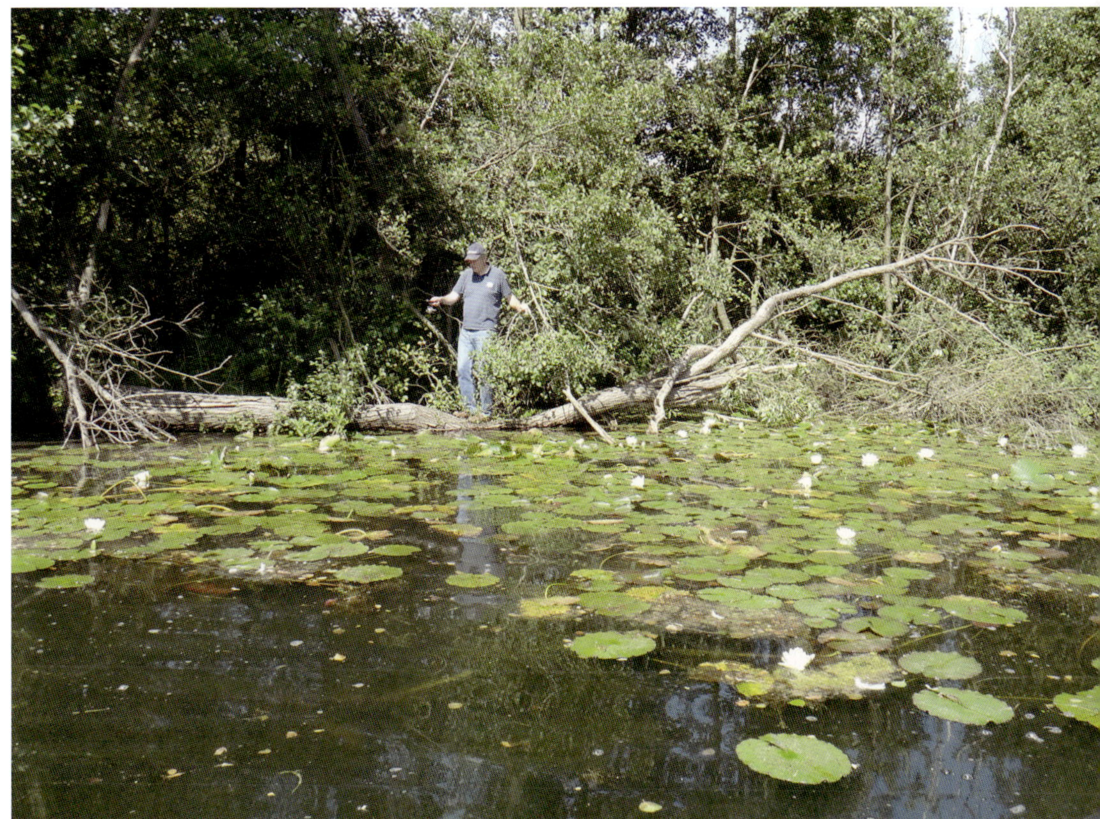

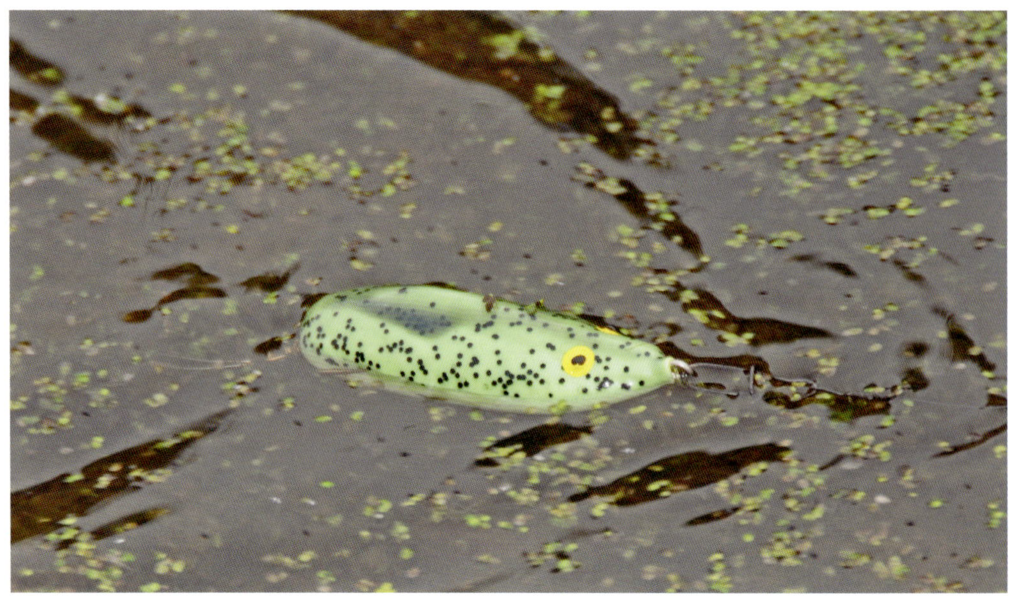

Topwater-Köder mit verborgenen Haken sind die letzte Chance in Gewässer, unter deren Oberfläche zahlreiche Hindernisse lauern.

Tieren nachempfunden, die tatsächlich auf der Wasseroberfläche anzutreffen sind, also Fröschen und Mäusen. Die Ähnlichkeit reicht von naturgetreu bis stark stilisiert.

Im Zickzack-Lauf

Topwater-Köder stellen eigentlich keine hohen Ansprüche an die Köderführung, schließlich muss man sich nicht weiter damit befassen, wie man den Köder in der richtigen Tiefe bzw. Höhe hält. Die hat er schon einmal automatisch. Aber er braucht ja auch noch Tempo, Richtung und Rhythmus. Doch das ist auch nicht allzu schwierig. Der Köder wird – ganz ähnlich wie ein Jerkbait – mit Rutenschlägen oder –zupfern geführt. Mit der Intensität der Rutenbewegung bestimmt man auch die des Köders.

Wie sich der Köder über die Oberfläche bewegt, liegt also ganz in den Händen des Anglers. Zarte Hände erreichen dabei oft eine höhere Bissfrequenz als grobe. Allzu sehr sollte man den Köder nämlich nicht über die Oberfläche peitschen. Hoch im Kurs steht bei den Raubfische eine schöne Walking the dog-Bewegung des Köders, das heißt ein Zickzacklauf, bei dem der Köder immer abwechseln ein bisschen nach links und nach rechts ausbricht. Eine dringende Empfehlung lautet: Legen Sie Pausen ein, stoppen Sie den Köder zwischendurch ab und lassen Sie ihn zwei bis fünf Sekunden auf der Stelle stehen. Bei einem Raubfisch, der den Köder beobachtet – und er wird garantiert immer wieder beobachtet werden – baut sich in dem Moment eine Spannung auf, die sich oft in einem wütenden Biss entlädt. Tatsächlich kommen viele Bisse in solch einer Pause oder unmittelbar danach.

Die Sache mit dem Anhieb

Wenn der Biss kommt, darf man bei Oberflächenködern aber nicht übereilt handeln. Dabei neigt man genau dazu. Denn sobald man den Biss sieht, möchte man den Anhieb setzen. Wer es tatsächlich tut, wird erleben, dass ihm der Köder mit starker Beschleunigung entgegenfliegt. In dem Moment, da wir den Biss erkennen, hat der Räuber das Maul aber meistens noch geöffnet – zu früh für den Anhieb. Wir müssen uns, auch wenn es schwerfällt, gedulden, bis er das Maul wieder geschlossen hat. Und nicht nur dass, wir müssen den Biss, genau so, als würden wir Köder und Fisch gar nicht sehen, in der Rute spüren. Erst dann ist der richtige Moment für den Anhieb gekommen.

Eine Warnung muss aber doch ausgesprochen werden: Selbst wenn man mit Biss und Anhieb alles richtig macht, wird man mit dem Problem von Fehlbissen zu kämpfen haben. Das liegt zum einen daran, dass die Fische einen Angriff an der Oberfläche offenbar nicht so gut koordinieren können wie unter Wasser. Deshalb kriegen sie den Köder manchmal einfach nicht richtig zu fassen. Zum anderen verfügen Oberflächenköder aus Gummi über eine geringe und zudem versteckte Bewaffnung mit Haken, und damit kriegt man den Fisch nun einmal nicht immer sicher zu fassen.

Wo man kaum angeln kann

Wenn es doch beim Topwater-Angeln so viele Fehlbisse gibt, warum soll man es dann überhaupt betreiben? Noch einmal ein ehrliches Wort: Oberflächenangeln ist nicht die beste Methode, um viele Fische zu fangen.

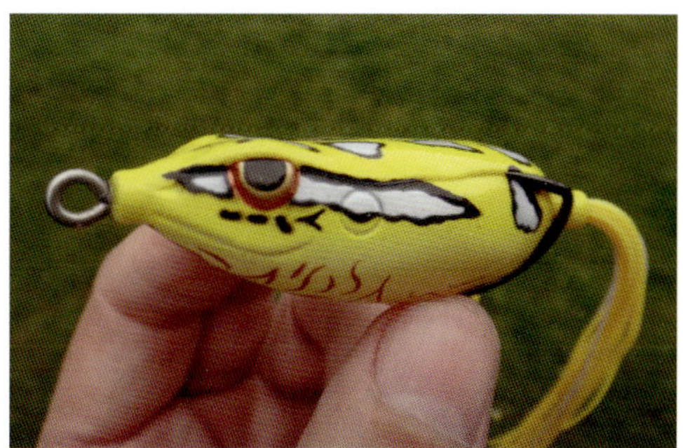

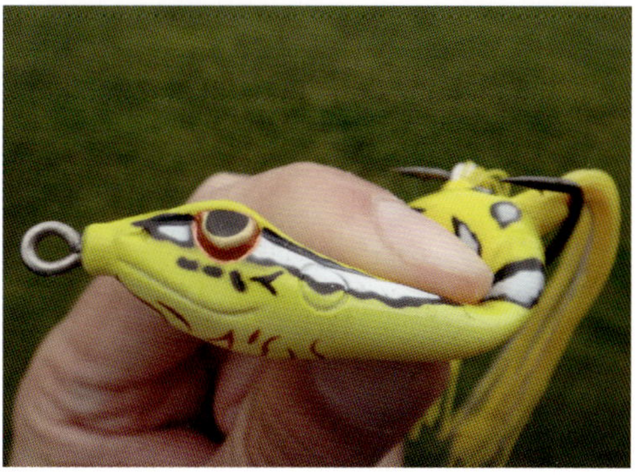

So funktionieren hohle Topwater-Köder: Die Haken liegen eng am Köder an, beim Biss wird der Köder zusammengedrückt und die Haken können zustechen.

Aber es ist eine der spektakulärsten Methoden, und manchmal ist es die einzig mögliche Methode, und das sind schon einmal zwei sehr gute Gründe.

Ob man lieber einen spektakulären Fehlbiss hat oder ein paar unspektakuläre Bisse von Fischen, die man auch fängt, darüber gehen die Meinungen auseinander. Aber für Angler, die nicht unbedingt mit Filets nach Hause kommen wollen, ist ein außergewöhnlich aufsehenerregender Biss durchaus ein Anreiz. Für alle nachvollziehbar ist das Argument für Topwater-Köder, dass sie in stark zugewachsenen Gewässern manchmal

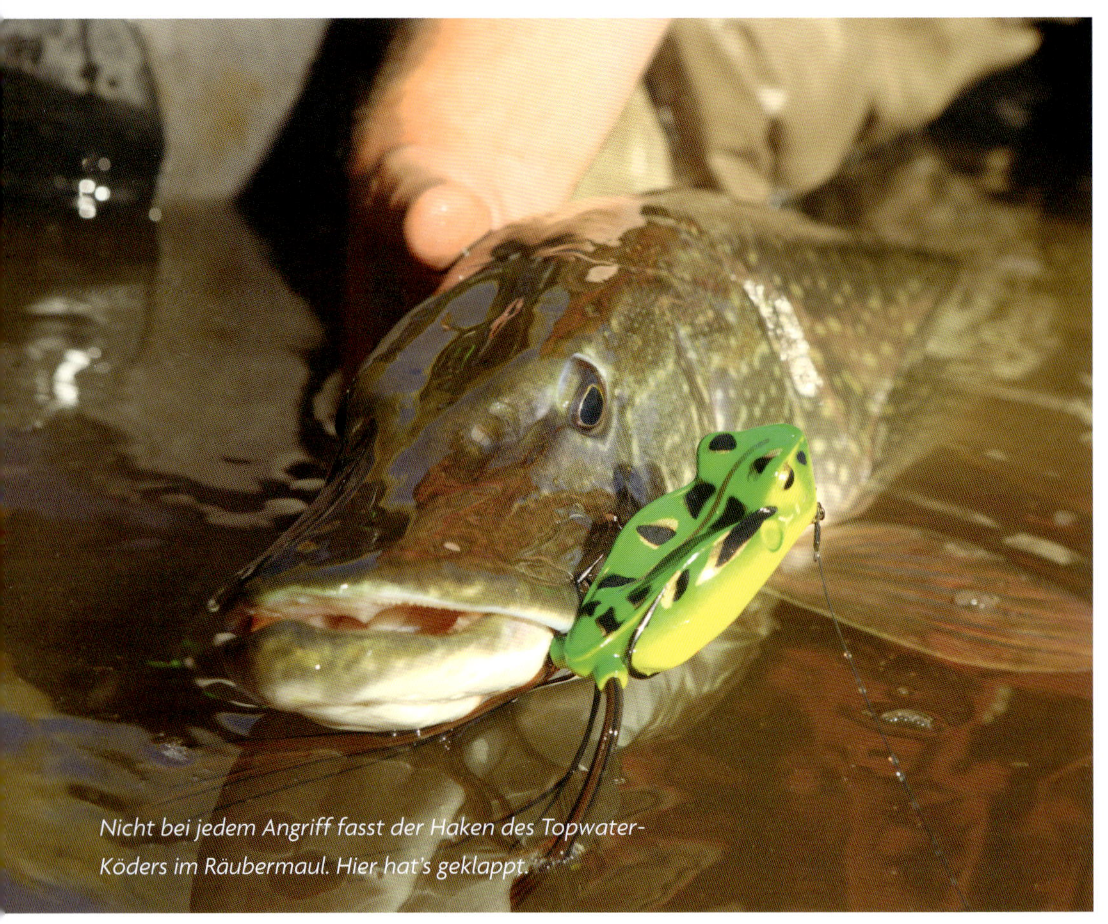

Nicht bei jedem Angriff fasst der Haken des Topwater-Köders im Räubermaul. Hier hat's geklappt.

die einzigen Köder sind, die man überhaupt einsetzen kann. Ist die Hängergefahr unter der Wasseroberfläche so groß, dass die Köderverluste vorprogrammiert sind, dann lässt man den Köder doch besser über den Gefahren.

Schließlich noch ein fast selbstverständlicher aber vielleicht doch nicht ganz überflüssiger Hinweis: Oberflächenköder funktionieren nur dort, wo Fische bereit sind, an der Oberfläche zu attackieren und nur auf solche Fische, die solche Attacken in ihrem Verhaltensrepertoire haben. Bei uns sind das Hechte, Barsche und Forellen, ab und zu noch ein Rapfen und mit viel Glück ein Wels. Der Einsatz von Oberflächenködern ist aber tatsächlich nur dort sinnvoll, wo diese Fische die Oberfläche in ihr Raubrevier einbeziehen. Bei einem tiefen Stausee wird sich wahrscheinlich nichts an der Oberfläche abspielen, deshalb sind die Köder dort sinnlos. Sinnvoll sind sie dagegen in flachen Gewässern, in denen die Fische, selbst wenn sie sich in Bodennähe aufhalten, einen Blick zur Oberfläche haben. Erkennen sie dort ab und zu etwas tatsächlich Fressbares, dann sind die Chancen umso besser, dass dort der Fang mit dem Oberflächenköder gelingt.

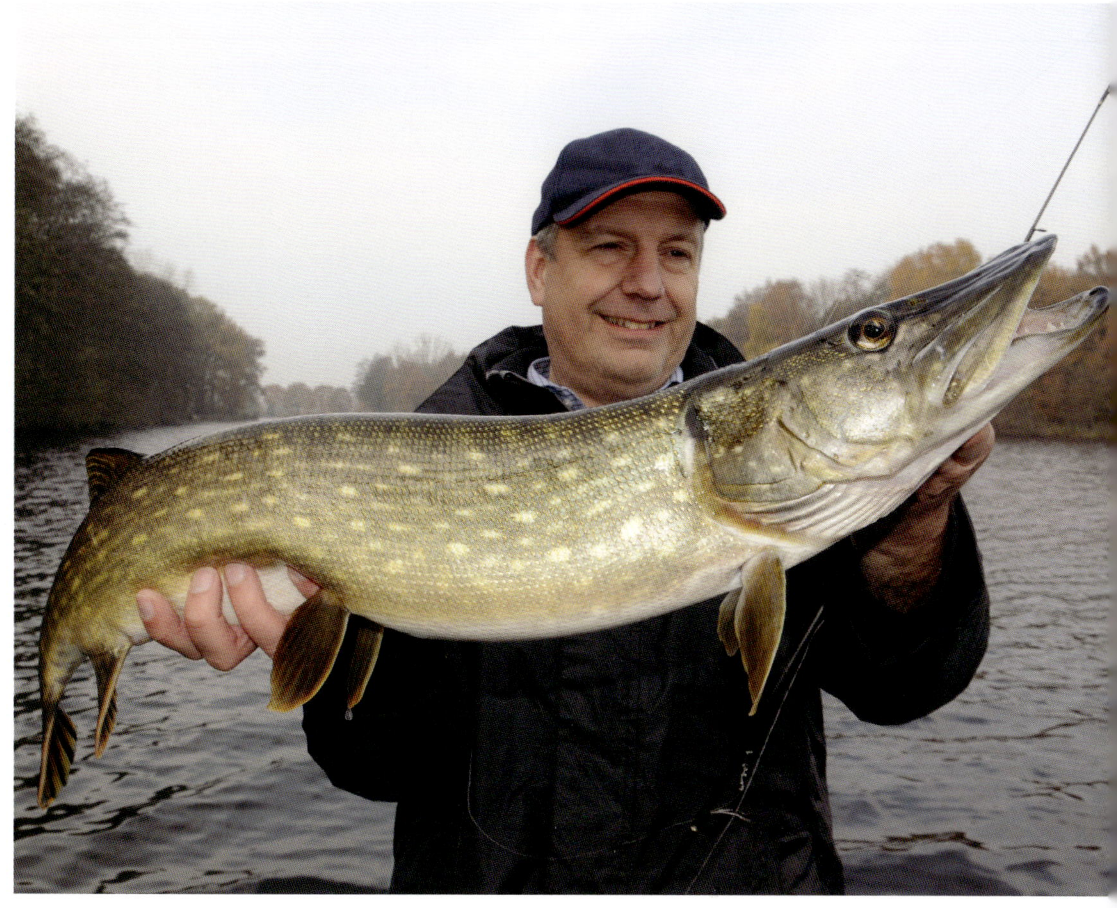

DER AUTOR

Henning Stilke angelt als experimentierfreudiger Allrounder mit allen verfügbaren Ködern und Techniken. Seine besondere Leidenschaft gilt dabei dem Raubfischangeln mit Kunstködern. Gibt es dafür neue Techniken, hat er sie auch schon im Einsatz. Seine Erfahrungen an vielen Gewässern im In- und Ausland hat er in zahlreichen Büchern und Fachartikeln für verschiedene Angelzeitschriften vermittelt.

Über viele Jahre hat Henning Stilke als Chefredakteur des größten deutschsprachigen Angelmagazins nicht nur sämtliche Trends und Techniken auf Brauchbarkeit geprüft, sondern auch mit allen Top-Experten der Branche zusammen geangelt.

All diese Erfahrungen lässt er in das vorliegende Buch einfließen und stellt dabei den praktischen Wert für uns Angler in den Vordergrund. In diesem Buch widmet er sich intensiv den modernen „weichen" Kunstködern und erklärt anschaulich, wie man sie so einsetzt, damit die Raubfische umgehend ihre Zahneindrücke auf ihnen hinterlassen.

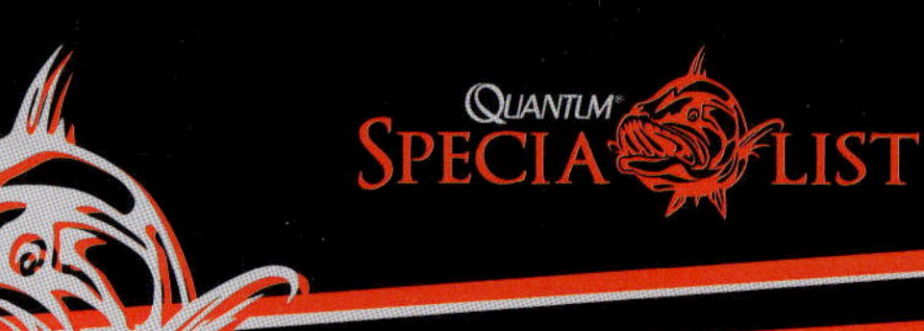

SOFT LURES

Quantum Soft Lures – Simply Superior!
In verschiedenen Farben und Varianten erhältlich.

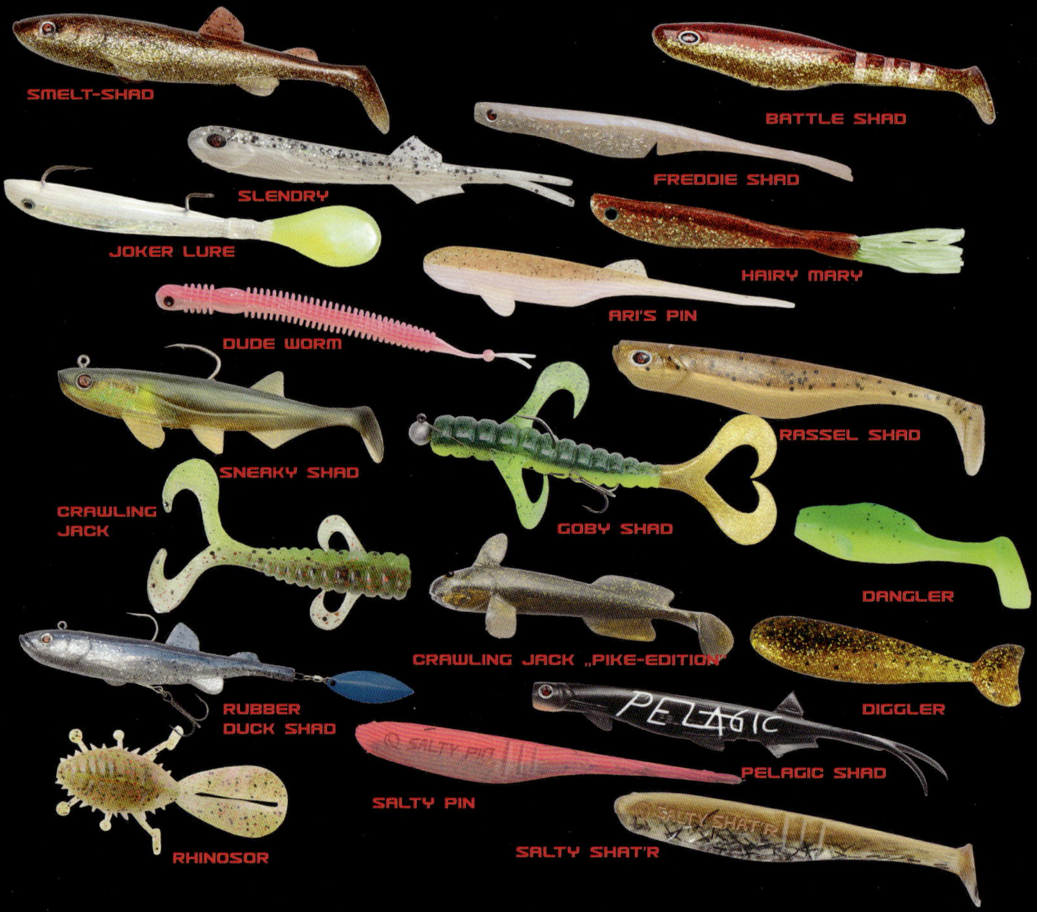

SMELT-SHAD
BATTLE SHAD
FREDDIE SHAD
SLENDRY
JOKER LURE
HAIRY MARY
ARI'S PIN
DUDE WORM
RASSEL SHAD
SNEAKY SHAD
CRAWLING JACK
GOBY SHAD
DANGLER
CRAWLING JACK „PIKE-EDITION"
RUBBER DUCK SHAD
DIGGLER
PELAGIC SHAD
SALTY PIN
RHINOSOR
SALTY SHAT'R

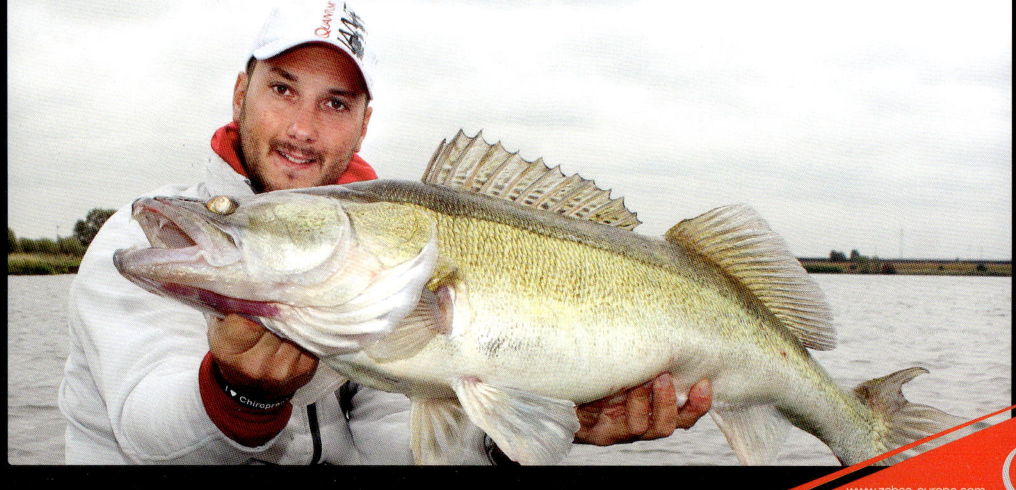